内蒙古民族文化通鉴·调查系列丛书

游猎者的现代化
鄂温克猎民村社会文化变迁

包英华 ◎ 著

中国社会科学出版社

图书在版编目(CIP)数据

游猎者的现代化：鄂温克猎民村社会文化变迁 / 包英华著 .—北京：中国社会科学出版社，2023.9

（内蒙古民族文化通鉴. 调查系列丛书）

ISBN 978-7-5227-1253-6

Ⅰ.①游… Ⅱ.①包… Ⅲ.①鄂温克族—狩猎—民族文化—研究—内蒙古 Ⅳ.①K282.4

中国国家版本馆 CIP 数据核字（2023）第 021377 号

出 版 人	赵剑英
责任编辑	宫京蕾
责任校对	秦　婵
责任印制	郝美娜

出　　版	中国社会科学出版社
社　　址	北京鼓楼西大街甲 158 号
邮　　编	100720
网　　址	http：//www.csspw.cn
发 行 部	010-84083685
门 市 部	010-84029450
经　　销	新华书店及其他书店

印刷装订	北京君升印刷有限公司
版　　次	2023 年 9 月第 1 版
印　　次	2023 年 9 月第 1 次印刷

开　　本	710×1000　1/16
印　　张	14
插　　页	2
字　　数	230 千字
定　　价	88.00 元

凡购买中国社会科学出版社图书，如有质量问题请与本社营销中心联系调换
电话：010-84083683

版权所有　侵权必究

《内蒙古民族文化通鉴》
编委会

主　任　吴团英
副主任　刘少坤　李春林
成　员　(以姓氏笔画为序)
　　　　马永真　王来喜　包银山　包斯钦　冯建忠
　　　　周纯杰　金　海　徐春阳　额尔很巴雅尔
　　　　蔚治国　毅　松

主　编　吴团英
副主编　刘少坤　李春林　金　海　马永真
　　　　毅　松　包斯钦

《内蒙古民族文化通鉴》总序

乌 兰

"内蒙古民族文化研究建设工程"成果集成——《内蒙古民族文化通鉴》（简称《通鉴》）六大系列数百个子项目的出版物将陆续与学界同仁和广大读者见面了。这是内蒙古民族文化传承保护建设中的一大盛事，也是对中华文化勃兴具有重要意义的一大幸事。借此《通鉴》出版之际，谨以此文献给所有热爱民族文化，坚守民族文化的根脉，为民族文化薪火相传而殚智竭力、辛勤耕耘的人们。

一

内蒙古自治区位于祖国北部边疆，土地总面积118.3万平方公里，占中国陆地国土总面积的八分之一，现设9市3盟2个计划单列市，全区共有102个旗县（市、区），自治区首府为呼和浩特。2014年，内蒙古总人口2504.81万，其中蒙古族人口458.45万，汉族人口1957.69万，包括达斡尔族、鄂温克族、鄂伦春族"三少"自治民族在内的其他少数民族人口88.67万；少数民族人口约占总人口的21.45%，汉族人口占78.15%，是蒙古族实行区域自治、多民族和睦相处的少数民族自治区。内蒙古由东北向西南斜伸，东西直线距离2400公里，南北跨度1700公里，横跨东北、华北、西北三大区，东含大兴安岭，西包阿拉善高原，南有河套、阴山，东南西与8省区毗邻，北与蒙古国、俄罗斯接壤，国境线长达4200公里。内蒙古地处中温带大陆气候区，气温自大兴安岭向东南、西南递增，降水自东南向西北递减，总体上干旱少雨，四季分明，寒暑温差很大。全区地理上大致属蒙古高原南部，从东到西地貌多样，有茂密的森林，广袤的草原，丰富的矿藏，是中国为数不多的资源富集大区。

内蒙古民族文化的主体是自治区主体民族蒙古族的文化，同时也包括达斡尔族、鄂温克族、鄂伦春族等人口较少世居民族多姿多彩的文化和汉族及其他各民族的文化。

"内蒙古"一词源于清代"内札萨克蒙古"，相对于"外扎萨克蒙古"即"外蒙古"。自远古以来，这里就是人类繁衍生息的一片热土。1973年在呼和浩特东北发现的大窑文化，与周口店第一地点的"北京人"属同一时期，距今50万—70万年。1922年在内蒙古伊克昭盟乌审旗萨拉乌苏河发现的河套人及萨拉乌苏文化、1933年在呼伦贝尔扎赉诺尔发现的扎赉诺尔人，分别距今3.5万—5万年和1万—5万年。到了新石器时代，人类不再完全依赖天然食物，而已经能够通过自己的劳动生产食物。随着最后一次冰河期的迅速消退，气候逐渐转暖，原始农业在中国北方地区发展起来。到了公元前6000年—前5000年，内蒙古东部和西部两个亚文化区先后都有了原始农业。

"红山诸文化"（苏秉琦语）和海生不浪文化的陆续兴起，使原始定居农业逐渐成为主导的经济类型。红山文化庙、坛、冢的建立，把远古时期的祭祀礼仪制度及其规模推进到一个全新的阶段，使其内容空前丰富，形式更加规范。"中华老祖母雕像""中华第一龙""中华第一凤"——这些在中华文明史上具有里程碑意义的象征物就是诞生在内蒙古西辽河流域的红山文化群。红山文化时期的宗教礼仪反映了红山文化时期社会的多层次结构，表明"'产生了植根于公社，又凌驾于公社之上的高一级的社会组织形式'（苏秉琦语——引者注），这已不是一般意义上的新石器时代文化概念所能容纳的，文明的曙光已照耀在东亚大地上"[①]。

然而，由于纪元前5000年和纪元前2500年前后，这里的气候出现过几次大的干旱及降温，原始农业在这里已经不再适宜，从而迫使这一地区的原住居民去调整和改变生存方式。夏家店文化下层到上层、朱开沟文化一至五段的变迁遗迹，充分证明了这一点。气候和自然环境的变化、生产力的进一步发展，必然促使这里的人类去寻找更适合当地生态条件、创造具有更高劳动生产率的生产方式。于是游牧经济、游牧文化诞生了。

---

① 田广金、郭素新：《北方文化与匈奴文明》，江苏教育出版社2005年版，第131页。

历史上的游牧文化区，基本处于北纬40度以北，主要地貌单元包括山脉、高原草原、沙漠，其间又有一些大小河流、淡水咸水湖泊等。处于这一文化带上的蒙古高原现今冬季的平均气温在-10℃—20℃之间，年降雨量在400毫米以下，干燥指数在1.5—2之间。主要植被是各类耐寒的草本植物和灌木。自更新世以来，以有蹄类为主的哺乳动物在这一地区广泛分布。这种生态条件，在当时的生产力水平下，对畜牧业以外的经济类型而言，其制约因素无疑大于有利因素，而选择畜牧、游牧业，不仅是这种生态环境条件下的最佳选择，而且应该说是伟大的发明。比起从前在原始混合型经济中饲养少量家畜的阶段，逐水草而居，"依天地自然之利，养天地自然之物"的游牧生产、生活方式有了质的飞跃。按照人类学家L.怀特、M.D.萨林斯关于一定文化级差与一定能量控驭能力相对应的理论，一头大型牲畜的生物能是人体生物能的1—5倍，一人足以驾驭数十头牲畜从事工作，可见真正意义上的畜牧、游牧业的生产能力已经与原始农业经济不可同日而语。它表明草原地带的人类对自身生存和环境之间的关系有了全新的认识，智慧和技术使生产力有了大幅提高。

马的驯化不但使人类远距离迁徙游牧成为可能，而且让游牧民族获得了在航海时代和热兵器时代到来之前绝对所向披靡的军事能力。游牧民族是个天然的生产军事合一的聚合体，具有任何其他民族无法比拟的灵活机动性和长距离迁徙的需求与能力。游牧集团的形成和大规模运动，改变了人类历史。欧亚大陆小城邦、小农业公社之间封闭隔绝的状况就此终结，人类社会各个群体之间的大规模交往由此开始，从氏族部落语言向民族语言过渡乃至大语系的形成，都曾有赖于这种大规模运动；不同部落、不同族群开始通婚杂居，民族融合进程明显加速，氏族部族文化融合发展成为一个个特色鲜明的民族文化，这是人类史上的一次历史性进步，这种进步也大大加快了人类文化的整体发展进程。人类历史上的一次划时代的转折——从母权制向父权制的转折也是由"游牧部落"带到农耕部落中去的。①

对现今中国北方地区而言，到了公元前一千年左右，游牧人的时期业

---

① [苏] Д.Е.叶列梅耶夫：《游牧民族在民族史上的作用》，《民族译丛》1987年第5、6期。

已开始，秦汉之际匈奴完成统一草原的大业，此后的游牧民族虽然经历了许多次的起起伏伏，但总体十分强势，一种前所未有的扩张从亚洲北部，由东向西展开来。于是，被称为"世界历史两极"的定居文明与草原畜牧者和游牧人开始在从长城南北到中亚乃至欧洲东部的广阔地域内进行充分的相互交流。到了"蒙古时代"，一幅中世纪的"加泰罗尼亚世界地图"，如实反映了时代的转换，"世界体系"以"蒙古时代"为开端确立起来，"形成了人类史上版图最大的帝国，亚非欧世界的大部分在海陆两个方向上联系到了一起，出现了可谓'世界的世界化'的非凡景象，从而在政治、经济、文化、商业等各个方面出现了东西交流的空前盛况"。[①] 直到航海时代和热兵器时代到来之后，这种由东向西扩张的总趋势才被西方世界扭转和颠倒。而在长达约两千年的游牧社会历史上，现今的内蒙古地区始终是游牧文化圈的核心区域之一，也是游牧世界与华夏民族、游牧文明与农耕文明碰撞激荡的最前沿地带。

在漫长的历史过程中，广袤的北方大草原曾经是众多民族繁衍生息的家园，他们在与大自然的抗争和自身的生存发展过程中创造了各民族自己的文化，形成了以文化维系起来的人群——民族。草原各民族有些是并存于一个历史时期，毗邻而居或交错居住，有些则分属于不同历史时期，前者被后者更替，后者取代前者，薪尽而火传。但不论属何种情形，各民族文化之间都有一个彼此吸纳、继承、逐渐完成民族文化自身的进化，然后在较长历史时期内稳定发展的过程。比如，秦汉时期的匈奴文化就是当时众多民族部落文化和此前各"戎""狄"文化的集大成。魏晋南北朝时期的鲜卑文化，隋唐时期的突厥文化，宋、辽、金时期的契丹、女真、党项族文化，元代以来的蒙古族文化都是如此。

二

蒙古民族是草原文化的集大成者，蒙古文化是草原文化最具代表性的文化形态，蒙古民族的历史集中反映了历史上草原民族发展变迁的基本

[①] 《杉山正明谈蒙古帝国："元并非中国王朝"一说对错各半》，《东方早报·上海书评》2014年7月27日。

规律。

　　有人曾用"蝴蝶效应"比喻13世纪世界历史上的"蒙古风暴"——斡难河畔那一次蝴蝶翅膀的扇动引起周围空气的扰动，能量在连锁传递中不断增强，最终形成席卷亚欧大陆的铁骑风暴。这场风暴是由一位名叫铁木真的蒙古人掀起，他把蒙古从一个部落变成一个民族，于1206年建立了大蒙古汗国。铁木真统一蒙古各部之后，首先废除了氏族和部落世袭贵族的权利，使所有官职归于国家，为蒙古民族的历史进步扫清了重要障碍，并制定了世界上第一部具有宪法意义、包含宪政内容的成文法典，而这部法典要比英国在世界范围内最早制定的宪法性文件早了九年。成吉思汗确立了统治者与普通牧民负同等法律责任、享有同等宗教信仰自由等法律原则，建立了定期人口普查制度，创建了最早的国际邮政体系。

　　13、14世纪的世界可被称为蒙古时代，成吉思汗缔造的大蒙古国囊括了多半个亚欧版图，发达的邮驿系统将东方的中国文明与西方的地中海文明相连接，两大历史文化首度全面接触，对世界史的影响不可谓不深远。亚欧大陆后来的政治边界划分分明是蒙古帝国的遗产。成吉思汗的扩张和西征，打破了亚欧地区无数个城邦小国、定居部落之间的壁垒阻隔，把亚欧大陆诸文明整合到一个全新的世界秩序之中，因此他被称为"缔造全球化世界的第一人"①。1375年出现在西班牙东北部马略卡岛的一幅世界地图——"卡塔拉地图"（又称"加泰罗尼亚地图"，现藏于法国国家图书馆），之所以被称为"划时代的地图"，并非因为它是标明马可·波罗行旅路线的最早地图，而是因为它反映了一个时代的转换。从此，东西方之间的联系和交往变得空前便捷、密切和广泛。造纸、火药、印刷术、指南针——古代中国的这些伟大发明通过蒙古人，最终真正得以在欧洲推广开来；意大利作家但丁、薄伽丘和英国作家乔叟所用的"鞑靼绸""鞑靼布""鞑靼缎"等纺织品名称，英格兰国王指明要的"鞑靼蓝"，还有西语中的许多词汇，都清楚地表明东方文化以蒙古人为中介传播到西方的那段历史；与此同时，蒙古人从中亚细亚、波斯引进许多数学家、工匠和管理人员，以及诸如高粱、棉花等农作物，并将其传播到中国和其他

---

　　①　[美]杰克·威泽弗德：《成吉思汗与今日世界之形成》，温海清、姚建根译，重庆出版社2014年版，第8页封面。

地区，从而培育或杂交出一系列新品种。由此引发的工具、设备、生产工艺的技术革新，其意义当然不可小觑；特别是数学、历法、医学、文学艺术方面的交流与互动，知识和观念的传播、流动，打破了不同文明之间的隔阂，以及对某一文明的偏爱与成见，其结果就是全球文化和世界体系若干核心区的形成。1492年，克里斯托弗·哥伦布说服两位君主，怀揣一部《马可·波罗游记》，信心满满地扬帆远航，为的就是找到元朝的"辽阳省"，重建与蒙古大汗朝廷的海上联系，恢复与之中断的商贸往来。由于蒙古交通体系的瓦解和世界性的瘟疫，他浑然不知此时元朝已经灭亡一百多年，一路漂荡到加勒比海的古巴，无意间发现了"新大陆"。正如美国人类学家、蒙古史学者杰克·威泽弗德所言，在蒙古帝国终结后的很长一段时间内，新的全球文化继续发展，历经几个世纪，变成现代世界体系的基础。这个体系包含早先蒙古人强调的自由商业、开放交通、知识共享、长期政治策略、宗教共存、国际法则和外交豁免。[①]

即使我们以中华文明为本位回望这段历史，同样可以发现蒙古帝国和元朝对我国历史文化久远而深刻的影响。从成吉思汗到忽必烈，历时近百年，元朝缔造了人类历史上版图最大的帝国，结束了唐末以来国家分裂的状况，基本划定了后世中国的疆界；元代实行开放的民族政策，大力促进各民族间的经济文化交流和边疆地区的开发，开创了中华民族多元一体的新格局，确定了中国统一的多民族国家的根本性质；元代推行农商并重政策，"以农桑为急务安业力农"，城市经济贸易繁荣发展，经贸文化与对外交流全面推进，实行多元一体的文化教育政策，科学技术居于世界前列，文学艺术别开生面，开创了一个新纪元；作为发动有史以来最大规模征服战争的军事领袖，成吉思汗和他的继任者把冷兵器时代的战略战术思想、军事艺术推上了当之无愧的巅峰，创造了人类军事史的一系列"第一"、一系列奇迹，为后人留下了极其丰富的精神财富；等等。

统一的蒙古民族的形成是蒙古民族历史上具有划时代意义的时间节点。从此，蒙古民族成为具有世界影响的民族，蒙古文化成为中华文化不可或缺的组成部分。漫长的历史岁月见证了蒙古族人民的智慧，他们在文

---

① ［美］杰克·威泽弗德：《成吉思汗与今日世界之形成》（修订版），温海清、姚建根译，重庆出版社2014年版，第6、260页。

学、史学、天文、地理、医学等诸多领域成就卓然，为中华文明和人类文明的发展做出了不可否认的伟大贡献。

20世纪30年代被郑振铎先生称为"最可注意的伟大的白话文作品"的《蒙古秘史》，不单是蒙古族最古老的历史、文学巨著，也是被联合国教科文组织列为世界名著目录（1989年）的经典，至今依然吸引着世界各国无数的学者、读者；在中国著名的"三大英雄史诗"中，蒙古族的《江格尔》、《格斯尔》（《格萨尔》）就占了两部，它们也是目前世界上已知史诗当中规模最大、篇幅最长、艺术表现力最强的作品之一；蒙古民族一向被称为能歌善舞的民族，马头琴、长调、呼麦被列入世界非物质文化遗产，蒙古族音乐舞蹈成为内蒙古的亮丽名片，风靡全国，感动世界，诠释了音乐不分民族、艺术无国界的真谛；还有传统悠久、特色独具的蒙古族礼仪习俗、信仰禁忌、衣食住行，那些科学简洁而行之有效的生产生活技能、民间知识，那些让人叹为观止的绝艺绝技以及智慧超然且极其宝贵的非物质文化遗产，都是在数千年的游牧生产生活实践中形成和积累起来的，也是与独特的生存环境高度适应的，因而极富生命力。迄今，内蒙古已拥有列入联合国非物质文化遗产名录的项目2项（另有马头琴由蒙古国申报列入名录）、列入国家级名录的81项、自治区及盟市旗县级名录的3844项，各级非遗传承人6442名。其中蒙古族、达斡尔族、鄂温克族、鄂伦春族等内蒙古世居少数民族的非遗项目占了绝大多数。人们或许不熟悉内蒙古三个人口较少民族的文化传统，然而那巧夺天工的达斡尔造型艺术、想象奇特的鄂温克神话传说、栩栩如生的鄂伦春兽皮艺术、闻名遐迩的"三少民族"桦皮文化……这些都是一朝失传则必将遗恨千古的文化瑰宝，我们当倍加珍惜。

内蒙古民族文化当中最具普世意义和现代价值的精神财富，当属其崇尚自然、天人相谐的生态理念、生态文化。游牧，是生态环保型的生产生活方式，是现代以前人类历史上惟一以人与自然和谐共存、友好相处的理念为根本价值取向的生产生活方式。游牧和狩猎，尽管也有与外在自然界相对立的一面，但这是以敬畏、崇尚和尊重大自然为最高原则、以和谐友好为前提的非对抗性对立。因为，牧民、猎人要维持生计，必须有良好的草场、清洁的水源和丰富的猎物，而这一切必须以适度索取、生态环保为条件。因此，有序利用、保护自然，便成为游牧生产方式的最高原则和内在要求。对亚洲北部草原地区而言，人类在无力改造和控制自然环境的条件下，游牧生产方式是维持草畜平衡，使草场及时得到休整、涵养、恢复的自由而能动的最佳选择。我国北方的广大地区尽管数千年来自然生态环境相当脆弱，如今却能够成为我国北部边疆的生态屏障，与草原游牧民族始终如一的精心呵护是分不开的。不独蒙古族，达斡尔族、鄂温克族、鄂伦春族等草原世居少数民族在文化传统上与蒙古族共属一个更大的范畴，不论他们的思维方式、信仰文化、价值取向还是生态伦理，都与蒙古族大同小异，有着多源同流、殊途同归的特点。

随着人类历史进程的加速，近代以来，世界各地区、各民族文化变迁、融合的节奏明显加快，草原地区迎来了本土文化和外来文化空前大激荡、大融合的时代。草原民族与汉民族的关系日趋加深，世界各种文化对草原文化的作用和影响进一步增强，农业文明、工业文明、商业文明、城市文明的因素大量涌现，草原各民族的生产生活方式，乃至思想观念、审美情趣、价值取向都发生了巨大变化。虽然，这是一个凤凰涅槃、浴火重生的过程，但以蒙古族文化为代表的草原各民族文化，在空前的文化大碰撞中激流勇进，积极吸纳异质文化养分，或在借鉴吸纳的基础上进行自主的文化创新，使民族文化昂然无惧地走上转型之路。古老的蒙古族文化，依然保持着她所固有的本质特征和基本要素，而且，由于吸纳了更多的活性元素，文化生命力更加强盛，文化内涵更加丰富，以更加开放包容的姿态迎来了现代文明的曙光。

三

古韵新颜相得益彰，历久弥新异彩纷呈。自治区成立以来的近 70 年间，草原民族的文化事业有了突飞猛进的发展。我国社会主义制度和民族区域自治、各民族一律平等的宪法准则，党和国家一贯坚持和实施的尊重、关怀少数民族，大力扶持少数民族经济文化事业的一系列方针政策，从根本上保障了我国各民族人民传承和发展民族文化的权利，也为民族文化的发展提供了广阔空间。一些少数民族，如鄂伦春族仅仅用半个世纪就从原始社会过渡到社会主义社会，走过了过去多少个世纪都不曾走完的历程。

一个民族的文化发展水平必然集中体现在科学、文化、教育事业上。在历史上的任何一个时期，蒙古民族从来不曾拥有像现在这么多的科学家、文学家等各类专家教授，从来没有像现在这样以丰富的文化产品供给普通群众的消费，蒙古族大众的整体文化素质从来没有达到现在这样的高度。哪怕最偏远的牧村，电灯电视不再稀奇，网络、手机、微信微博业已成为生活的必需。自治区现有7家出版社出版蒙古文图书，全区每年都有数百上千种蒙古文新书出版，各地报刊每天都有数以千百计的文学新作发表。近年来，蒙古族牧民作家、诗人的大量涌现，已经成为内蒙古文学的一大景观，其中有不少作者出版有多部中长篇小说或诗歌散文集。我们再以国民受教育程度为例，它向来是一个民族整体文化水准的重要指标之一。中华人民共和国成立前，绝大多数蒙古人根本没有接受正规教育的机会，能够读书看报的文化人寥若晨星。如今，九年义务教育已经普及，即便是上大学、读研考博的高等教育，对普通农牧民子女也不再是奢望。据《内蒙古2014年国民经济和社会发展统计公报》显示，全自治区2013年少数民族在校大学生10.8万人，其中蒙古族学生9.4万人；全区招收研究生5987人，其中，少数民族在校研究生5130人，蒙古族研究生4602人，蒙古族受高等教育程度可见一斑。

每个时代、每个民族都有一些杰出人物曾经对人类的发展进步产生深远影响。正如爱迪生发明的电灯"点亮了世界"一样，当代蒙古族也有为数不少的文化巨人为世界增添了光彩。提出"构造体系"概念、创立地质力学学说和学派、提出"新华夏构造体系三个沉降带"理论、开创油气资源勘探和地震预报新纪元的李四光；认定"世界未来的文化就是中国文化复兴"、素有"中国最后一位大儒家"之称的国学大师梁漱溟；在国际上首次探索出山羊、绵羊和牛精子体外诱导获能途径，成功实现试管内杂交育种技术的"世界试管山羊之父"旭日干；还有著名新闻媒体人、文学家、翻译家萧乾；马克思主义哲学家艾思奇；当代著名作家李准……这些如雷贯耳的大名，可谓家喻户晓、举世闻名，但人们未必都知道他们来自蒙古族。是的，他们来自蒙古民族，为中华民族的伟大复兴，为全人类的文明进步做出了应有的贡献。

历史的进步、社会的发展、蒙古族人民群众整体文化素质的大幅提升，使蒙古族文化的内涵得以空前丰富，文化适应能力、创新能力、竞争能力都有了显著提升。从有形的文化特质，如日常衣食住行，到无形的观念形态，如思想情趣、价值取向，我们可以举出无数个鲜活的例子，说明蒙古文化紧随时代的步伐传承、创新、发展的事实。特别是自 2003 年自治区实施建设民族文化大区、强区战略以来，全区文化建设呈现出突飞猛进的态势，民族文化建设迎来了一个新的高潮。内蒙古文化长廊计划、文化资源普查、重大历史题材美术创作工程、民族民间文化遗产数据库建设工程、蒙古语语料库建设工程、非物质文化遗产保护、一年一届的草原文化节、草原文化研究工程、北部边疆历史与现状研究项目等，都是这方面的有力举措，收到了很好的成效。

但是，我们也必须清醒地看到，与经济社会的跨越式发展相比，文化建设仍然显得相对滞后，特别是优秀传统文化的传承保护依然任重道远。优秀民族文化资源的发掘整理、研究转化、传承保护以及对外传播能力尚不能适应形势发展，某些方面甚至落后于国内其他少数民族省区的现实也尚未改变。全球化、工业化、信息化和城市化的时代大潮，对少数民族弱势文化的剧烈冲击是显而易见的。全球化浪潮和全方位的对外开放，意味着我们必将面对外来文化，特别是强势文化的冲击。在不同文化之间的交往中，少数民族文化所受到的冲击会更大，所经受的痛苦也会更多。因为，它们对外来文化的输入往往处于被动接受的状态，而对文化传统的保护常常又力不从心，况且这种结果绝非由文化本身的价值所决定。换言之，在此过程中，并非所有得到的都是你所希望得到的，并非所有失去的都是你应该丢掉的，不同文化之间的输入输出也许根本就不可能"对等"。这正是民族文化的传承保护任务显得分外紧迫、分外繁重的原因。

文化是民族的血脉，内蒙古民族文化是中华文化不可或缺的组成部分，中华文化的全面振兴离不开国内各民族文化的繁荣发展。为了更好地贯彻落实党的十八大关于文化建设的方针部署，切实把自治区党委提出的实现民族文化大区向民族文化强区跨越的要求落到实处，自治区政府于 2013 年实时启动了"内蒙古民族文化建设研究工程"。"工程"包括文献档案整理出版，内蒙古社会历史调查、研究系列，蒙古学文献翻译出版，内蒙古历史文化推广普及和"走出去"，"内蒙古民族文化建设研究数据库"建设等广泛内容，计划六年左右的时间完成。经过两年的紧张努力，从 2016 年开始，"工程"的相关成果已经陆续与读者见面。

建设民族文化强区是一项十分艰巨复杂的任务，必须加强全区各界研究力量的整合，必须有一整套强有力的措施跟进，必须实施一系列特色文化建设工程来推动。"内蒙古民族文化建设研究工程"就是推动我区民族文化强区建设的一个重要抓手，是推进文化创新、深化人文社会科学可持续发展的一个重要部署。目前，"工程"对全区文化建设的推动效应正在逐步显现。

"内蒙古民族文化建设研究工程"将在近年来蒙古学研究、"草原文化研究工程""北部边疆历史与现状研究"、文化资源普查等科研项目所取得的成就基础上，突出重点，兼顾门类，有计划、有步骤地开展抢救、保护濒临消失的民族文化遗产，搜集记录地方文化和口述历史，使民族文化传承保护工作迈上一个新台阶；将充分利用新理论、新方法、新材料，有力推进学术创新、学科发展和人才造就，使内蒙古自治区传统优势学科进一步焕发生机，使新兴薄弱学科尽快发展壮大；"工程"将会在科研资料建设，学术研究，特色文化品牌打造、出版、传播、转化等方面取得突破性的成就，推出一批具有创新性、系统性、完整性的标志性成果，助推自治区人文社会科学研究和社会主义文化建设事业蓬勃发展。"内蒙古民族文化建设研究工程"的实施，势必大大增强全区各民族人民群众的文化自觉和文化自信，必将成为社会主义文化大发展大繁荣，实现中华民族伟大复兴中国梦的一个切实而有力的举措，其"功在当代、利在千秋"的重要意义必将被历史证明。

（作者为时任内蒙古自治区党委常委、宣传部部长，"内蒙古民族文化建设研究工程"领导小组组长）

序　言

　　2017年11月21日至25日，在内蒙古"鄂温克旗彩虹之家""蒙古文化"等微信公众平台连续报道了一篇有关《呼伦贝尔一块神奇圆冰火遍大江南北》的文章。内容为：在呼伦贝尔市鄂温克族自治旗伊敏苏木伊敏河的一个地方，河水循环流淌，遇到冰的水流形成一个环形动态的圆冰，人踩上去毫无影响，圆冰随水流的冲击一直在转动，这个地方被网友发现，致使伊敏河畔的旋转冰盘火遍了内蒙古，甚至登上中央电视台新闻联播，旋转冰盘彻底火了。

　　伴随着冰盘景观火遍全中国，吉登嘎查猎民也发来短讯，与笔者分享此时的喜悦之情。但是，察势观风之后发现，冰盘景观的"火"与近几年通过媒体展现在大众面前的吉登嘎查"猎民文化"形象具有同工异曲之妙。冰盘短暂的精美如同吉登嘎查1981年至1998年昙花一现的猎业经济，随后的转产使他们走向了"不同寻常"之路。

　　笔者关注吉登嘎查始于15年前一次偶然的机会。2003年7月，作为中国北方民族村寨调查——鄂温克族课题组一员，笔者在鄂温克族自治旗巴彦托海镇邂逅当时称之为"猎民队"的猎民，他/她们——男性穿长款坎肩兽皮袄、女性头裹围巾身着鲜艳独特的民族服装，相互用气场强大的鄂温语交流——给笔者带来的冲击非常强烈真实。那时笔者对人类学的

"当来自不同情境的人、不同的文化、不同的观念开始'遭遇'在一起，人类学便可发生"原理并未熟知，只是"猎民鄂温克"具象深印在脑海里，从此试着去了解封锁在语言背后的猎民实实在在的生活。

2014年终于实现了企盼已久的愿望。"内蒙古民族文化建设研究工程"项目的审批，使笔者有条件进驻吉登嘎查开启深度调查的旅程。

调查当天，在村口通道偶遇村民公认的"精神分裂者"哈赫尔氏，他酒气冲天地以"考官"身份审问我们，最终以行为允诺可以进村，调查组才获得了人类学意义上的"通行证"。第一年的调查从偶遇"精神分裂者"哈赫尔氏开始，哈赫尔氏被"猎民旅店"老板训斥并赶出"猎民旅店"的行为场景，使笔者有了对曾经的"猎民"更深入探寻之想法。回到原位，调查组调整思路，并深切体会到要了解一个民族，一定要感受他们所处的不同情境——关乎他们赖以生存的社会、文化、习俗甚至他们的情感：追求幸福的愿望与渴望等——将观察到的现象放回他们原本的生活情境中去理解，方能懂得其意义。

2015年笔者如期走进吉登嘎查。与以往不同的是有位猎民后裔，即文中提到的柯勒塔基尔氏·德力格尔扎布主动讲述最初建立"猎民村"的"柯勒塔基尔"和"巴雅基尔"[鄂温克语"Heltegir"[①] 和"Baiyigir"在本文中以《鄂温克地名考》（民族出版社2007年版第154页）中文音译为准]两个氏族历史。于是在猎民口述历史与文献互补基础上，我们才有可能把握吉登嘎查跌宕起伏的历史脉络的可能性。

经过三年的跟踪调查发现，用文字记述吉登嘎查生活变迁，已远远赶不上嘎查现代化建设速度。"猎民"最初游离在规范现代化"阈限领域"，未能熟练掌握现代技术时已转型到牧业，又遭遇快速城镇化和市场化冲击，如今他们自认为"我们不是牧民，也不是农民，也没有种过树，只是靠山吃山靠河吃鱼、保护纯天然环境、守护边疆而延续下来的特色民族"。这样的定位本身已打破外界形塑的"猎民"刻板印象，吉登嘎查猎

---

① 据史禄国分析，凡老的（通古斯）氏族名称，都带词尾基尔（gir、rir、jir）。这个词尾有时受外族影响变成基特（git）[嘎特 gat] 等等，还有时完全消失。鄂霍茨克地区通古斯人将"氏族"称为"基尔"。见 [俄] 史禄国：《北方通古斯的社会组织》，吴有刚、赵复兴、孟克译，内蒙古人民出版社1985年版，第185页，第192页。

民及后裔已成为开着轿车,用着智能手机、电脑又跳着 Ahambai 舞①,举行敖包(祖先)祭祀仪式的现代人。"狩猎"只不过是他们曾经身份的一个元素,不能以过去的"刻板印象"来定义他们。他们通过与自然生态、周边民族产生的亲缘关系以及与政府的互动,积极参与国家实施的一系列关于生态资源保护与可持续发展、旅游开发与非物质文化遗产保护等现代化改革行动,并以此来确立自己"已非猎民"的社会身份。因此,以下研究路径是由笔者经过三年的调查发现的动态的吉登嘎查生活景象,而并非预设的"想要的事实"。

---

① 指狩猎时期模仿动物(为强夺猎物)搏斗情景而众人跳嬉的一种舞蹈。

目　　录

第一章　猎民村印象 …………………………………………… (1)
　第一节　偶遇"精神分裂者" ………………………………… (3)
　第二节　"猎民旅店"老板 …………………………………… (6)
　第三节　猎民村：重操旧业到放下猎枪 …………………… (9)
　第四节　猎民村现代化进程 ………………………………… (20)
第二章　猎民村地缘关系的变迁 ……………………………… (32)
　第一节　起源与族称定位 …………………………………… (33)
　　一　中原起源之说 ………………………………………… (34)
　　二　从西向东迁徙 ………………………………………… (35)
　　三　起源于乌苏里江，从东向西迁徙说 ………………… (36)
　　四　族称——通古斯系 …………………………………… (37)
　第二节　"索伦部落"到"自治旗" ………………………… (41)
　　一　归入清朝行政编制之前的索伦部落 ………………… (41)
　　二　布特哈打牲部 ………………………………………… (45)
　　三　"布特哈八旗制" ……………………………………… (51)
　　四　"索伦八旗" …………………………………………… (54)
　第三节　谁是"元站"民族 …………………………………… (63)
　　一　族谱的记忆 …………………………………………… (64)
　　二　结构性失忆 …………………………………………… (71)
　第四节　一个部落的现代"遭遇" …………………………… (76)
　　一　洪阔尔索伦 …………………………………………… (76)
　　二　"道兴嘎事件" ………………………………………… (78)
　　三　现代社会中的"遭遇" ………………………………… (82)

第三章　猎民与现代社会 (88)
第一节　现代社会仪式 (88)
第二节　现代社会陷阱 (102)
第三节　现代社会中的婚姻 (114)
一　柯勒塔基尔——巴雅基尔氏族婚姻 (116)
二　厄鲁特——鄂温克族婚姻 (122)
三　汉族——鄂温克族婚姻 (126)

第四章　精神文化与生活空间的变迁 (133)
第一节　教育 (133)
第二节　宗教信仰与习俗的变迁 (138)
一　山神——"白那查" (138)
二　萨满神灵 (140)
三　祖先神——"敖教勒" (145)
第三节　生活空间的变迁 (150)

第五章　"猎民"：先做现代人 (162)
第一节　"我们不是猎民了" (162)
一　"猎民"——文化上的刻板印象 (162)
二　先做现代人 (168)
第二节　"猎民文化"的兴起 (175)
一　旅游开发与"猎民文化"的塑造 (176)
二　生态旅游与共享发展 (185)

参考文献 (196)
后　记 (200)

第一章　猎民村印象

如果你所渴求的是家的真相，你也许不妨就待在家里。

——［美国］克利福德·格尔茨

2003年8月10日，正当敖鲁古雅鄂温克猎民以"我国最后一个狩猎部落走出大山迁新居"的姿态通过中央电视台传播到整个中国乃至全世界时，笔者参与的调查组①在鄂温克族自治旗巴彦托海镇大街上出乎意料地遇上了男性穿长款坎肩兽皮袄、女性头裹围巾身着鲜艳独特的民族服装的猎民，询问得知他们是与敖鲁古雅猎民不同，但又放下猎枪不久的游牧社区"猎民队"成员。他们相互用气场强大的鄂温克语交流，震撼了在场的所有人。这一刻笔者也意识到我们之间相隔的不仅仅是语言而是文化鸿沟，并渴望去接触、探索封锁在语言背后不可测度的猎民生活。

实现这一愿望的动力源自2014年"内蒙古民族文化建设研究工程"项目——"鄂温克族猎民村社会文化变迁调查"课题的获批，笔者有条件进驻曾经的"猎民队"，有机会了解21世纪初被称之为"森林深处猎民"的生活状况。作为一名调查者，此时借助挪威学者哈拉尔德·埃德黑姆②的田野感言来表述调查印象再恰当不过了："直到我深入这个社区，

---

① 2003年7—8月，笔者参与内蒙古大学蒙古学中心与云南大学合作完成的国家重大课题之子课题"鄂温克族村寨调查"组，在呼伦贝尔市鄂温克族自治旗乌兰宝力格嘎查进行田野调查，后期成果见字·吉尔格勒　罗淳　谭昕主编：《鄂温克族——内蒙古鄂温克族自治旗乌兰宝力格嘎查调查》，云南大学出版社2004年版。

② ［挪威］哈拉尔德·埃德黑姆：《当族群身份成为社会污名》，1960年该作者对于居住在挪威北部西芬马克（West-Finnmark）的峡湾区与水道区域的挪威人和海岸拉普人（Norwegian-Lappish）杂居区进行调查，后发表了关于在这个地区沿海拉普人与游牧拉普人之间的社会关系的文章（Eidheim 1966）。见［挪威］弗雷德里克·巴斯主编：《族群与边界——文化差异下的社会组织》，商务印书馆2014年版，第11页。

从我自己社会化的日常生活事件中能够观察和学习时,我才对当地族群区分的相关方面变得敏感起来。因此,我将冒昧地评述我的这一田野过程中最初的,我认为也是比较重要的阶段,而不去考虑由我的愚蠢错误所造成的不快。"

图 1-1　定居后的吉登嘎查(原猎民队)全貌

注:图 1-1 是调查组于 2014 年 8 月 9 日拍摄的照片。

2014 年 8 月初,我们抵达猎民村时太阳已接近落山。走在通往猎民村没有遮阴的水泥路上,第一眼便被整齐排列的现代化水泥砖房所吸引。

淡蓝色天空相仿的房顶和突显出脱色油漆的苍白风格的建筑,同四面环山的夜幕形成对比,炫示着该村落既静谧又耀眼的一面。经过前后四排的房屋,我们推开东北角一户人家的简易木栅栏,映入眼帘的是房墙上的"猎民旅店"挂牌(图 1-2)以及大概有 20 多平方米的仓房式侧房(图 1-3)。调查人员不知走进哪个房子时,从侧房跑出来一位身段不高、体形偏瘦,肤色与头上的棕色鸭舌帽融为一体的老人,说着蒙古语笑眯眯地迎接调查组并把我们带入所谓的"猎民旅店"。

踏入房门内景一目了然。如果说有什么现代化的"家当",客厅靠窗户的角落被一张旧式柜子所支撑着的一台老式电视机。差不多 70 多平方米的空间,客厅放有 6 张老式铁床,前后两个卧室各一张,加上一进门左手边的厨房,共 9 张床的整个"猎民旅店"成为我们的聚居点。得知在旅店不能解决饮食,调查组简单整理之后顺着主干道去村子西南临时开业的"猎民饭店"就餐,以便熟悉村子的路线为第二天的调查奠定基础。当晚,从远处传来伊敏河潺潺的流水声,划破寂静的村庄,与清空闪烁的星星汇集在天边,犹如倾诉着"猎民村"远去的故事。

图 1-2

图 1-3

注:图1-2、图1-3是调查组于2014年8月11日、17日在吉登嘎查拍摄的"猎民旅店"及侧房。

第一节 偶遇"精神分裂者"

在猎民村调查的第一天发生了一件有趣的事情。

调查人员就餐之后走出"猎民饭店",通往猎民村的主干道(2014年8月还是水泥路)上,分成三个小组准备入户调查,突然听到不远处有小汽车的声响,朝前走几步的瞬间,有一辆橘红色(后发现不是原色,是脱色后的效果）夏利车旋风般出现在调查组面前。从破旧的一年四季都关不好的车窗口探出一个戴鸭舌帽的汉子，像个考官一样质问我们：你们是什么人？哪儿来的？要做什么？是记者吗？等调查人员简单说明来历，靠近他时，边打量着我们边摆弄着智能手机的他丝毫没有下车的意愿，暗示"不友好"或"不欢迎"的姿态。于是，他在车内，我们在车外，主人公留下的第一印象是：鸭舌帽未盖住胡子拉碴的脸，虽然面带醉意并露出玩世不恭的微笑，但那双锐利的眼神仿佛能看穿一切。我们邀请他能否下车交流，他无动于衷，嘴里嘟哝着不愿下车的理由并整理着装。

车门终于打开，一位身着半袖 T 恤露着健硕的胳膊、下身军绿迷彩裤子、脚穿军绿胶鞋，差不多一米七零左右个头、30—35 岁年龄段的鄂温克汉子，走下车时散发出酒精味。他接近笔者，突然要掀开笔者的遮阳帽并提升嗓门说："最看不惯你们城里人的这种矫情！"此举令在场人瞠目结舌。此时路过的村民问我们是哪里人，也有些村民骑着摩托车疾驰而过从远处好奇地盯着调查人员。

或许这个村子首次迎来这么多不速之客，自然而然掀起不小的波动。这种波动尽显在这位鄂温克汉子对我们调查组"恶狠狠"的态度上。笔者摘下遮阳帽故作镇静地与他寒暄：你是这个村子的吗？曾经是否打过猎？便看到他的车停在了道路中央妨碍过路人，笔者建议把车停靠在路边，另一方面也想缓和刚才的紧张情绪。然而，他竟笑嘻嘻地提出更易理解的有形交换："不是，你请客呀？"

"请客没问题，有'猎民饭店'呢！"

他马上转换口气说："我请客，我的地盘儿我做主！我请客行不行？"

笔者回应说，我们只想了解你们过去打猎时候如何、现在如何。

一听到"打猎"他马上兴奋起来："打猎时老冷，晚上在那儿整着火睡觉，我那时还小，16 岁跟着大人打猎，（大人）为了防寒喝酒，我也学着喝两口，喝完第二天醒来时皮被子上厚厚的雪，下雪了。"说完他仿佛又回到当年，充满温情地回忆起打猎时光。

此时阴沉的天空下起了淅沥小雨，雨水正是这个季节大兴安岭恩赐于这个村落最好的礼物，也缓解了我们彼此的尴尬。为了避雨，笔者邀请他去我们入住的"猎民旅店"以便深入了解曾经的猎民生活。调查人员正准备跟这位略带豪言壮语的猎民后裔一同前往"猎民旅店"时，有学生迅速地揪住笔者的衣襟，附耳低言："老师，刚刚听村民们讲这个人是疯子，不要跟他交流了。"学生的神态有些慌张。

实则，他刚走下车的举动已预示了其不寻常的一面。

但是就像福柯所言，疯子的世界其实并不荒诞，而是充斥着另一种理性，只是这种理性建立在与众不同的假设之上。调查中遇见当地"与众不同"的人恰好也是田野工作中天赐的良机，或许正是打开另一扇门的钥匙。

于是，我们的话题依然继续……

"了解我什么呀？"

"我们都不知道你的名字。"

"知道我的名字干吗呀？要我的网名（微信称呼）吧，叫'狼'。我家不远，家门锁住我都进不去了。小时候我们家还开过商店呢，挣过钱，后来不开了干别的去了，现在闲人一个，我也不知道现在要做什么。"

追问他叫什么名字时，这次他爽快地答道："你们记上，我叫哈赫尔氏×××，我们家族是萨满，是萨满家族，到我这儿已经是第七代了，七代是多少年？按一个人活60岁来算，也有四百多年了。我曾经在这儿辉煌过，teimba？（是吧？）"用蒙古语反问我们并自豪地笑起来，还补上一句："不信你问问任何一个人，我是传奇人物（用鄂温克式腔调说着汉语，中间还穿插蒙古语）。"

在毛毛细雨中调查组几次催他一起进旅店，可他就在"猎民旅店"门口的草甸上坐下来，还念念不忘让我们调查人员给他买酒喝。

笔者劝说："哪有无缘无故喝酒（的人）呢？"

哈赫尔氏："哪是无缘无故呢，我打猎时骑着马，欣赏着风景，无忧无虑地生活。打猎我们从来不打母的，就打自己用的，不像现在看到一个就打，我们留着母的繁殖。"他又重复：曾经打猎时多么辉煌啊，（打猎）打到几个国家呢！现在的社会呀，……哈赫尔氏无奈地笑了。

这时候观察半天的旅店老板出来，劝我们不要在雨中讨论，还是进屋继续吧。有几个村民也过来跟哈赫尔氏用鄂温克语交谈。意识到村民的提防调查组解释：只是想了解猎民村的生活，没有其他想法。

雨越来越大，村民们也各自回家了，可是这位曾经的猎民——哈赫尔氏无所谓雨中淋湿，开始大谈人生哲理：人，不管你是学什么专业的，到最后也就活 80 岁、100 岁，（对着笔者）你能活 100 岁吗？人活着应该办点事。我以前是（村子的）团支部书记，做了 3 年，3 年后把我整到×××市了，在那里过的年，过了痛苦的年（显出极不情愿的样子），因为生病老严重了，精神分裂！是我爸他们严格，我不干也不行就控制我，就被家人（我爸他们）逼着去×××医院。家里有一个哥哥一个妹妹，我哥和妹妹都在单位工作，我妹妹老可爱，可办事了，我宁可跟妹妹办事也不愿意找哥哥。我从×××市就医回来就开始打猎了。曾经我爸妈还养过鹿。1998 年（交枪之前的几个月）我撵着三个狍子进入蒙古国边界——罕达盖打猎。从罕达盖回来，跟我一起打猎的人把我给卖（耍）了，我一分钱都没挣。最让我生气的是，麦地的朋友（种田的人）把鹿心卖给心脏病的人。

看他灰心的样子，笔者转移话题：咱们先不谈你那些朋友的事。你们交完枪之后呢？他又笑眯眯地答：最后我往死里找对象，后来（人家）把我撒得什么也不是，呵呵呵，比上维纳河都高兴（自嘲），还给我们讲起受伤的鹿跳进维纳河，维纳河的泉水神奇般治好伤口的传说。

交谈中他跳跃式思维让调查人员跟不上他的节奏，但每当提起打猎情景，哈赫尔氏的声音强大且充满清新与活力，有无法用语言表述的内涵和吸引力，诉说其曾经的辉煌和荣耀。

"那老猎民的特征是什么？"

"老猎民啊，什么都不要，我们什么都不要，（嘴里还嘟哝着'现在我相信你，可谁会相信我'）我不想说太多的事了。"

终于说服他一同走进"猎民旅店"，还没等他坐下来"猎民旅店"老板跟进来大声训斥并以"精神分裂者"又"酗酒"的理由把他给轰走了。目送着这位曾经的猎民摇晃转身离去的背影，笔者脑海中浮现格尔茨所描述的"外来的现代性碎片与疲敝不堪的传统遗迹的一种诡异混合，塑成了此地的性格，未来似乎与过去一样遥不可及"[①] 的场景。

第二节 "猎民旅店"老板

本以为与村口偶遇的哈赫尔氏的交流，是开展此次调查的极好机会，

---

① ［美］克利福德·格尔茨：《地方知识——阐释人类学论文集》，杨德睿译，商务印书馆 2014 年版，第 72 页。

但是哈赫尔氏被"猎民旅店"老板轰走,调查组的注意力只好转向这位"权威"的老板身上。其后我们走进"猎民旅店"侧房,大概有10多平方米空间内靠墙搭个火炕,对面柜子上放着电视机,门口摆着简易的四方桌子,两个椅子。笔者坐在椅子上,老板在炕上,暗淡的光线下通过烟幕观察到"旅店老板"穿着深色宽松的夹克衫,有高耸的鼻梁、警觉的眼神。沉默了少许,他说出来一句:"你们来这里做什么?能解决什么问题?"笔者并没有马上回答而试着从另一话题缓解此僵局时,一位穿着马靴、个头高大的人说着鄂温克语掀开门帘走进小屋。笔者赶紧自我介绍,并说出此次调查的目的是想了解嘎查历史和文化变迁历程。这位新成员听完解释爽快地回应:我其实也是嘎查人,1981年猎民队成立时我也在,1984年后调到苏木再到旗里,如今在旗"马文化协会"工作。他介绍"马文化协会"的规模以及功能之后话题又回到"猎民队"。① 离开嘎查30年的这位公职人员回忆:"自己虽然在旗里上班,但每年夏季都要回家乡。近几年因村村通电、交通便利外来人员也增多,担心家乡的环境被破坏,并且这里的年轻人最近多用汉语交流,30—35岁以上的人懂蒙古语,这个岁数以下说蒙古语的人越来越少了。"心中的顾虑溢于言表。

  离乡背井的"马文化协会"成员与极力想融入当地的笔者恰好在猎民生活议题上找到了碰撞点,热烈地攀谈起来时,在旁沉默不语细听我们讨论话题的"猎民旅店"老板突然发言:"我们那时打猎,经常是拨开到膝盖的雪地,铺上皮褥子枕着鞍垫,凝视着满天星斗入睡。夏天打犴达罕(驼鹿),林中有梅花鹿、熊、野猪、猞猁、狐狸、狍子、狼等野生动物。晚上一人提着灯另一人射击打猎。如果六月份能猎到(雄)鹿可以卖五六千元(20世纪80年代),猎物换来的现金都归嘎查集体收入。当时猎民队有自己八九个人组成的猎民小组,在'塔担达'(打猎时的首领,指狩猎长)的带领下出猎,一般走一个月左右,遵守猎物平均分配的规则。在分配的过程中,有时出现猎物所剩无几的状况,这时'塔担达'会因宁可自己一无所剩,也保证村民的食物而感到骄傲。可是现在嘎查人越来越多,特别是近几年本嘎查嫁出去的姑娘领外来女婿定居的现象让人担忧。"说到这里,曾经的老猎民狠狠地吸了一口烟沉入深思。在旁的"马

---

① 这个称呼是当地民众对此嘎查的过去式叫法。

文化协会"成员也补充道："之前我们鄂温克人向来把家乡的山川河流都用鄂温克语命名，如：维纳河用鄂温克语叫'OYINA AQQ ANG'；小牛圈叫'OLIYASON GATOLGA'；而大牛圈这个地方依着大山谷，以前叫'θRθθQENG JOHAAL'，意为鄂伦春扎营地，现在这些地名用汉语命名的多了，比如：维纳河、小牛圈、大牛圈等。"

走进田野之前，笔者预想的是以鄂温克族自治旗44个游牧嘎查中唯一的猎民村——吉登嘎查与众人关注的敖鲁古雅驯鹿鄂温克族、游牧鄂温克族的关系比较研究为议题，力图以个案形式展现其变迁历程。但通过与猎民交流，他们讲述的山川河流以及一些历史事件，对笔者探讨呼伦贝尔地区多民族交往交流交融空间提供了更多的活性素材。

接下来的话题，因老板被老板娘叫过去，"马文化协会"成员也起身回弟弟家而告一段落。

第二天发现门口的大水缸里装满了日常用水（平常顾客都是亲自到院子里压井打水。从那以后旅店老板几乎每天都给调查组准备满满一大缸的水，如果哪一天这个水缸没有及时装满，说明老板或老板娘的哪一位生病在去往镇诊所的路上），不一会儿"猎民旅店"老板居住的小屋也热腾起来，有村民从简易的栅栏门进出互相用"私密"的鄂温克语交谈；还有些走进"猎民旅店"什么也不说，装作"误入此地"的样子转一圈出去。这些迹象表明，昨天与"精神分裂者"和"猎民旅店"老板"交涉"的事已传遍猎民村。村民好奇与他们认为的"精神分裂者"对话的外来者到底是何许人也，这件事无意间铺设了调查组融入"猎民生活"的近路。

当天下午整理访谈内容后，被"猎民旅店"老板邀请到小屋喝奶茶。这一次老板没有支吾直接聊起自己的家事。老板口述："我1953年出生，是柯勒塔基尔氏族，从小就打猎为生，祖辈不知何时、什么原因来到这里。父亲是'猎民队'成立之前的红花尔基大队（公社）当了20年的领导，1981年猎民队从红花尔基分出来，重新命名为'吉登嘎查'从事猎业，当时都是自愿选择的。上缴猎枪后生活来源主要依靠牧业和国家拨款的草场补贴。近年来因老伴和自己身体的不适，仅有的十几头牛、50多只羊交给亲戚，2014年去哈尔滨花10多万元做了心脏支架手术，从此失去体力和能力无法经营牧业，便成为村子里的低保户，开这个'猎民旅店'（冬天游客极少停业）维持生活。因日常生活及医疗费用占去了多半，现在的生活依然很拮据。"接着"猎民旅店"老板突然抬高声音说："但我宁愿相信现代医学也不相信什么萨满治病，那是迷信。"在"萨满治病"议题上，"猎民旅店"老板与昨日"精神分裂者"哈赫尔氏的反差，使笔者领悟到"猎民旅店"老板为何对于萨满世家的哈赫尔氏的做法持有强烈的反感以及把哈赫尔氏赶出"猎民旅店"的心理缘由。正如莫斯所言"把社会生活定义为一个象征关系的世界"，而各种正常个体行为与那些反常行为的运作当中，往往"各种正常的个体行为自身是没有象征性的（因为它们是集体的象征体系赖以构成的各种要素），只有那些反常的行为，在一个既定的社会群体中触及了符号体系（虽然是在一个低级的水平上），并向每个社会提供了一种经过双重弱化（因为是个体的和病理的缘故）的、不同于自身的各类符号体系。"[①]

在这个村落偶遇的"精神分裂者"的反常行为，驱使调查组去解读"猎民村"这一象征系统中的各类符号，通过"精神分裂者"与"正常村民"的反差行为，洞察传统与现代——交错与重叠之间的复杂关系如何在这个村落运作，分析其现代化背景下"猎民"被符号化以及社会又如何期待"猎民"保持传统因素等议题，最终窥其现代化标准来实现的该村落现存面貌。

第三节 猎民村：重操旧业到放下猎枪

本调查点位于内蒙古自治区呼伦贝尔市鄂温克族自治旗伊敏苏木南部，距鄂温克族自治旗政府所在地巴彦托海镇145公里，离伊敏苏木所在地75公里，南与兴安盟相邻、西与红花尔基林业局相接的鄂温克族牧民集中聚居的44个牧业嘎查中唯一由猎转牧的嘎查。因坐落于大兴安岭北端林、牧临界点而受到草原、森林大自然恩惠，自然资源丰富。

依据伊敏苏木成立66周年（1948—2014）宣传册介绍："鄂温克猎民特色村寨——吉登嘎查总户数70户，总人口174人，其中鄂温克族

[①] ［法］马塞尔·莫斯：《社会学与人类学》，佘碧平译，上海译文出版社2014年版，导言8—9页。

161 人。土地面积 10 万亩，其中打草场面积 6 万亩，人工草场 2 万亩。牲畜总头数 9366 头（只），其中大畜 2743 头（匹），小畜 6623 只，基础母畜 4979 头（只）。现有奶牛 973 头。"2014 年调查时，吉登嘎查统计的户数共有 80 户，有劳动力的户数为 75 户，嘎查总人口为 178 人；劳动力总数为 117 人，其中男性 57 人，女性 60 人。[①]

据调查，1981 年和 1998 年是猎民村两个时代的分界线。1981 年伊敏苏木红花尔基嘎查（生产队）分为两个队，留在红花尔基生产队继续经营牧业的成为牧民，自愿分离出来捕猎为主的一部分成为猎民。有关猎民队组建情况，在猎民村成立 30 周年（2011 年）的简介中记述："是清代索伦右翼镶蓝旗[②]辖地。中华人民共和国成立后属红花尔基巴嘎红花尔基生产队（20 世纪 50 年代成立）。1981 年游牧一组留在红花尔基，狩猎一组从红花尔基生产队分离出 25 户，南迁乌勒额德勒格渡口附近，在原索伦右翼镶蓝旗乌勒额德勒格村遗址南 1 公里处，伊敏河左岸复建了乌勒额德勒格屯。"《鄂温克地名考》[③] 记载，乌勒额德勒格（OLEDELGE）是鄂温克语，乌勒是杨树，乌勒额德勒格是杨树渡口之意，因沿伊敏河有很多杨树而得名。乌勒额德勒格这个地名，如今，虽然被村里、村外人习惯称为"头道桥"，然而老猎民仍把它叫作 OLIYASON GATOLGA。此处提及"复建乌勒额德勒格屯"，说明之前存在过"乌勒额德勒格村子"并且围绕"乌勒额德勒格"这个地名可以展开研究该村落核心氏族与其他部族之间的地缘关系史。

据俄罗斯后裔回忆，1981 年虽然成立了独立的行政村，但并不是马上举迁到此处，而是第一年先盖房子（木头房），从第二年（1982 年）、第三年（1983 年）房屋设施建设初步完成的基础上才陆续来此地定居。[④] 当时旗政府发放猎枪、猎民证和护林证（肩负打猎和护林双重责任），共 17 名猎民获得了猎枪和证件（见图 1-4）。[⑤] 不难看出，这是当

[①] 此数据于 2014 年由吉登嘎查时任协理员提供。
[②] 镶蓝旗西由红花尔基河起，东至维纳河为界南由伊敏河河源，北至红花尔基山。见《鄂温克地名考》，民族出版社 2007 年版，第 130 页。
[③] 内蒙古自治区鄂温克族研究会、黑龙江省鄂温克族研究会编：《鄂温克地名考》，民族出版社 2007 年版，第 154 页。
[④] 来源于 2017 年 6 月 30 日扎木苏荣的口述。
[⑤] 来源于 2016 年 2 月 3 日猎民遗孀的口述。

时政府鼓励、猎民自愿原则上重组的牧业区域唯一的猎民村。以经济类型分类的这个组自然而然被称作"猎民队",猎民们也没有异议被称为"猎民",觉得边打猎还能护林防火是件非常荣耀的事情。实则,猎民队成立之前,乌勒额德勒格是红花尔基嘎查牧业队四季牧场。据《鄂温克地名考》:"早在19世纪初叶,柯勒塔基尔、巴雅基尔二氏鄂温克人首先在乌勒额德勒格处建屯(遗址尚存,在吉登嘎查北侧约1公里处)后因发生震惊整个呼伦贝尔地区的'道兴佳事件'之后,乌勒额德勒格屯猎民先后往北迁至正红旗管辖地区,有一部分往西迁至镶红旗和正黄旗南部地区居住。中华人民共和国成立时,此处只有六七户人家,属红花尔基巴嘎。"① 1981年从红花尔基(巴嘎)生产队(自愿选择基础上)陆续划出25户猎民,重组独立行政村——猎民队。猎民队成立时猎民持有的枪支渊源上离不开柯勒塔基尔、巴雅基尔二氏祖辈猎枪。据猎民回忆,当时红花尔基的土地面积从现在的头道桥、维纳河直到李济山为止的广阔地域。那时不存在头道桥林场,20世纪70年代在那个位置有几个汉人养马,被称为"马场"。

图 1-4

---

① 内蒙古自治区鄂温克族研究会、黑龙江省鄂温克族研究会编:《鄂温克地名考》,民族出版社2007年版,第154—155页。

图 1-5

图 1-6

图 1-7

注：图 1-4 至图 1-7 是调查组于 2016 年 7 月 31 日在吉登嘎查入户访谈中曾经的猎民提供的"狩猎证"、鄂温克旗护林护场防火指挥部颁发的"护林护场防火检查员"证件及相关奖状。

第一章 猎民村印象

有一位强调自己文化程度不高，小学三年级就辍学的猎民后裔，从调查认识的当天开始以急切的心态，努力把祖辈留下的口述历史"完好"地传送到笔者的大脑里。他口述："柯勒塔基尔（Heltegir）和巴雅基尔（Baiyigir）两个氏族是成立该'猎民队'的核心成员，这两个氏族自古就是拿着枪防守边疆的猎民，战功卓越而被清朝任命的官员也不少。直到'挖肃'（1969年）结束，两个氏族的后代还拥有13支枪，是日本殖民时期的三八式步枪。自20世纪60年代末到70年代中晚期，老猎民相继去世，猎枪当作财产（遗产）留给子孙后代。这时除了柯勒塔基尔氏·奥格桑的儿子敖恩包岱（猎民队成立之前去世，不知谁承接了他的枪）、巴雅基尔氏·桑凯的儿子巴图玛、巴雅基尔氏·曾列的大儿子宝（人名）依然拿着祖传的猎枪之外，其余人员，如（小）桑布桑（鄂伦春柯勒塔基尔氏）、海宝（巴雅基尔氏，猎民队成立时已故）、水星（雅鲁哈哇呢）、淖尔特格（萨玛基尔·贺音）、色仁布（杜拉尔氏）、诺尔布（杜拉尔氏）、额尔德尼（杜拉尔氏）、宝金苏荣（杜拉尔氏）和巴图敖其尔（巴雅基尔氏）等都是后增的新猎民。遗憾的是，接下来我只知道宝（人名）的猎枪传给巴图格日乐（巴雅基尔氏）、巴图玛的枪给巴图德力格尔（杜拉尔氏）海宝的枪巴图吉日嘎拉（姓吴，达斡尔）承接之外，其余人员如何拿上枪就不清楚了。"[①]就在这个时间段红花尔基生产队[②]再统一分配给抗美援朝时期苏联捐助的连珠枪，因此直到1980年为止，猎民一直拥有自己的猎枪。

从以上人员变动中可以发现，到20世纪70年代世系猎民的柯勒塔基尔和巴雅基尔氏族在枪支承接过程中逐渐隐退，而后来居上的不同氏族成

---

① 吉登嘎查德力格尔扎布详细说出持有13支枪的猎民姓名：1. 柯勒塔基尔氏·泰孙的儿子兴海；2. 柯勒塔基尔氏·奥格桑的儿子敖恩包岱；3. 柯勒塔基尔氏·索米桑的儿子刚盖；4. 柯勒塔基尔氏·索巴的儿子丹巴；5. 柯勒塔基尔氏·包敖弥的大儿子明颤；6. 柯勒塔基尔氏·包敖弥的二儿子高木苏荣；7. 柯勒塔基尔氏·呼स依的儿子呼热耶图；8. 柯勒塔基尔氏·晶桑的大儿子金宝；9. 柯勒塔基尔氏·晶桑的二儿子新宝；10. 巴雅基尔氏·桑凯的儿子巴图玛；11. 巴雅基尔氏·曾列的大儿子宝；12. 巴雅基尔氏·曾列的二儿子宝德；13. 巴雅基尔氏·（大）桑布桑等13名。2017年7月1日由德力格尔扎布口述。

② 清代属索伦右翼正红旗管辖。1948年，在达格森、阿日勒道京两个村及散居其周围的牧、猎民建立了红花尔基巴嘎，1958年改为红花尔基生产队，1981年分成红花尔基和吉登两个生产队，1984年又改称为红花尔基嘎查。见《鄂温克地名考》，第141页。

员拿上猎枪至放下猎枪的时代转换中对猎民队的变迁发挥了不可忽视的作用。

1981年猎民队成立，政府发放17支56式半自动步枪。这17支猎枪除分给苏荣毕力格（西日哈瓦那氏）、浩特勒（柯勒塔基尔氏）、格日勒巴图（哈赫尔氏）、孟和巴图（柯勒塔基尔氏）、道尔吉苏荣（哈赫尔氏）等年轻的猎民之外，有一例猎民因犯错误而枪支重新分配给其他村民，其余都是子承父业，如乌尔根布赫承接父亲额尔德尼的枪、特格喜巴雅尔承接父亲水星的枪，从事了猎业。20世纪80年代中晚期之后，除了血缘关系的兄弟、儿子之外（淖尔特格的猎枪其弟弟沙格都尔苏荣承接，色仁布之子那日苏、诺尔布之子嘎玛苏荣承接父亲的枪）非血缘的女婿承接岳父之枪，初露祖辈财产被分化的端倪。

有关创建猎民村的过程，猎民后裔回忆：1981年4月中旬，我们赶着十几辆牛车从红花尔基出发，随着车轮缓慢的节奏，蹚过大渡口、穿过红花尔基林场、红意桥（"文化大革命"时期名称），来到目的地——乌勒额德勒格南边的OLIYASON GATOLGA。因路途险峻，50里的路程竟走了5个多小时，我们停留在小溪旁把原有的两间木屋作为最初的工作坊，开始分工协作。当时旗政府委任的两位领导——纳木吉勒书记、贡绰克队长，指导我们的工作。成员都以风华正茂的猎民后裔组成，有我（德力格尔扎布）、斯仁、京嘎、布格、何义勒德尔、乌力吉宝鲁、乌尔根布和（蒙高勒代）、图门巴雅尔、嘎玛苏荣等年轻人砍下4米长的木头，5月准备动工盖木房。其中，德力格尔扎布、斯仁、京嘎、布顾、乌力吉宝鲁、图门巴雅尔等人先打好15米长、7米宽的地基，到了7月末8月初已建好整洁宽敞的村委会办公室。接着德力格尔扎布、斯仁、图门巴雅尔、京嘎、布顾、额热依、莫胡尔等人被派去打草，他们顺着大渡口在村子南头开始割草。当时德力格尔扎布和图门巴雅尔坐在牛拉的割草机上，斯仁收草，布格和额热依捆草，莫胡尔当厨师。他们通力合作打完南边的草又转到石渡口红柳条（OLARIN HOS）的地方，直到秋天共割草66000斤。

这一年（1981）的冬天，猎民队遭遇雪灾。于是，猎民队雇用大型拖拉机运输冬天的饲草，司机即后成为嘎查第一任党支部书记（小）桑布桑的汉族女婿。1982年旗政府委任的纳木吉勒书记卸任，猎民（小）桑布桑担任该村第一任党支部书记，经过民主选举，猎民沙格都尔

图 1-8

注：图1-8摄于1981年6月。当年，初建"猎民队"的人们纪念性地拍摄了此照片。2015年8月1日德力格尔扎布提供。影像从左上开始，左上：敖锐、苏荣毕力格、德力格尔扎布、浩依勒德尔、斯仁；左中：蒙高勒代、马场（后成为头道桥林场）人、马场人、乌力吉宝鲁、那木斯莱；左下：京嘎、吉贝、宝音图老人、图门巴雅尔。

苏荣当选第一任嘎查达（村主任）。在新一届村干部的带动下，猎民队准备养鹿并建起长100米、宽50米的木栅栏。但是因选错地形的缘故，第二年（1983年）春雪融化、激流成河，湍急的水凶猛地压倒木栅栏，豢养的鹿多半跑掉，剩下的几只用汽车托运到OLIYASON GATOLGA（现在的头道桥），让我（德力格尔扎布）的伯父安波岱饲养。可惜1979年伯父去世，因接管人的经营不善，最终导致近30—40只鹿跑得无影无踪。①（见图1-9）

这些回忆虽不能还原当时的情境，但可以分析出以下三点：①行政归属上原清朝索伦右翼镶蓝旗乌勒额德勒格屯子——19世纪初叶，柯勒塔基尔、巴雅基尔二氏首建的屯子——遗址南1公里处重建的"猎民队"；②"猎民队"是以"索伦部"后裔柯勒塔基尔、巴雅基尔二氏猎民后裔

---

① 来源于2016年7月27日德力格尔扎布的口述。

图 1-9

注：图 1-9 左为德力格尔扎布的父亲额如代遗像；右为额如代与 1962 年驯养的犴达罕（驼鹿）。2016 年 7 月 26 日德力格尔扎布提供照片，并解释说，照片上的两只犴达罕是他父亲 1959 年抓来饲养的三岁驼鹿。

为主，与后迁来的不同氏族重组的牧业旗唯一的捕猎生产队；③除了打猎，猎民最初尝试的创收之路——养鹿，因水灾以失败告终。

猎民后裔德力格尔扎布口述记录了"猎民队"成立的第二年（1982年）在此定居下来的猎户及户主姓名：

（1）老猎民柯勒塔基尔氏·晶桑的大儿子金宝及金宝之子巴图扎布家 4 口人。

（2）老猎民柯勒塔基尔氏·呼热依的儿子呼热耶图及呼热耶图之子呼德日布和家 4 口人。

（3）老猎民柯勒塔基尔氏·泰孙的儿子兴凯家 4 口人。

（4）老猎民柯勒塔基尔氏·索巴的儿子丹巴及丹巴之子浩特勒家 4 口人。

（5）老猎民巴雅基尔氏·曾列的二儿子包德及包德之子巴图敖其尔家 5 口人。

（6）巴雅基尔氏·沙格都尔苏荣家 7 口人。

（7）巴雅基尔氏·桑凯的儿子巴图玛及巴图玛之子吉贝家 5 口人。

（8）鄂伦春 柯勒塔基尔氏·（小）桑布桑家 4 口人。

（9）杜拉尔氏·乌吉拉家 5 口人。

（10）杜拉尔氏·诺尔布家 4 口人。

（11）杜拉尔氏·乌尔根布和家3口人。

（12）阿温楚氏·额仁格家5口人。

（13）固然氏·巴图德力格尔家6口人。

（14）杜拉尔氏·玛吉格苏荣家3口人。

（15）俄罗斯血统的哈赫尔氏（大）扎木苏荣家6口人。

（16）哈赫尔氏·格日勒巴图家4口人。

（17）宝音图家4口人等共17户和当时还未成家的德力格尔扎布、斯仁、京嘎、布顾、乌力吉宝鲁、图门巴雅尔、海音都、巴图达来等单身户加起来总共25户84人是复建乌勒额德勒格屯猎民队最初的居民。①

如果说，把最初的"猎民队"命名为"吉登"嘎查，是在初步建设该村子的1983年②或1984年，而有关"吉登"这一词义的来源，在《鄂汉词典》中解释："JIDUNG为①山巅、山顶。②〈转〉顶、顶峰、顶点。"③ "大兴安岭，亦称内兴安岭，鄂温克、鄂伦春语称'吉登'或'额格登'，即兴安岭之意。"④ 或兴安岭就是吉登岭⑤，对于命名"吉登嘎查"的来历，大多数村民认同"吉登"就是山顶之意的看法。对此，这位强调自己"小学三年级水平"的猎民后裔德力格尔扎布却解释："听老人们讲，这个'吉登'名称，不是某个人命名的，而是300多年前我们柯勒塔基尔氏族叫吉萨将军带领索伦部，长途跋涉，来到高耸的山岭，眺望不远处祖辈定居的呼伦贝尔草原，兴奋之余把自己的利剑插到山岗上，生生世世生活在呼伦贝尔草原。我们索伦部为了纪念吉萨将军，把立剑的这个山岗叫作'吉萨将军的GIDAN DABA'，后人再改称为'吉登岭'⑥。"

听到这一口述之前，笔者在2003年对游牧鄂温克族进行调查时，游牧鄂温克族讲述过占据他/她们脑海的海兰察事迹。当时有位老人想让笔者更生动地把握海兰察这一历史人物，比喻说："你们蒙古族不是有个英

---

① 来源于2016年7月27日德力格尔扎布的口述。

② 据猎民回忆，"猎民队"正式命名"吉登嘎查"是在1983年，而猎民村成立30周年（2011年）宣传册中记述为1984年。

③ 杜·道尔基编著：《鄂汉词典》，内蒙古文化出版社1998年版，第370页。

④ 乌热尔图主编：《鄂温克风情》，内蒙古文化出版社1993年版，第85页。

⑤ 乌热尔图主编：《鄂温克风情》，内蒙古文化出版社1993年版，第95页。

⑥ 来源于2016年7月27日德力格尔扎布的口述。

雄史诗'江格尔'嘛，我们海兰察就相当于你们的'江格尔'。"

与游牧鄂温克族历史记忆中的海兰察相比，吉萨将军事迹也恰恰体现作为"索伦部柯勒塔基尔氏族"后裔选择性的记忆。正如拉威和斯威登堡把这一现象称之："一个选择过程，许多人要从他们的历史经验中选择出可能组合在一起的情况，以便纵向的故事形式将情况讲述出来，使其成为'真实话语'。传统、民间传说以及现实情况，是真实性选择的固定模式。然而，我们不仅想强调这些模式而掩盖了混合性，还要强调混合性同样是'真实的'。"①

作为独立行政村诞生的吉登嘎查，1983—1984年间换了新一届支部（当时猎民队仅有两名党员），出任嘎查党支部书记的是位女性，在她的带领下用林场（后成立头道桥林场）提供的树苗开展种树运动。通过持续两年的种树运动，在Goiholjin敖包②东北处叫作huder modei的地方种了落叶松。如今，这个地方建设成鄂温克族自治旗农业综合办公室的"免耕补播改良退化草场基地"，共7000亩。（图1-10）

图1-10

注：图1-10鄂温克族自治旗农业综合办公室在吉登嘎查草场建设的"免耕补播改良退化草场基地"项目简介。2014年8月12日调查组在吉登嘎查实地拍摄。

---

① 转引自［美］路易莎的《少数的法则》，（校真译，贵州大学出版社2009年版），第189页。

② 此敖包又称之柯勒塔基尔氏敖包。见《鄂温克地名考》，第138页；又参考本著作第五章第二节内容。

依据《内蒙古日报》(1987年11月24日第二版)报道：鄂温克族自治旗采取政策上优惠、经济上扶持的办法，帮助当地猎民发展林业生产。鄂温克族自治旗划给猎民嘎查部分次生林后，首先允许猎民在抚育的基础上，每户每年可采伐1.5—2立方米的木材，除用于搭棚盖圈以及烧柴外，剩余部分允许出售。其次是在造林的整地、苗木、技术等方面给予优惠，每到造林季节，林业局优先派干部和技术人员指导猎民造林，既保证了造林质量，又加强了与猎民的相互了解。20世纪80年代，政府与猎民互动关系上政府想尽办法通过"政策上优惠、经济上扶持"让猎民过上富裕生活，猎民也以合法的身份承担着"既是猎民又是护林员"的权利和义务。虽然带动了猎民的积极性，但集体平均主义思想依然贯穿着嘎查生活。报道中还谈道，当时"吉登嘎查共有27户，是以鄂温克族为主体的嘎查。由于一直从事单一的狩猎生产，收入不稳定，是靠民政补助的贫困嘎查。1984年以来，党委和政府逐步引导他们走'多种经营为主、狩猎生产为辅'的道路，现在嘎查大小牲畜260多头（只），每年次生林抚育采伐收入户均700多元，年均集体造林500多亩，1986年造林面积达到1000亩。这个嘎查还自建了80平方米的青年之家，搭棚圈9个，每年打羊草16万公斤，人均收入已由1978年前的不足100元，增加到现在的400多元"。①

20世纪80年代初，社会整体风气还在摸索改革开放的前期阶段，猎民村多种经营渠道也迈出一步，此时的生活状况被外界描述为："虽说是猎民村，但生活生计不是单靠打猎，当然还饲养牛、羊和马。牛羊基本上是自家消费，而马是出猎时必备的家畜。畜牧没有采取游牧，冬季以外在嘎查内的草地上放牧，女性负责饲养这些家畜。嘎查共有31户150人口。"② 但是按经济收入以及饲养牲畜的数量来衡量何为贫困的年代，"靠

---

① 《内蒙古日报》1987年11月24日第二版，记者朝伦巴特尔的报道。转引自涂格敦·林娜、金海主编《鄂温克族资料选编》，内蒙古人民出版社1988年版，第125页。
② ［日］井上紘一：『草刈る呼倫貝爾序説——中国東北のエヴェンキ調査より』、国際研究、No.5 1988.6。2006年笔者参与《鄂温克族游牧社会文化变迁》课题组对牧业鄂温克族进行调查时吉登嘎查有42户，2012年4月采访时共62户。2014年调查时，嘎查协理员提供的数据是：2013年吉登嘎查的统计户数共有80户，有劳动力的户数为75户，嘎查总人口为178人；劳动力总数为117人，其中男性57人，女性60人。

民政补助"维持生计的猎民村理所当然地被列入"贫困嘎查"花名册。这也给后续以"扶贫"名义开发各种项目提供了契机。

中华人民共和国成立之后，在社会主义改造过程中猎民早已摆脱中华人民共和国成立前"原始社会形态"。改革开放初期猎民不具备对"市场经济"各项要素的掌握，缺乏"交换""价值"和资本等概念，与政府引导的市场竞争还相差一定距离。20世纪80年代末90年代初开始陆续开发农场。1998年国家实施"天然林保护工程"以及林业权限从地方政府上升到国家统筹管理等一系列方针政策的出台，使得猎民们无所适从。1998年上缴猎枪后猎业生活戛然而止，猎民们一夜间被卷入到现代市场经济，被推进市场经济旋涡当中。

如今回忆上交猎枪之事，"曾经的猎民"后知后觉地才明白是"国家政策"的缘由，但也说不清楚具体什么政策。有些说是鄂温克族自治旗为庆祝成立40周年大庆，考虑社会治安而临时出台没收猎枪的政策；还有些猎民坚定地认为是以保护动物的名义收的枪；等等。这种无法回头的历史趋向面前，他们摸索如何自救之际，1987年伊始以"扶贫"名义引进的农场开发，悄然改变了猎民村的地缘空间，猎民与"以往故土"的关系发生了历史性转变。

第四节　猎民村现代化进程

打猎经验丰富的猎民，在日本侵略东北期间，日本人没收他们的猎枪，被迫放下猎业生产，经过一段没有正当生计的不稳定生活。中华人民共和国成立后，党和人民政府帮助他们恢复了猎业生产，给他们发放猎枪及子弹。生产合作社运动中"猎民当了人民政府的护林员，每月发工薪十五元，并且发给他们衣服。从此，他们除了在防火期结合防火护林打猎外，一年四季均可到山上去自由打猎。所获猎物按照合理的价钱卖给供销合作社，同时，在他们出猎前，供销合作社还供给他们充足的粮食以及其他用品。据初步统计，从1950年到1955年，全部猎民平均每人每年的打猎收入都在五百元左右。"[①] 如今健在的五

[①] 王路、哈斯、卢桦、德吉都：《猎业生产合作社的第一次丰收》，转引自涂格敦·林娜、金海选编：《鄂温克族资料选编》，内蒙古人民出版社1988年版，第96—97页。

位老猎民①依然保留当时猎源充裕的集体记忆,他们回忆:20世纪70年代末80年代初,有时猎品从供销社还能交换1000元至2000元不等的现金。但是1998年上交猎枪之后,政府之前帮助猎民发展林业生产的扶持政策以及"护林员"身份也不复存在。从此猎民村的人们不得不重视土地,也正是这一次的转型使猎民们强烈意识到法律意义上的土地归属权的重要性。步入转型期,即牧业实践期,作为鄂温克族自治旗林业局定点扶贫单位——吉登嘎查被列入牧业区域的"贫困嘎查"行列。

事实上20世纪80年代初,逐步铺开的改革开放道路,公社及集体制的瓦解,代之以正规的地方政府和混合型的(私有与公有的)经济组织形式②的改革,在压倒性的以经济增长为目标的趋势下,猎民"祖祖辈辈留下的"这片土地被农场主陆续开发。据猎民回忆,当时全嘎查可利用草场面积有30多万亩。③ 20世纪90年代,当地一位教师与朋友合作,考虑让猎民住进新砖房,把猎民村近2万亩地集体草场以"扶贫开发"项目名义开垦,利用项目租金和银行贷款初步盖36套砖房。从此,猎民村逐步转型到半农半牧混合型嘎查。④

1998年3月31日颁发的草场使用证说明:芒格日代、道尔吉巴图、哈斯巴雅尔三户分得打草场1163亩、放牧场487亩(图1-11)。每户应分得打草场387亩左右,放牧场近162亩。

"草原使用证"可以佐证,当放下猎枪的猎民被急转成牧民时没有足够的牧业基础和经验,1987年日本学者井上紘一对此描述:牛羊基本上是自家消费用,因没有多少家畜,他们在嘎查内的草地上放牧。⑤

但无论狩猎是游牧生产的手段之一的观点,还是狩猎业是向畜牧业过

---

① 健在的五位老猎民是:嘎玛苏荣、格日勒巴图、特格西巴雅尔、道尔吉荣荣、乌尔根布赫等。村民认为这五位猎民是1981年猎民队作为独立行政村诞生之前就已经营着打猎生产生活,可以称之为老猎民。2016年8月课题组入户调查时的采访资料。

② [加]朱爱岚:《中国北方村落的社会性别与权力》,胡玉坤译,江苏人民出版社2010年版,第1页。

③ 2014年8月在吉登嘎查采访的记录。

④ 吉登嘎查有四五户牧民虽然自己不种地,但归属于自己名下的土地租给外人种地收取租金。

⑤ [日]井上紘一:『草刈る呼倫貝爾序説——中国東北のエヴェンキ調査より』、国際研究、No.5 1988.6。

图 1-11

注：图 1-11 是 2014 年 8 月 13 日，调查组在吉登嘎查入户调查时老猎民提供的"草原使用证"。

渡的起点（狩猎、游牧民族）的理念，均与视土地为最主要的财产的农业经济有所不同。史学家札奇斯钦指出："游牧民族视家畜为他们的生命线。土地或牧场是为家畜生存而必要的。这不是说游牧民族忽视土地，而是说在人与土地之间还有家畜的介存。这是游牧社会与农业社会基本不同的地方。"① 然而现代社会评价草原时往往把牧民、草原和牲畜割裂开来。

20 世纪 80 年代末 90 年代初，猎民村不可避免地被带入以资本为导向的市场经济潮流中，尤其在"开发""扶贫"项目为依托的资本运作迅速改变着猎民村的地缘关系和经济结构。吉登嘎查现代化的开端是 1990 年"大牛圈农牧场"扶贫开发项目②的启动。该项目在其可行性论证方案中明确指出，选择吉登嘎查视为扶贫对象是因为多年来党和政府对吉登嘎查的扶贫工作下了一定功夫，尤其是旗林业局对该嘎查列为联系点之后该嘎查有了较大的进步。接着重点评述生计方面：由于多方面原因还没有从

---

① 札奇斯钦：《蒙古文化与社会》，台湾商务印书馆 1987 年版，第 4 页。
② 项目全称是《关于建立扶贫开发大牛圈农牧场的可行性方案》（1990 年 11 月 30 日），2015 年村民提供复印件。

根本上摆脱贫困,特别是该村31户人家,140多口人都是鄂温克族,他们的孩子上学没有学校,治病没有卫生所,住房破旧,并有11户因无力解决住房不能搬入猎民村居住。靠打猎收入不稳定,尤其是猎枪多年没有更换,更无法保证猎业收入。全村只有奶牛77头,吃粮、医病、照明、子女上学均靠头道桥林场。年户均收入450元,年人均收入80元,月人均收入只有6元,生活过于低下等等,列举了经济收入微薄、实际生活困难的现实。因此项目论证得出:使该嘎查改变贫困状况,利用该嘎查地理位置的优势,从开发入手,走农牧业开发之路,办好联合式发展经济的结论。吉登嘎查地理资源优势①奠定了"有必要走集体经济联合体的发展道路"方案,并最初设想"以开发促扶贫,保证扶贫经费的效益,把输血变造血,使扶贫工作取得较好的效果"。

实则,开发"大牛圈农牧场"之前,吉登嘎查周围的草牧场被公认为"荒原、荒地",在20世纪80年代末,已被吉登嘎查邻近的"头道桥林场"和"绰尔林业局林场"陆续开发。因此,承接和开发"大牛圈农牧场"项目负责人的信心和动力主要源于该地域丰富的自然资源——土质肥沃、系为黑钙土,水源又丰富,年降雨量为400毫米左右,以及"头道桥林场"和"绰尔林业局林场"的成功经验。肯定大牛圈未开发的20平方公里(有万亩以上)的地段是适合农作物的生长,特别是小麦、油菜及其他饲料作物生长的好地方。项目虽然强调吉登嘎查是鄂温克族牧业旗的以猎业为主的牧业生产队,牧业是该嘎查的发展方向。但是(设想)有了农业以后,牧业的发展就有依靠和保证。以农带牧、以富济贫的思路引导下,划出"不宜种地的地方饲养牲畜和发展林业"。最后该项目认定"利用这块荒地挽回吉登嘎查脱贫致富是值得的、可能的、必要的"。

试图以联合体的方式——农场与猎民的合作,带动整个经济实体,"利用荒地挽回富裕"的发展思路,奠定了今后以土地资本换取现代化的"致富"路径。这一过程中,最初林场开发的土地面积远远不如后来居上的农场开发吉登嘎查(集体)土地的数量和速度。1998年国家"天然林资源保护工程"(简称"天保工程")的实施,特别是红花尔基樟子松林

---

① 吉登嘎查周围有广阔的草牧场和丰富的水利资源,土质肥沃、系为黑钙土,年降雨量为400毫米左右。

被认定为国家级自然保护区并划归中央和地方共同管理的国有企业资源，位于大兴安岭西北端猎民嘎查临界点的森林也不在当地行政管辖范围之内，地方政府基本在行政权上无权干涉林地发展。

"大牛圈农牧场"，最初投入100万元的启动基金（资金来源：扶贫资金、银行贷款）开发（审批下来的）一万亩土地，计划争取三年后技术人员和管理人员完全由猎民自行承担。① 但是针对没有接触过农业，也未经技术性培训的吉登嘎查猎（牧）民，此项目头三年采取暂时联营后小段承包或环节承包的生产方式，聘用技术人员和管理人员，吉登嘎查猎民只出劳力的方案，注定后续出现种种不协调的问题。首先，这位作为法人代表的教师把审批下来的农地以三年期限租给了刘姓朋友，相当于"聘用了技术人员"，而刘姓朋友又把这块农地租出去，让第三方经营。其次，到了第三年（1993），因连续几年干旱而农作物没有收成，未能达到预期的目标。于是，这位教师又把这块地抵押给当地工商银行，从工商银行贷款建设新牧区最重要的环节——给猎民盖砖房。然而到了1996年合同到期限，天不助农，农场未获收成，盖36套砖房的计划未完成，但银行贷款已到期。为了偿还银行贷款，"大牛圈扶贫农牧场"把（先后划归的）2万亩地，分成两部分用于农业用地。

一部分，由吉登嘎查党支部给鄂温克族自治旗党委和政府部门提出申请（1994年4月），要求收回1996年11月已到期的鄂温克族自治旗扶贫开发的"大牛圈农场"。1997年4月以时任吉登嘎查村主任为首的"嘎查

---

① 扶贫开发的"大牛圈农牧场"五年计划：一九九一年打基础的一年，需要投入资金100万元。资金来源：扶贫资金、银行贷款。开荒7000亩，第一年暂不还贷款。第二年（1992年）开始改善猎（牧）民生活条件，共投入40万元，需新增贷款4万元。播种小麦5000亩，年收入预算80万元。其中，为下一年提留40万元，改善猎民生活需10万元，还贷30万元。这样依次到1994年为止，适当扩大播种面积，增加农业收入，并发挥牧业及其他企业副业的作用在不遇不可抗拒的自然灾害情况下争取还清全部贷款。1995年播种小麦6000亩，年收入预算96万元，利用农业收入和村办小企业、牧业及其他副业收入开始建设猎民新村，争取1996年建成。扶贫开发，建设农牧场，建设新村的过程中使牧民（猎民）得到劳动报酬，增加家庭收入，培养一批骨干。因为开发农牧业是猎（牧）民没有从事过的新事业，技术性、时间性较强，所以开始头三年采取暂时联营后小段承包或环节承包的生产方式，聘用技术人员、主要劳力和管理人员，其他劳力均从吉登嘎查内解决。逐步培养技术人员、管理人员和骨干力量。争取三年以后完全由猎民自行解决。此项目全称为《关于建立扶贫开发大牛圈农牧场的可行性方案》，方案复印件由村民（2016年8月）提供。

委员会"代表全体猎民,再次给伊敏苏木人民政府和鄂温克族自治旗有关部门提交报告书,报告书中声明:"依据'内蒙古自治区土地管理局''内蒙古自治区物价局(1996)82号文件'以及鄂温克族自治旗人民政府'宜农土地资源开发管理办法'1号令的有关条例,经嘎查委员会研究决定,收回大牛圈一农场,嘎查自己租赁经营;大牛圈二农场为原法人代表继续经营。"嘎查经营一农场的原因是:吉登嘎查按照国家《野生动物保护法》有关规定,以多种经营转变生产方式,改变少数民族地区落后面貌,脱贫致富早日实现奔小康,为鄂温克族自治旗40周年大庆献礼,对伊敏苏木的经济建设做出贡献。嘎查收回土地后建设项目如下:(1)现嘎查没有电,购入一台20瓦千发电机和电线、电杆、今年发电;(2)装饰嘎查办公室、青年活动室和办公用品;(3)现嘎查适龄入学儿童辍学较多,因此为他们按时上学,嘎查给补贴;(4)为了就业牧民找活干,搞好运输,购买一台东风140车,对嘎查的交通不便创造条件和增加猎民收入。后附说明:此接管过来的农场由王某某播种,时任村主任同意,盖有鄂温克族自治旗伊敏苏木人民政府和伊敏苏木吉登巴嘎的公章。① 大牛圈一分场面积6000亩的土地从1998年5月5日至2001年12月30日为止,以鄂温克研究会的名义划归王某某管理。

另一部分,所谓的"大牛圈二农场",即指最初由当地教师作为法人代表经营(5年)的农牧场。据村民讲述"虽然这位教师的精神可嘉,但不懂农业经营又加上被合作朋友欺骗",最终是农业欠丰收,为还清"中国工商银行呼盟分行贷款本息234万元,把11500亩耕地抵偿给工行(2001年至2010年)"。根据旗人民政府的授权委托,中国工商银行呼盟分行(鄂温克旗支行)把11500亩耕地以每年每亩租金24元整,合计年租金为27万6000元租给呼盟华成经贸有限责任公司(2001年5月20日至2010年12月31日)。其中明确指出:一、经营期间免除该地应缴纳的除农业税之外的旗、苏木、嘎查一切行政收费,免收的费用抵偿旗大牛圈扶贫农场所欠盟工行贷款本息234万元;二、经营期内盟工行对大牛圈扶贫农场的贷款本息暂做挂账处理,停止计收利息;三、在经营期内,受政

---

① 2016年8月村民提供"吉登嘎查党支部给鄂温克族自治旗党委和机关部门提交的申请书"复印件。

策影响需要调整土地时，旗政府负责以相等面积、相等自然条件的耕地予以调整，（在抵偿贷款合同中鄂温克旗自治旗国土规划局作为甲方，中国工商银行呼盟分行作为乙方，甲乙双方签订合同）。①

如果说，大牛圈农牧场联营方式的目的是为了防止牲畜随意踏进农田，发挥其猎民看护农场的功能，但随后大牛圈农牧场一分为二开始，无论是看护或管理方面都与吉登嘎查猎民有了距离。到 2004 年为止，全嘎查 30 多万亩土地以招商引资等不同渠道被开发为 20 多个农场，种植亚麻、小麦、油菜，留给嘎查猎民的土地面积 10 万亩，其中，打草场面积 6 万亩。② 从最初把 2 万亩地租给农场开始不断开发导致归属猎民的土地最终仅剩 6 万亩，间距不到 20 年时间。以土地换取的现代化，把土地与牧民隔开，后续争取赎回土地的行为，致使猎民付出了巨大代价。像率先以扶贫为目的开发农场的带头人，由于客观的旱灾歉收，给猎民盖红砖房的愿望未能实现，无法还清到期贷款，自己也获刑一个月。用布迪厄的话解释："一块土地可获得与其特有的技术和'经济'质量不相称的象征价值，当一块世代拥有、故与族姓密不可分的土地落到外人手里时，赎回这块土地便成了一件荣誉攸关之事，……其价格非同寻常。"③ 这段话象征着猎民在现代化进程中为了争取这块土地或从中获利而被刑拘、获刑现象，在人类学意义上被视作通往现代性的仪式。然而，最早获刑的这位教师的例子仅仅代表了这种仪式的开端。

其实猎民上缴猎枪之前，1988 年 11 月 8 日经第七届全国人大常委会第四次会议修订通过，自 1989 年 3 月 1 日起已施行《中华人民共和国野生动物保护法》。保护法规定：为了保护、拯救珍贵、濒危野生动物，保护、发展和合理利用野生动物资源，维护生态平衡，野生动物资源属于国家所有权。1998 年为解决天然林的休养生息和恢复发展问题，从根本上遏制生态环境恶化，保护生物多样性，实现其林区资源、经济、社会的协

---

① 《关于解决大牛圈扶贫农场所欠贷款债务问题专题会议纪要》（鄂温克族自治旗人民政府办公室 2001 年 3 月 27 日）复印件由村民（2016 年 8 月）提供。
② 详见鄂温克族自治旗伊敏苏木成立 66 周年（1948—2014）宣传册《鄂温克猎民特色村寨——吉登嘎查》。
③ [法国] 皮埃尔·布迪厄：《实践感》，蒋梓骅译，译林出版社 2012 年版，第 173 页。

调可持续发展，国家出台中长远计划工程——"天然资源保护工程"[①]（简称"天保工程"），结束了猎民在历史上享有对森林及其物产的事实上的财产权，意味着他们应该放弃昔日"猎民"身份，转型到新"牧民"行列当中，并得到社会群体的认可。

1985年设立红花尔基镇，与吉登嘎查相邻的头道桥林场，成为红花尔基镇管辖区内的村子。头道桥、红花尔基、辉河、诺干诺尔、巴日图和罕达盖等6个林场隶属于呼伦贝尔市林业管理局樟子松营林局暨红花尔基林业局（不属于地方林业局），属于内蒙古自治区林业厅下属的林业系统企业（吉登嘎查则始终是鄂温克族自治旗林业局定点扶贫点，属伊敏苏木行政管辖）。随着1998年"天保工程"的实施，全国乃至亚洲最大的，也是唯一集中连片的红花尔基沙地樟子松林，成为国家定点的三北防护林种子基地之一。1998年保护区成立，2003年升级为国家级自然保护区，保护区总面积20085公顷，主要功能是保护沙地樟子松森林生态系统。

所以实际上，林、牧在行政隶属以及管理模式上的不同走向，使得以伊敏河为界线——西为头道桥林场，东为吉登嘎查——林、牧临界点的吉登嘎查牧民经常陷入困境。如不能乱采滥伐是国家的政策，而上缴猎枪之前猎民既是打猎者又是护林员，护林方面的意识比其他任何一个族群都强烈。但是转产之牧业，他们的牲畜、牛羊没有足够的草场，有时难免越界进入林地。林场管理人员以破坏林地名义罚款嘎查牧民。而林场居民饲养的牛羊也有时跑进嘎查草场，嘎查牧民以破坏草场为由追究其责任时，反而不予理会。访谈时村民也讲：现在我们把牛羊放到山上也被罚。可见他们不知道"荒山、荒地"也已纳入林场的管辖范围。就像《现代汉语词典》将荒地笼统地定义为："没有耕种或利用的

[①] 1998年在长江流域和东北地区发生两次特大洪灾。正是那年大水，让人们尝到了生态破坏的恶果。洪水退去后，中共中央、国务院提出全面停止长江、黄河流域上中游的天然林采伐。根据《中共中央、国务院关于灾后重建、整治江湖、兴修水利的若干意见》中关于"全面停止长江黄河流域上中游的天然林采伐，森工企业转向营林管护"的精神，国家林业和草原局编制了《长江上游、黄河上中游地区天然林资源保护工程实施方案》和《东北、内蒙古等重点国有林区天然林资源保护工程实施方案》。经过两年试点，2000年10月国家正式启动了天然林资源保护工程，简称"天保工程"。

土地"一样，我国对于荒地的界定，除了包括完全不能被利用的荒地外，还包括宜农、宜林、宜牧、宜能荒地（指以发展生物液体燃料为目的，适宜于开垦种植能源作物的荒芜土地），能源作物包括油菜、甜菜、甜高粱、木薯等尚未被利用的荒地。而全球土壤退化评估系统（GLASOD）认为荒地只是那些当前没有直接利用价值的土地。[1] 因此，不同的文化思维模式，奠定了对荒山、荒地的不同利用价值标准。"农耕民族的人常常认为，那个没有开垦的地方是荒地、荒废"，而游牧民族认为"那个草原，不是因为它是荒地，是因为所有的牧羊人、牧马人走过以后都把那些草原的痕迹除掉让草原可以再生，是人为地让它不留痕迹，就是让它健康"[2]。思维方式的差异性，使刚刚与农场和解的吉登嘎查牧民又跟林场的矛盾日益凸显。

就此问题，调查组采访头道桥林场领导[3]，他们道出了实情："我们是自治旗境内林业实业区，我们拥有森林法来颁发的林权证，在我们行政区域范围内是林牧、林地、荒山、荒地、树林地都是我们管理范围。根据有关部门的决定，1988年就形成了（林业），但是很多年形成的历史原因，对林权这一块儿大家还是不太认同，所以在我们林权工地的牧民很自然地认为只要是草场、草地、林间空地都是属于他们，在林权范围内难免出现一点争议现象。"这番话已说明，国家赋予的合法的林地确权行为与鄂温克人在历史上一直享有对森林及其物产的财产权，也就是说实际占有的权利（事实上的财产权），即"不需要获得来自其他社会群体的承认"[4] 的意识想法，已不能代替现代法律权属的产权。

---

[1] 涂成炎等从广义和狭义两个层面对荒地进行界定：广义的荒地是指荒芜、半荒芜的陆地形态的土地，未被人类经济活动所利用或利用不充分的土地，从其自然属性来讲，它适合农业、林业、牧业等利用而未被利用的那部分土地称之为荒地资源；狭义的荒地是指没有耕种的土地，主要分布在岗丘坡度平缓的荒芜土地全球土壤退化评估（GLASOD）系统将由于历史原因或者自然演化过程，变成没有明显的植被和农业潜力，完全不能被利用的土地界定为荒地（Wasteland），包括活动沙丘、盐滩、礁石、沙漠以及干旱山区5类土地。见宫丽彦、程磊磊、卢琦：《荒地的概念、分类及其生态功能解析》，《自然资源学报》，2015年第12期。

[2] 席慕蓉"谈蒙古"（视频），网址：https://www.bilibili.com/video/av24683106，2018年6月11日。

[3] 2016年8月2日的采访日志。

[4] 谢元媛：《生态移民政策与地方政府实践》，北京大学出版社2010年版，第210页。

针对将来林场植树造林的空间有可能逐步往外扩展的倾向，林场领导解答："我们造林一般都是在山坡，因为很多空地方牧民在使用，而且一部分是无证（没有草场证）使用的，所以我们面对现实，有很多地方，如山上的空地放完羊之后，我们人工去造林。甚至在这些地方，有些牧民即使没有草场证也有在林权管辖内打草的现象，但我们一般也不动。有些地方旱地，造树林地管理起来也困难，所以尽量我们也不动，现在总的来说吉登嘎查和头道桥林场处于一种相对平稳的过程。"这样的解释，既合理又合法。

天然林保护工程中明确指出"由采伐森林向营造林转变，企业职工大多数由采伐转向森林管护与营造林"，最终目标为"天然林资源得到根本恢复，基本实现木材生产以利用人工林为主，林区建立起比较完备的林业生态体系和合理的林业产业体系（远期目标到2050年）"。依据这一目标，头道桥林场的领导再三强调，国家对于生态文明建设、环境保护这一理念的提升，"林场逐步从服务于生产、生态（森林）保护、最主要是植树造林，增加有益地面积。生态效益方面，每年造林价值方面从国家—自治区—呼伦贝尔市都要求造林面积增加。所以，我们要把林权空地、在我们权属范围内的空场地、林间地、荒山、益林地逐步要收回"。林业为了达到远期目标，给下属企业下达造林任务①，就头道桥林场"去年（2015）呼伦贝尔市林管局给下属的各林场8万亩造林任务，所以到我们（头道桥林场）这儿分摊到1万亩。我们从林场角度保护造林（多为落叶松）"。林场领导指着卫星图上的深黄色地方说，而且"政府批下来的十

---

① 著名植物学家和草原生态学家刘书润在一次（2017年7月23日）采访中解答"绿色污染"。他说绿色污染比环境污染还可怕。大兴安岭落叶松林，下面一根草都没有，什么都不长，土是酸的。又讲一个例子说：河南一个焦裕禄式的县长搞绿化，"你们科学家帮我看一看"。我一看全是刺槐，说"我们赶紧走吧，他干坏事了"。太密太多了，后来一想不能走，这是好干部啊，手上全是茧子，我说："那么密的刺槐林，一个鸟都没有了，没吃的也没地方，闹虫子全给你吃了。刺槐下只长葎草，土也不行了，水有问题了。你只剩下一点木材，反而容易水土流失，经过树木的水不能浇菜。"他说："我们已经察觉这个事了，但林业部鼓励我们种树。"你知道吗，北方种树费用是三峡水库投资的三倍半。大兴安岭，砍树沼泽化，种人工树，好多物质都没了，成了死土壤，国外叫绿色荒漠。密林太密，动物没有植物吃了。我们老祖宗也是又砍又烧，用林中空地把野生动物吸引过来。森林采伐要间伐，留一部分倒木。一个立枯木，有十几个啄木鸟，就是个小型生态系统。

几万亩农地还在占林权地,有草的平地几乎都种地了"。这一席话也印证了2014年8月在鄂温克族自治旗主干道的广告栏上的:鄂温克自治旗作为国家现代农业示范区,认真贯彻落实自治区"8337"发展思路,全力建设"绿色农畜产品加工输出基地",优化发展"乳、肉、草"三大产业和特色马产业,同步发展马铃薯、蔬菜等设施农业,促进畜牧业转型升级,逐步呈现农牧业经济持续健康增长态势。

  国家确权的林地、政府赋权开发的农场与吉登嘎查所有的集体土地形成三足鼎立之势,可谓三方不同主体对客体——土地"投注的情感",隐喻(从经济角度看极为昂贵)土地资本所带来的未来象征资本的运作。此运作也将生成一种力量,促使社会关系中的行动者能够无视阻力而实现自己意愿的可能性,但也不排除这种力量(权力),在指挥或阻止其他团体或个人当前或未来行动时再造社会等级与不平等性。反观吉登嘎查内部(力量或权力)结构变迁是村领导与牧民互动的结果。应对外围力量时,他们高度凝聚"团结一致",一旦走出本村,对待嘎查集体草场时,村领导反而违背村民的意愿,仍倾向与外村人联盟,视土地转换中的获利是"捷径的致富之路"。如2002年3月伊敏苏木某嘎查提出申请:现我嘎查草牧场特别紧张,草畜矛盾严重,部分草牧场严重退化,为牧民生活带来了一定的困难,为了合理利用边远草牧场,原20世纪60年代伊敏苏木兴安队——地理位置为维纳河和敖尼罕河东侧6000余亩草牧场(属于吉登嘎查6000余亩集体草场)——划分给某嘎查使用;2003年5月,某文化历史研究会又提出申请:为举办鄂温克族自治旗成立45周年庆典及那达慕大会上献礼,某服装表演队和长调训练班需要一笔资金的支持,因此苏木政府以扶持这项工作为由,从吉登嘎查集体草场又划出5000亩土地;以免耕补播改良退化草场名义,鄂温克族自治旗农业综合开发办公室围栏吉登嘎查草场7000亩;等等。2006年村民为取回流失的草场与村领导的冲突愈演愈烈,嘎查领导反而与农场主频频签合同。自2006年3月到2006年12月仅仅10个月,先后签订4000亩、6000亩、两个10000亩的合同,以惊人的速度续签农业用地。改革开放以来用土地流转换取市场资本现象,在此片土地上遍地开花。人们借助社会体系的共生关系,谋出拥有资源权力的不同策略。但是这些策略是建立在草原和林地的生态优势基础上,一旦哪一天出现哪个链条的"断裂"或"生锈",可能会造成生态与环境的失衡。

　　为了便于全面、整体地了解猎民村当下国家林地、承包农地和集体草场三足鼎立的地缘关系的形成，笔者认为有必要梳理猎民村地缘关系的变迁历史，经研究发现，猎民村地缘关系的变迁具有复杂性、流变性特点。

第二章 猎民村地缘关系的变迁

鄂温克族是我国 55 个少数民族之一，根据 2010 年国家统计局第六次人口普查数据，鄂温克总人口为 30875 人，其中，居住在内蒙古自治区内的鄂温克族有 26139 人，[①] 主要分布在呼伦贝尔市鄂温克自治旗、陈巴尔虎旗、根河市、鄂伦春自治旗、莫力达瓦达斡尔族自治旗、阿荣旗、扎兰屯市、海拉尔区。此外还散居在黑龙江省讷河市、嫩江县和新疆伊犁、塔城等地。根据语言学家的分类，鄂温克语是属于阿尔泰语系通古斯语族北语支。中华人民共和国成立后，根据鄂温克人民的意愿，1957 年党和政府把历史上称为"索伦""通古斯""雅库特"等有共同语言和风俗习惯、共同情感的三部分人统一称为"鄂温克族"。这种既定框架的类别定义，迄今为止在内容上并没有从传统的观念中摆脱出来，即民族是基于共同语言、共同地域和共同文化的共同体。如果以固定不变的视角观察和探讨鄂温克族群特性及其变迁，有可能忽略影响族群起源、结构和功能的其他重要因素，也可能陷入事先构想的类别模式。

鉴于所调查的嘎查主体姓氏"柯勒塔基尔氏"和"巴雅基尔氏"在游牧鄂温克社区内作为承载狩猎文化单位的族群，其自身归属感与外界的归类有所不同。本章以"元站"民族视角，首先由社会记忆出发重新思考传统文献有关鄂温克族起源与族称、索伦部落到索伦族（索伦人），再到猎民嘎查鄂温克族群边界为脉络进行叙述；其次结合所调查对象的历史记忆与结构性失忆，对现实理解之间存在的相当复杂的动态关系中探讨"元站"民族社会文化变迁史。

以往人类学家对报道人的称呼最初从"野蛮人""未开化土著人"

[①] [日]赤坂恒明 2010 年的统计数据；思沁夫则依据 2000 年的统计数据记述内蒙古自治区的鄂温克族有 26578 人。

"原始人"开始，虽解释为"很大程度上缺乏应有的了解，并不带有轻视和侮辱的含义"，但步入现代社会之后改称为"原住民""土著"或"先住民"的趋向和案例在增多。民族学人类学家对鄂温克、鄂伦春的早期研究中也称作其"土著"[①] "原住民"[②] 和"先住民"[③]。这些带有"他称"之烙印的称谓相比，文中笔者用鄂温克族自称"元站"民族来阐述观点。这一称谓来源于沙驼的《追忆往事》中的记述，即"我的籍贯是内蒙古呼伦贝尔……属于鄂温克族武力斯哈拉，是当地的元站居民。"[④] 这个"元"在《现代汉语大词典》中解释为：①为首的；②开始的；③大；④原来的。而"站"字，除了字面的"直立、直着身体，两脚着地或踏在物体上"的意义之外，还有"在行进中停下来；停留"之意。因此"元站"应理解为"一开始的或最初的停留之地"。对于迁徙到呼伦贝尔地区的多族群的历史聚焦而言，这一描述很贴切，因此"元站"民族的思维对探讨鄂温克族跌宕起伏的社会文化变迁提供了更广阔的空间。

第一节 起源与族称定位

记得首次问吉登嘎查老猎民："你们是从哪里来"？猎民们以模糊的记忆回答："据说是从黑龙江那边过来的。"次年再次来到猎民村，偶遇

[①] [美] 林德润：《满洲西北部及使鹿通古斯族》，李城九译，转引自《鄂温克族历史资料集》（第三辑），巴彦托海，1998年，第18页。此文原作者是"埃塞尔·林格伦"，译者翻译为"林德润"。实则1929—1932年之间，英国剑桥大学学者埃塞尔·林格伦博士与其前夫奥斯卡·玛门在蒙古和中国东北部地区采集和记录了当时的民众生活。2014年和2015年英国剑桥大学先后两批赠送内蒙古大学"内蒙古少数民族历史影像资料"，其中埃塞尔·林格伦与奥斯卡·玛门在中国东北部地区拍摄的16000多张照片和13个纪录片，由内蒙古大学民族学与社会学学院影视人类学实验室收藏。

[②] 『満州国の現住民族』、満州事情案内所編、満州事情案内所報告（46）改訂版、康徳七年七月（1940），第23頁。

[③] [日] 赤坂恒明：『エベンキとオロチョン——民族自治旗を持つ二つの少数民族』、載于ボルジギン・ブレンサイン編著、赤坂恒明編集協力：『内モンゴルを知るための60章』、明石書店、201年版、第31頁。

[④] 沙驼：《追忆往事》，载于乌热尔图编著的《述说鄂温克》，远方出版社1998年版，第4页。

曾经担任自治旗领导的老人，说起猎民村的来历，他的答案是"这个嘎查的柯勒塔基尔氏和巴雅基尔氏从族源上是有鄂伦春血统的氏族，当时来呼伦贝尔的索伦并不多，其中杜拉尔氏和涂格敦氏才是真正的鄂温克族"。第三年走访老猎民时，猎民后裔听到有人称他们是鄂伦春后裔时，不免惊讶地回答："我们是 honkursolun（洪阔尔索伦），是真正的鄂温克族。"

一　中原起源之说

对于鄂温克族的起源，乌热尔图指出："坦率地讲鄂温克族的起源是一个谜，也可以说，是众多的民族起源之谜中的一个。最初，试图破解这一历史之谜的是位汉族学者，他的名字叫吕光天。"① 吕光天探讨鄂温克人在内的通古斯族，来源于南方还是东北的问题上，最初受维也纳民族学家希基什（HieKisch）的学术观点影响，首先是根据物质文化，鄂温克人的敞襟式衣服为推断，鄂温克族起源于南方；其次是受通古斯专家史禄国的影响，依据华北人类与贝加尔湖通古斯群体的人种"异常密切"的特征，借助贾兰坡先生在山西峙峪遗址发现的二万八千多年前的细石器，判定华北是细石器的起源地，而使用这种石器的古人类早已消失在历史的长河，17 世纪贝加尔湖地区的鄂温克人则保留着这一细石器的传统。这样不仅给使用细石器的鄂温克人找到了故乡，还通过考古学把握了鄂温克人与细石器起源地的族源关系，肯定了史禄国的华北人与通古斯人祖先异常密切的设想。语言学上，吕光天依据《史记·匈奴传》中的"其先祖夏后氏之苗裔也"，推论匈奴与汉族与通古斯是同源关系或与中原地区有相当密切关系。日本学者白鸟库吉通过对匈奴语残存在汉籍中的二十四个字的研究，运用语言学方面的证据，提出了相近的观点。

还有学者谈及"以黄河为中心探讨黄河及淮河下游夷人之历史，证明此夷人当与秦汉后各史中所述之东夷，实为同族。……中国境内之古夷人，为黄帝以来各西来民族所迫，除一部分被征服同化外，另一部分逐次迁往东北，以开辟东北以至朝鲜半岛之广漠区域，当属可能。此种迁徙，

---

①　见乌云达赉著的《鄂温克族的起源》一书"序言"（内蒙古大学出版社 1998 年版）。

至少在公元前三千年前已发动,因在砂锅屯所发现之遗迹,已与河南之仰韶文化全同"。① 此种观点不无受到当时流行的民族一源说——黄河流域中心说的影响,但未能得到学术界多少的认可。

二 从西向东迁徙

吕光天汇集体质人类学、考古学、语言学以及地理学上的通古斯研究成果,延伸提出通古斯的祖先从华北及黄河流域迁入贝加尔湖地区和黑龙江流域的观点。

吕光天在1963年刊印的《鄂温克族简史简志合编》中发表了初步的研究成果。后在《鄂温克族简史》(1983年出版)一书中,进一步阐述了自己的见解,推断鄂温克族的祖先大体分布于贝加尔湖周围及以东地区至黑龙江中游以北地区。"早在公元前两千年,即铜石并用时代,鄂温克人的祖先就居住在外贝加尔和贝加尔湖沿岸地区。"这一观点主要来源于俄文《西伯利亚民族志》《西伯利亚古代文化史》等文献。"这些可供的从考古发掘的资料,为这位历史研究者萌生和确立自己的见解起到了辅助作用。"②"在勒拿河的哈布萨加耶夫古墓和在安加拉河流域的霍和、连科夫卡溪谷遗址,考古发现的新石器时代贝加尔湖沿岸地区居民的服装,近似于鄂温克人的服装。例如在色楞格河左岸上班斯克村对面的佛凡诺夫山上挖掘时,发现人的骨骼,其衣服上带着数十个闪闪发光的贝壳制的圆环,圆环所在的位置与鄂温克人胸前所戴串珠以及萨满的法衣上缀饰的贝壳圆环的位置完全一样。此外,还发现死者的一些白玉制大圆环,与17—18世纪鄂温克人古代服装上的圆环毫无差别,从而证明最迟在铜石并用时代,鄂温克人的祖先就已居住在贝加尔湖一带。"吕光天认为,列拿河一带的"lama"湖即贝加尔湖。

---

① 梁国东:《中国民族中之通古斯族系》,见《鄂温克族历史资料》(第三辑),巴彦托海,1998年,第14页。
② 鄂温克族作家乌热尔图为乌云达赉著的《鄂温克族的起源》(内蒙古大学出版社,1998.7)一书执笔写的"序言"中这样评介了学者吕光天。

提出此观点之后,《鄂温克族简史》[①] 以及苏联 20 世纪 50 年代出版的《西伯利亚及远东地区各民族》认为:"鄂温克人""在安加拉河谷,色楞格河山上以及勒拿河流域考古发现……大多数鄂温克人的人类学特征应追溯到贝加尔湖地区新石器时代。这样毫无疑问,无论从鄂温克人的人类学类型,还是从他们语言及文化来看……贝加尔湖周围是古代讲通古斯语族集团形成过程的地区(也是与突厥、蒙古语言共同形成阿尔泰语系的地区)。他们向东扩散到阿穆尔河(黑龙江)和鄂霍次克海,向北到勒拿河流域,向西北到叶尼塞河流域,逐渐地同化并驱逐西伯利亚的古亚细亚部落。"[②] 吴守贵归纳出几种说法:一是"黄河、长江下游说";二是"贝加尔湖说";三是"西伯利亚通古斯河流域说";四是"室韦说",即"北室韦和鞠部说";五是"安居骨部说",亦称"乌苏里江说"。最后,他认同年代久远又有考古学和人类学研究依据的"贝加尔湖起源说"。

于是,此种说法在地缘上符合形成跨界民族的鄂温克历史背景,时间上也追溯到可能性较大的久远时期,在历史重构中拥有了牢固的地位。

三 起源于乌苏里江,从东向西迁徙说

有关鄂温克族起源及迁徙之说,学者乌云达赉[③]提出"起源于乌苏里江"的观点。针对"鄂温克族来源于沿贝加尔地方,祖先是北室韦和鞠部"以及向东发展说,乌云达赉认为,鄂温克族起源于乌苏里江、绥芬河、图们江下游等流域,他们的祖先是靺鞨七部之一的安居骨部,并提出向西发展说。安居骨部(骨为江、河之意)从第 3 世纪末向西、向北迁徙至 17 世纪中叶,共有七次迁徙过程。对这一新学说,哈赫尔氏给予肯定"鄂温克族起源于乌苏里江流域,形成了当今鄂温克族的新学源,与当前国内学者论述的鄂温克族起源以及通古斯学观点有所不同"。[④]鄂温克

[①] 《鄂温克族简史》编写组:《中国少数民族简史丛书·鄂温克族简史》,内蒙古人民出版社 1983 年版。

[②] 阿本千(吴守贵):《鄂温克历史文化发展史》,中国社会科学出版社 2015 年版,第 4 页。

[③] 乌云达赉:《鄂温克族的起源》,内蒙古大学出版社 1998 年版,第 7 页。

[④] 乌热尔图主编:《鄂温克风情》,内蒙古文化出版社 1993 年版,第 2 页。

族作家乌热尔图在其《鄂温克族的起源》序言中首先对试图破解鄂温克族历史之谜的汉族学者吕光天给予高度评价的同时，已围绕"向东迁徙说"和"向西迁徙说"两种观点的焦点——鄂温克民间流传的"拉玛湖"传说①为依据，乌热尔图肯定了乌云达赉探讨的"乌苏里江说"，并相信今后研究鄂温克族社会文化会提供了不可忽视的历史参照点。无论是"贝加尔湖说"（向东迁徙说）还是"乌苏里江说"（向西迁徙说），在乌热尔图的评述中得到了应有的尊重。

针对乌云达赉提出的"乌苏里江起源"说，阿本千（吴守贵——作者注）发出不同的声音。阿本千在其《鄂温克历史文化发展史》中指出："乌苏里江起源说"观点"缺乏考古学和人类学研究的依据，把女真（满）族的前身'靺鞨'七部的一支'安居骨部'说成是鄂温克族，距今才1507年，与新石器时代上限相差6500多年，距铜石并用时代相差2500年左右。"无论从时间还是空间上，不能把鄂温克族的起源与安居骨部连在一起，并认为"有的论据不足，使人无所适从，有的不注重叙述鄂温克族的社会历史沿革过程"而给予否定。

如今在鄂温克族自治旗"鄂温克博物馆"中介绍鄂温克历史文化变迁时，"鄂温克族的发源地——贝加尔湖""鄂温克族的发源地——乌苏里江"等两种说法的同台展出，已证明不只是两种观点，而更深层的意义在于民族起源的认同和待遇的确定上，确切地讲与其追求实际上的起源探讨，不如说起源认同本身已在生产着事后的影响，并在重复叙事中成为鄂温克民族认同的历史。

四 族称——通古斯系

中华人民共和国成立之后，1958年8月1日鄂温克族自治旗成立之初已把"索伦""通古斯""雅库特"统一改称"鄂温克族"。但是调查组采访猎民时，他们觉得"通古斯"与统称之前的"我们的索伦"有所区别，猎民认为通古斯是从俄罗斯迁来的。这种认同与一个族群占据几个不同的生态位而划分的地理边界有关，但如巴斯所言，一个族群的形成不

---

① 传说，鄂温克人（祖先）是从这"拉玛湖"边的高山上起源的。

是以独占领土为基础，也不是一劳永逸的人口自然增加，而是由它（族群）本身组成的成员认定的范畴，形成族群最主要的边界，不是语言、文化、血统等内涵，也不一定是地理边界，而是社会的边界。

　　翻开有关"通古斯"的文献记载，首先触及这一议题的是俄国人史禄国。史禄国认为：通古斯最早出现于17世纪的俄国文献。"当俄国人势力向东扩张直到堪察加，在他们的报告中首次直接提到北方通古斯人。一六九二年，威特森首次发表了有关通古斯人的语言学材料。"① 日本学者白鸟库吉阐明，"通古斯之名，原来为土耳其种之Yakut人轻侮民族之称，豕之义也，17世纪已传于俄国，由此复传于欧洲，遂以此为亚细亚北部住民通古斯之总称矣"。中国学者陈雪白②试图探究通古斯语族（北支）各族名称问题，他依据《朔方备乘》中的记载说明，"通古斯"这个名称在中国文献最早见于康熙五十一年至五十四年（1712—1715），俄罗斯呼索伦为喀穆尼汉，又呼为通古斯。又援引史禄国的解释"把外贝加尔湖区经管'畜牧'的通古斯人分作两大类：一类是还保持通古斯语言的，这些人称为'埃文克人'；另一部分是业已失去通古斯语言，而采用了布里亚特蒙古语的，这些人自称为'哈木纳干'（xamnagan）"。陈雪白分析，史禄国的这一说法是否正确，值得研究。日本学者依据《异域录》中的记载认为，所谓使鹿部喀木尼堪是露人（俄人）对索伦族的称呼。当时"包括在南到嫩江沿岸北到外兴安岭的整个地域居住民族的总称为索伦"③，日本伪满时期这个使鹿部喀木尼堪被称为使鹿部鄂伦春。④ 1736年法国人DuHalde所著的《中华帝国志》中提道，莫斯科人称居住在贝加尔湖周围之土人曰"通古斯"，鞑靼人（指满洲人）称他们为"鄂伦春"。

---

　　① ［俄］史禄国：《北方通古斯的社会组织》，吴有刚、赵复兴、孟克译，内蒙古人民出版社1985年版，第5页。

　　② 陈雪白：《关于通古斯语族（北支）各族名称的问题》，见《鄂温克族历史资料》第三辑，巴彦托海，1998年版，第46页。

　　③ ［日］浅川四郎：『興安嶺の王者——オロチョンへの理解』、満州事情案内所刊、康徳八年十一月、第113頁。

　　④ ［日］永田珍馨：『馴鹿鄂倫春族』，（満州に於ける鄂倫春族の研究　第四篇）、治安部参謀司調査課、康徳六年十月十五日印刷、二十日発行。印刷所：興亜印刷株式会社，第3頁。

剑桥大学学者埃塞尔·林格伦①，继史禄国后尘，在1929—1930年期间对当时被称为满洲北部驯鹿（使鹿）通古斯进行调查。在其论文②中记述了俄国的人种学分布，如称之为蛮尼格里人（蛮雅人）及鄂伦春人，列于北通古斯，而满人及高尔人（赫哲、黑斤）列于南通古斯，进而林格伦认为又有第三支狩猎通古斯族，较上述二族皆为重要的存在，即"居嫩江旁，墨尔根城（嫩江县）东北及北方森林之中，巴尔噶之索伦人，自视为特殊血统，乃蒙古化最强之通古斯，以游牧为生，转徙于海拉尔东南两方，森林以外水草丰美之区，大部因满洲殖民政策，由嫩江流域，移来今地。"③

林格伦针对以上"北通古斯""南通古斯"和第三支蒙古化最明显的通古斯"巴尔噶之索伦人"，再比较中国记载的所谓"使鹿部"，她论证所谓通古斯"不能指以上所言之任何部族，缘彼等以前皆使驯鹿，然或指南鄂伦春而言也。故其命名，迄今仍为一最难之问题"。对此，美国学者欧文·拉铁摩尔（Owen Lattimore）指出：被埃塞尔·林格伦所称的"Orochon及Manegeri，实则他们与包含在巴尔虎部族当中的蒙古化的通古斯又不同的另一个通古斯。"④他概括为："总的来说，形成森林生活的通古斯，虽称作'部族'，但只不过与血族关系稍大，又与成为事实上的氏

---

① 2014年和2015年英国剑桥大学赠送内蒙古大学"内蒙古少数民族历史影像资料"，由内蒙古大学民族学与社会学学院影视人类学实验室收藏。

② 埃塞尔·林格伦进行调查之后（20世纪30年代），考虑到发表论文可能危及受访者和帮助过她的人，因此她极少发表过有关通古斯和哥萨克方面的论文。1988年3月23日埃塞尔·林格伦在阿维莫尔去世，享年83岁。在她生命的最后几个月为自己科学著作的编辑和出版做了准备，这些论文在她去世后出版。发表的《满洲西北部及使鹿通古斯族》和《满洲北部的驯鹿通古斯人》两篇论文，收集在1998年出版的《鄂温克族族历史资料集》（第三辑）中，译者分别为李城九、王德厚。李城九翻译时把"林格论"译成"林德润"；而王德厚的译文没有签署作者姓名，文中只记述"著名美国学者E·J林格伦在偏远荒凉的满洲西北角进行考察旅行"。当时译文注明林格论的国籍是"美国"，翻译的内容大致也相同。

③ 从英国剑桥大学赠送内蒙古大学"内蒙古少数民族历史影像资料"中得知，埃塞尔·林格伦当时指的第三支狩猎通古斯族——"自视为特殊血统的巴尔噶之索伦人"正是与本文谈及的乌勒额德勒格屯、达格森乌里棱、鄂伦春卓哈拉等三个村屯索伦人的祖辈有关。是清朝被派往呼伦贝尔驻防的一部分索伦兵后裔，当时被林格伦称作为巴尔噶（虎）地区的索伦人。

④ オウエン・ラティモア（Owen・Lattimore）著［日］後藤富男訳：『満州に於ける蒙古民族』、財団法人善隣協会発行、昭和十一年六月三十日第四版発行、131—132頁。

族社会单位的非具体的团体而已。如今，例如骑着马、拥有家畜的具有很强的蒙古化色彩的巴尔噶之索伦，与分布在兴安岭东麓森林中的'原始的'通古斯系的索伦，存在着几乎不能比较（程度）的差异。"① 当时的"通古斯"称谓不能指任何一个部族，而过去或现在仍居住在森林，经营过与驯鹿有关的生产生活方式的不同部族的统称。其中最主要原因是俄国人为了区分南北跨境使驯（驯鹿）者与满洲境内的使马鄂伦春而命名的"通古斯"。

20世纪90年代末，学者乌云达赉阐释："索伦、通古斯、鄂温克，从名称的发生来说，都是自称。……通古斯是 tunggus 的译音。tunggus，也是通古斯语，tung 意为'柳条林'，gu 意为'河'－s 是蒙古语、突厥语复数词尾。tung-gus（通古斯）是'柳河人'或'（伊）通河人'的意思。"而后在注解中又详细论述，柳河的"柳"是意译，通河的"通"是音译。柳河流域是唐朝震国公大祚荣所建震国肇基之地，（伊）通河流域（包括雾海河口的布海）是唐朝渤海郡王大祚荣所建渤海国肇基之地，两河流域为鄂温克族的发祥地。②

"通古斯"称谓，无论是从半方言、半地理概念，还是为了分清"我族"与"他族"的区别而产生，步入近代行政系统中特别是作为跨境民族经历了错综复杂的演变过程。从清朝时期分门别类地"索伦别部——喀木尼堪""索伦本部——鄂温克为主，有达斡尔和鄂伦春""索伦部之一——鄂伦春"进行管理，再到学界为其把握特性归纳为：游牧民——索伦、农民——达斡尔、狩猎民——鄂伦春③等现象，不能简单视作"伴随着生态环境的不断变化……显性制度化行为的区域性差异"。④特别是鄂温克、鄂伦春、达斡尔三少数民族自治旗的成立，意味着赋予了不同文化遗产及其合法身份。因此带有混合性身份的吉登嘎查猎民来说，从行政组

---

① オウェン・ラティモア（Owen・Lattimore）著［日］後藤富男訳：『満州に於ける蒙古民族』、財団法人善隣協会発行、昭和十一年六月三十日第四版発行、140頁。
② 乌云达赉：《鄂温克族的起源》，内蒙古大学出版社1998年版，第12页，第18页。
③ ［日］赤坂恒明：『エベンキとオロチョン——民族自治旗を持つ二つの少数民族』、載于ボルジギン・ブレンサイン編著、赤坂恒明編集協力：『内モンゴルを知るための60章』、明石書店2015年版，第324页。
④ ［挪威］费雷德里克・巴斯主编：《族群与边界——文化差异下的社会组织》，商务印书馆2014年版，导言第4页。

织的（社会层面）有效性以及自我归属感（认同）探讨清朝时期的"索伦"如何演变为如今的"鄂温克族"尤为重要。

第二节 "索伦部落"到"自治旗"

一 归入清朝行政编制之前的索伦部落

由于鄂温克族缺乏本民族的文字体系，没有本民族文字记录的文献资料。"索伦"称谓最初出现在《清太宗实录》（18/34A—35A）中，即"天聪八年、甲戌、五月、戊申（1634.6.18）……可令索伦部落来朝头目巴尔达齐。"[①] 天聪八年甲戌、五月、丙戌朔（1634.5.27）又记述："黑龙江地方头目巴尔达齐。率四十四人来朝。贡貂皮一千八百一十八张。""巴尔达齐"这一人物，既是黑龙江地方头目，又是索伦部落来朝头目。接下来与索伦部关系的内容：

〇清实录"清太宗实录"（20/30B）中："天聪八年、甲戌、冬十月、壬辰（1634.11.29），索伦部长京古齐、巴尔达齐、哈拜、孔恰泰、吴都汉、讷赫彻、特白哈尔塔等。率三十五人来朝。贡貂狐皮。"（第24页）。

〇天聪十年、丙子、夏四月、庚辰（1636.5.10）："索伦部落萨哈尔察地方额驸巴尔达齐。率十四人来朝贡貂皮。"（第32页）。

〇崇德元年、丙子、六月、丁丑（1636.7.6）"赐阿赖达尔汉收服之喀木尼汉地方叶雷。及其从役十七人"。

〇崇德二年、丁丑、闰四月、庚戌（1637.6.4）："黑龙江索伦部落。博穆博果尔。率八人来朝。贡马匹貂皮。"（第36页）

〇崇德五年、庚辰、三月、己丑（1640.4.28）"往征虎尔哈部落萨穆什喀、索海等。……索伦之兵来战。恐伤我兵。遂还。兀鲁苏屯之博穆博果尔……既败博穆博果尔后，随攻取其营……屯内有索伦兵五百。索

[①] 《达斡尔、鄂温克、鄂伦春、赫哲史料摘抄》（清实录），内蒙古少数民族社会历史调查组 中国科学院内蒙古分院历史研究所，内蒙古人民出版社1962年版，第23、24、32、36、48—49页。

海、喀喀木、甘都。率兵往攻。夺栅而入，斩二百人，生擒一百三十人。八旗共获男子二千二百五十四人，妇女幼稚共四千四百五十名口"。（第48—49页）

以上史料中至少可以读出以下信息：（1）黑龙江地方索伦部落有不同地方头目；（2）清朝正进行征服这些部落，其中，巴尔达齐作为额驸已归服，喀木尼汉地方叶雷也降服；（3）黑龙江索伦部落头目博穆博果尔1637年6月纳贡，1640年4月通过惨痛的战争代价，终归清朝统治。

其实，清朝未征服明王朝前，在东北兴起的满洲部落联盟中就有臣服（满洲统治者）的索伦部。满洲统治者利用其酋长所率领的军队替自己守卫后方和帮助进攻明朝。清朝初期，除分布在黑龙江上、中游的"索伦部"外，中、下游还有萨哈连、呼尔哈、诺罗、使犬等部，其中呼尔哈（打牲部）、诺罗等部，包括一部分鄂温克、鄂伦春。1616年满洲贵族征服萨哈连后，附近的诺罗、呼尔哈等部的酋长便与势力日益强大的满族统治者建立了隶属关系，每年向满族统治者贡纳貂皮、狐、猞猁、獭皮等。如天聪八年（1634），诺罗、呼尔哈等部头人图礼、玛罕等六个氏族的代表向清朝贡貂皮六百六十多张。黑龙江流域中、上游索伦部鄂温克主要头领博穆博果尔在1637年也向清朝纳贡①。当时部落联盟中"兀鲁苏屯之博穆博果尔"或许对清朝统治者纳贡政策的不满，或与当时已受到清朝"额驸"待遇的"索伦部落萨哈尔察地方巴尔达齐"产生矛盾，1638年开始与清朝对立，博穆博果尔带领部落自立门户的意向遭到清统治者的严厉打击。

于是，历史编纂中记录索伦部落巴达尔齐是达斡尔头目，博穆博果尔带领的是鄂温克，特别是鄂温克族自治旗成立之后，多数研究成果往往把"索伦人"直接等同于"鄂温克族"的现象居多。厘清清朝时期的文献，不难发现"索伦"指的是"部落"，而不是单指一个民族。日本学者井上紘一以"索伦八旗"成立的背景为依据提出"要特别注意的是，清朝记录的'索伦'之意，即是鄂温克和包含其他3个民族的总称"。②

---

① 吕光天：《谈鄂温克族的来源》，见吕光天《北方民族原始社会形态研究》，宁夏人民出版社1981年版，第424页。
② ［日］井上紘一：「草刈る呼倫貝爾序説——中国東北のエヴェンキ調査より」、国際研究 No.5 1988.6。第105—106頁。

第二章 猎民村地缘关系的变迁

16世纪至17世纪,称之为"索伦"的部落西由威吕河、石勒克河、东阿穆尔河(黑龙江)中流到直牙河,北到外兴安岭地域过着狩猎、畜牧生活。单独或与达斡尔一起形成"部落联盟",在这个地域中维持着最有影响力的氏族社会。1619年开始满洲的领导者诺尔哈赤(清太祖)为确保自身的安全试图把居住在阿穆尔河流域的鄂温克、达斡尔、鄂伦春索伦部落支配于自己的统治之下。因为满族未实现内部的行政支配之时,已与阿穆尔河的俄国人发生冲突,直到1689年俄罗斯国境问题解决为止,俄人的势力涉及此处,族群的去留问题尚未明确。[①]

可以说,鄂温克族的第一次迁徙也由此开始。首先,满洲统治集团用武力征伐和招抚统一了黑龙江中下游、乌苏里江流域及锡沃霍特山以东滨海地区各部族;其次,对黑龙江上游的鄂温克族各部落采取军事行动,征服赤塔河至石勒喀河的使马鄂温克部落和尼布楚以北勒拿河流域的使鹿鄂温克部落;最后治服石勒喀河至精奇里江及外兴安岭一带的索伦部。

据《布特哈志略》(人物篇)[②],博木博果尔是鄂温克部落中影响较大,势力相当雄厚的一个酋长。清太宗为了羁縻他,曾送给他许多丝织品、绸缎、银两、衣服和马鞍等。但同时,清统治者恐博木博果尔日益强盛,对其巩固黑龙江流域的统治不利,便在索伦部支持另一达斡尔的头目巴尔达齐,这使博穆博果尔不满。他向满洲统治者朝贡两次之后再未去盛京,他的部落于崇德三年(1638)开始与清朝对立。满洲统治者以朝贡不频是不"益修恭顺"、不恭顺"既已叛去"为借口[③],在1639年12月—1640年5月、1640年12月和1643年5月向索伦部发动三次征服战争。博木博果尔率兵抵抗,因寡不敌众,"以先住民大量死伤为代价,把征服过来的男人编入清朝军队,女性和幼儿作为奴隶送给战争中立功的清

[①] オウェン・ラティモア(Owen・Lattimore)著:『満州に於ける蒙古民族』、[日]後藤富男訳、財団法人善隣協会発行、昭和十一年六月三十日第四版発行、第153頁。

[②] 见吕光天《谈鄂温克族的来源》,载于吕光天《北方民族原始社会形态研究》,宁夏人民出版社1981年版,第425页。

[③] 《鄂温克地名考》,民族出版社2007年版,第415页。

朝将领"。① 《索伦部内属述略》② 中记录："天聪七年十一月（应该是1633年12月，吕光天论文中写的1635年2月有误，笔者注）索伦部的各地头人即向清朝纳贡，1637年索伦部鄂温克最大酋长博木博果尔臣服于清朝，清太宗为了加强对贝加尔湖以东和外兴安岭以南、黑龙江上、中游的进一步统一的管辖，于1639—1640年最后完成了统一索伦地区的大业。将索伦部五千六百七十三人分别以氏族为单位编成佐。1640年又在贝加尔湖地区收编索伦部一千零七十多人，授予头人以佐领官，成为清朝的地方官。索伦部人民"无问官兵散户，身足五尺者岁纳貂皮一张。"③ 其中有能约束众人，堪为首领者，即授以牛录章京（佐领）。贝加尔湖东因古塔河流鄂温克人白义尔氏族酋长根特木尔此时被任命为佐领。④

吕光天根据史料，把当时16世纪至17世纪中叶居住在贝加尔湖西北，黑龙江上、中游的鄂温克族共分三支：第一支是居住在贝加尔湖西北列拿河支流威吕河和维提姆河的使鹿鄂温克人。他们被称为使鹿的"喀木尼堪"或"索伦别部"酋长叶雷、舍尔特库等；第二支是贝加尔湖东赤塔河、石勒河一带的使马鄂温克部（属于索伦部），其中一个氏族酋长叫根特木尔；第三支也是最主要的一支，即"索伦部"本部，即由石勒河到精奇里江一带及外兴安岭南北的鄂温克人，酋长叫博木博果尔。⑤ 这是形成"索伦""通古斯""雅库特"习惯性称谓及三个分支的雏形。

1638年开始与清朝对抗至1643年，"在贝加尔湖西北威吕河的使鹿鄂温克人和贝加尔湖东赤塔、音果达河的鄂温克人以及石勒喀河至精

---

① ［日］思沁夫：『エヴェンキ―中国エヴェンキの歴史（一七世紀以後）と現在』、末成道男曽士才編、綾部恒雄監修：『東アジア』、明石書店2005年版，第53頁。
② 转引自吕光天《清代布特哈地区鄂温克人的家长奴隶制》，见吕光天《北方民族原始社会形态研究》，宁夏人民出版社1981年版，第203页。
③ 吕光天：《清代布特哈地区鄂温克人的家长奴隶制》，见吕光天《北方民族原始社会形态研究》，宁夏人民出版社1981年版，第203页。
④ 吕光天：《从贝加尔湖地区的历史和民族看〈尼布楚条约〉》，见吕光天《北方民族原始社会形态研究》，宁夏人民出版社1981年版，第455页。
⑤ 吕光天：《谈鄂温克族的来源》，见吕光天《北方民族原始社会形态研究》，宁夏人民出版社1981年版，第423—424页。

奇里江一段与外兴安岭以南的鄂温克人都被清朝统一"。① 索伦部落最初与满洲部落联盟、分离、对抗再被清朝统治者用武力统一历经一段时间。

二 布特哈打牲部

清朝对降服的索伦部落，纳入其统治管理系统，依其生产生活特性循序渐进地组建了"布特哈打牲部"。满洲统治者一边征服索伦部，接踵而来沙俄武装匪徒又不断侵入黑龙江流域（1643年6月和1649年3月沙俄两次派遣哥萨克匪军入侵黑龙江），给索伦部落带来深重的灾难。当时清朝致力于统一全国的战争，无暇北顾。为了切断沙俄入侵者掠粮食和貂皮，清朝命鄂温克、达斡尔等各部，南迁内地居住。从顺治年间开始，将索伦部的大部从黑龙江北迁移到嫩江大小兴安岭周围的河谷中，迫使居民不得不举家渡江向南迁徙。

这一过程，据学者吴守贵讲②，世居黑龙江上游的鄂温克人先后两次南迁至大兴安岭、嫩江流域地区（1640年和1653年）并在不同时空背景下有其较影响的三次社会变迁。第一次是在1644年，当时清军征服索伦部后把黑龙江上游裹挟和引渡过来的一部分鄂温克人，发落到今沈阳、锦州等地为军役和奴隶，被称为"新满洲"；还有一部分人被流放到今齐齐哈尔附近的古龙沙漠和昂昂溪一带自谋生路，被称为"牛录（佐）索伦"。"牛录（佐）索伦"鄂温克人为了便于狩猎生产谋求生存空间，逐渐沿嫩江支流雅鲁河向大兴安岭迁徙，从雅鲁河下游至上游落村居住；有的沿嫩江支流绰尔河、雅鲁河支流济沁河向大兴安岭山林深处迁徙；也有少数人迁至大兴安岭腹地阿伦河、诺敏河上游居住。后由于沙俄入侵黑龙江，自1653年起（第二次的迁徙）从黑龙江上游及精奇里江一带部分鄂温克族人与达斡尔人一起南迁，过了黑龙江行至大兴安岭、嫩江以东后，由东往西南迁徙，从讷莫尔河、嫩江两岸平原地带至诺敏河，有的又顺大

---

① 吕光天：《谈鄂温克族的来源》，见吕光天《北方民族原始社会形态研究》，宁夏人民出版社1981年版，第429页。
② 吴守贵：《明末清军对索伦部的征讨与鄂温克人的变迁》，《鄂温克文学》，2014年第3期。

兴安岭的走向迁徙至格尼河、阿伦河流域山林地带，按照异族异姓不混杂的习俗，择便落村居住。清政府把居住在大兴安岭、嫩江流域的鄂温克、达斡尔人称为"布特哈人"。

布特哈为盛京将军治下的宁古塔昂帮章京的辖地，康熙初年，清朝为加强对布特哈各族人民的管理，在嫩江中游西岸齐齐哈尔屯设"布特哈打牲部"，政务归中央理藩院管辖，军务归宁古塔将军管辖。"布特哈①"满语，意为"虞猎"或"狩猎"，汉语译作"打牲"，亦是清朝对这些部落进行统辖的机构名称。因狩猎部落居住之地，故称布特哈。布特哈地区的鄂温克、达斡尔、鄂伦春等部落，平时以渔、猎、农、牧为业，岁贡貂皮，战时效命疆场。所以自清代初期至中期，布特哈之地"大抵有分兵，无分土"②"与各城本无一定之界"，"牲丁所至之地，皆布特哈总管应巡之地"，其疆界随狩猎范围的需要而扩大或缩小③。起初，布特哈之境，东起于小兴安岭西麓，西至大兴安岭东坡边缘的阶地山区，南始于嫩江中游的齐齐哈尔地区，北抵黑龙江以北的外兴安岭。④有学者认为，原有意义上的布特哈是指从嫩江西岸到兴安岭分水岭一带全部"狩猎未开化族群"。⑤"布特哈"指涉这一新组织内的氏族和族群，逐渐作为集团名被通用。

随着二十多年（1644—1667）大规模的南迁活动，鄂温克人、达斡尔人，起初没有固定的落居地址，他们按"哈拉"（氏族）"莫昆"（家族）为单位，逐水草挨次落居村屯。在嫩江两岸，讷莫尔河流域，大兴安岭东麓的广大地域建立了不少村屯，以狩猎为业，捕貂为役。从康熙六

---

① 王咏曦在《布特哈八旗设置》中的解释，布特哈是清代行政区划的一部分，其区域包括现在的内蒙古自治区莫力达瓦达斡尔族自治旗、阿荣旗、布特哈旗（今扎兰屯市）、鄂伦春自治旗和黑龙江省的讷河县、克山县、克东县、德都县和甘南县等地。见乌热尔图《鄂温克风情》，内蒙古文化出版社1993年版，第8页。《鄂温克地名考》（第426页）中记述是指黑龙江省的讷河市、五大连池市和甘南县等地。

② 《鄂温克地名考》，民族出版社2007年版，第420页。

③ 王咏曦：《布特哈八旗设置》，见乌热尔图主编《鄂温克风情》，内蒙古文化出版社1993年版，第8—9页。

④ 《鄂温克地名考》，民族出版社2007年版，第420页。

⑤ オウェン・ラティモア（Owen・Lattimore）著［日］後藤富男訳：『満州に於ける蒙古民族』、財団法人善隣協会発行、昭和十一年六月三十日第四版発行、第160頁。

年（1667）开始一方面编入"兵民合一"的八旗制，实行佐领制；另一方面任用原氏族首领为佐领，取代氏族制。在"打牲部"之下，"佐"之上，采取"阿巴"（围猎场）和"甲喇"（扎兰）的形式分别管辖了若干佐。到康熙二十年（1681），布特哈之地的鄂温克族组编成47个佐、达斡尔族编成39个佐、鄂伦春编成11个佐，计97佐。便于兵丁测量和捕貂纳贡，清朝在原来编佐的基础上，将布特哈地区的鄂温克族按居住地域分置5个阿巴（围猎场），将达斡尔族按居住地域编成3个扎兰（参领，汉语意为"连"或"队"）每个阿巴的官长叫阿围达，每个扎兰的官长叫参领。清朝通过阿巴和扎兰，进行兵丁测量和收缴貂贡。阿巴和扎兰是布特哈总管衙门与各佐的中间机构。被迫南迁至嫩江两岸、大兴安岭东麓广大地域的索伦各部，是从1667年开始逐步归入清朝"布特哈打牲部"管理系统机构。"布特哈打牲部"最初雏形是以佐领取代了索伦各部落氏族制，逐渐编入清朝八旗管理机制，是由鄂温克、鄂伦春和达斡尔等索伦各部淡化血缘而加强地缘关系（后续的影响更显著）的行政实体。一方面把鄂温克人（索伦人）原有氏族改变为军事组织，编成佐（牛录）；另一方面也豢养了一批氏族上层，如总管、副总管、佐领、骁骑校等[①]由中央理藩院统一管辖。[②] 这个组织，真正运行"布特哈八旗制"，历经增设、变动以及调整。居住在嫩江—大兴安岭一带的索伦及达斡尔的一部分，在康熙二十年才逐步编入黑龙江（瑷珲）、墨尔根两城的驻防八旗中，这是后称作"布特哈八旗"集团的来源。康熙三十年（1691），嫩江西岸齐齐哈尔一带居住的1000人达斡尔壮丁来驻防新建成的齐齐哈尔市，后成为齐齐哈尔八旗。另一方面，居住在大兴安岭、小兴安岭的鄂伦春，康熙二十年之后，逐步被编入"布特哈"设置。[③]

[①] 吕光天：《论清代布特哈地区鄂温克人的家长奴隶制》，见吕光天《北方民族原始社会形态研究》，宁夏人民出版社1981年版，第219页。

[②] 吕光天：《论清代布特哈地区鄂温克人的家长奴隶制》，见吕光天《北方民族原始社会形态研究》，宁夏人民出版社1981年版，第9页。

[③] ［日］赤坂恒明：『エベンキとオロチョン——民族自治旗を持つ二つの少数民族』、载于ボルジギン・ブレンサイン編著、赤坂恒明編集協力：『内モンゴルを知るための60章』、明石書店2015年版，第324—325页。

行政职权方面①，康熙二十二年（1683）又给布特哈地方选派了总管、副总管10人，谓之打牲头目。总管衙门设在依布奇后屯（今莫力达瓦旗尼尔基镇北），负责管理整个布特哈地方的一切军政和司法事务。有文献记述，康熙二十二年，布特哈总管衙门属下施行了旗制。②实则这一年，清朝设置黑龙江将军，调宁古塔副都统萨布素任黑龙江将军，划宁古塔将军所属的西部和北部地区归黑龙江将军管辖。布特哈打牲部为黑龙江将军辖地。③康熙二十八年（1689）清朝设立了布特哈总管衙门，不久于1691年布特哈总管衙门由理藩院转为黑龙江将军统辖。④

从"布特哈打牲部"到"布特哈八旗制"，行政职权从中央下放到地方黑龙江将军统辖，有个过程没有得到足够关注，即自沙俄势力进入黑龙江流域至《尼布楚条约》缔结的近半个世纪，居住在清俄边防"贮水池"——边疆前哨黑龙江北边的这一支索伦部如何编入"布特哈打牲部"行政管辖的过程。⑤因为这一内容的遗漏会直接影响我们调查的嘎查两个大氏族的渊源问题。

据史料记载，当时在密林的兴安岭中自如的骑马和射击技术以及勇敢战斗力著称的索伦部之一——鄂伦春被清朝赏识，编入对抗俄罗斯的北方警备军。"在1685年清朝军队反击帝俄的军事行动中，曾有五百六十五名士兵参加了对帝俄的战争。"⑥这些兵卒是最早编入"布特哈打牲部"的鄂伦春壮丁。另一部分在康熙二十三年（1684）从黑龙江北，迁来大小兴安岭之中，把他们编入布特哈打牲八部内，这一部分专为贡貂为差役。当时所谓的"摩凌阿鄂伦春"（满语 moringga，骑马打仗的）和"雅发罕

---

① 王咏曦：《布特哈八旗设置》，见乌热尔图《鄂温克风情》，内蒙古文化出版社1993年版，第9页。

② ［日］『満洲二於ける鄂伦春ノ研究』（第一篇）治安部参谋司调查课、事务官：永田珍馨、康德六年九月十日印刷、十五日发行。印刷所：兴亚印刷株式会社，第21页。

③ 《鄂温克族地名考》，民族出版社2007年版，第422页。

④ 吕光天：《鄂伦春族十七世纪后由家庭公社向比邻公社的发展》，见吕光天《北方民族原始社会形态研究》，宁夏人民出版社1981年版，第182页。

⑤ 这个过程指"康熙二十年（1681），布特哈之地的鄂温克族编成47个佐、达斡尔族编成39个佐、鄂伦春编成11个佐，计97佐"中的鄂伦春11个佐的来历。

⑥ 吕光天：《鄂伦春族人民的反帝斗争》，见吕光天《北方民族原始社会形态研究》，宁夏人民出版社1981年版，第469页。

鄂伦春"（满语 yafahan/yafagan，打猎的），即徒步鄂伦春。①"摩凌阿鄂伦春"被编入八旗组织，用以南征北战的鄂伦春，"雅发罕鄂伦春"则指尚未得到马匹仍在山林中过着游猎生活的那部分鄂伦春，即"未编入满洲军事组织"的或当时的"老百姓"。

《清太祖实录》卷五十一在一份奏报中，首次提到"俄尔吞"；康熙二十二年九月上谕中称之为"俄罗春"。②而日本学者记述，因被清朝赏识在兴安岭密林中自如骑马、射击以及勇敢战斗的这一支鄂伦春，为了称赞他们的功绩，康熙二十七年（1688）赋予了"鄂伦春"（山岭之人）的称谓。从此，无论在小兴安岭或大兴安岭山中狩猎为生的人们作为"骑马的民族"，受到与汉族、满族不同的独立民族待遇。③伪满洲时期的调查资料中也记载：康熙二十七年具有定居性的达呼尔族及流动性的索伦族，作为屯田兵多数被编入满洲族的指挥之下。因此，流动性强的索伦族虽然逐步转向定居化，但依然赋予（流动性强的索伦族）鄂伦春之名。④佐佐木亨认为，康熙二十七年依据战功，清朝赋予了'鄂伦春'这个称谓。⑤这就是"鄂伦春"含义之一，意为"归顺的人"。

如果单从"鄂伦春"名称的来历解读文献，实则没有多少研究价值。因为布特哈行政组建之前，自称为鄂温克的通古斯人自然形成了几个集团。每个集团都各有自己的方言，并且受于邻族的影响和自然环境的差异，各有自己的民族志复合（特征）。⑥此时通古斯系索伦部落内部也随经济生活的差异，出现"使鹿"和"使马"部或称作"鄂温克"或"鄂

---

① 吕光天：《鄂伦春族十七世纪后由家庭公社向比邻公社的发展》，见吕光天《北方民族原始社会形态研究》，宁夏人民出版社 1981 年版，第 182—183 页。

② 《达斡尔、鄂温克、鄂伦春、赫哲史料摘抄》（清实录），内蒙古少数民族社会历史调查组 中国科学院内蒙古分院历史研究所，内蒙古人民出版社 1962 年版，第 81 页。

③ ［日］板本龍彦：『されど故郷忘れしがたく』、大日本印刷株式会社 1988 年版，第 44 页。

④ ［日］永田珍馨：『満洲ニ於ける鄂伦春ノ研究』（第一篇）治安部参謀司調査課、事務官：永田珍馨、康德六年九月十日印刷、十五日発行。印刷所：興亜印刷株式会社，第 8 页。

⑤ ［日］佐佐木亨：『オロチョン—満州国時代から中国成立以後の文化変容』、綾部恒雄監修、末成道男、曽士才編：『東アジア』、明士書店 2005 年版，第 33 页。

⑥ ［俄］史禄国：《北方通古斯的社会组织》，吴有刚、赵复兴、孟克译，内蒙古人民出版社 1985 年版，第 77 页。

伦春"集团。

对"鄂伦春"这一名称的含义，史禄国解释："通古斯人自己所采用，并时常被他们使用的名称中，最常听到的是奥罗琼、奥罗千、鄂伦乔、鄂伦春、奥罗奇，可能还有奥罗基等这些名称是通古斯人自身、满、汉、蒙古和俄罗斯人对居住在不同地区的北方通古斯人，即鄂温克人的称呼。奇怪的是尽管这些名称很相似，但可能往往是出于不同来源。如奥罗千（涅、巴）在他们的方言中意思是"有驯鹿的人"，这可能是来源于满语词鄂伦乔、鄂伦春（满语口语），或是受它启发的；而鄂伦乔（蒙、布）则仅用于指一个民族的名称。这个名称的意义是"居住在呼伦贝尔的通古斯人"，来源于词根"鄂伦、鄂约（恩）"（oron、ojo［n］）——顶、山顶，即这些通古斯人居住的地方。……但是奥罗奇一名中的奥罗（oro）在各种方言中都指座位、地方、领地（在满语、蒙古语、雅库特语中普遍如此），奥罗奇意思是"有住所""有座位"等，也即"本地人"。事实上，毕拉尔人说：bi èri buradu oroči bisim，"我在此地有住所"。因此这个名称可以很容易地变成了鄂伦千，正像鄂温克变成了鄂温克千（毕）一样。当询问一个通古斯人他是什么人的时候，他可能回答：我是土生土长的本地人（奥罗奇）以示自己与那些新来的人相反。……因此十分明显，鄂伦千等意义有所不同的名称，可以用于几乎所有通古斯各集团。①

吕光天借助史禄国的研究说明："就是居住在巴尔古津河上游饲养驯鹿的鄂温克人，原来自称'鄂温克'。但后来他们听说河下游养马的鄂温克人也自称'鄂温克'时，他们为了区别于养马的鄂温克人，便自称'鄂伦春'（有驯鹿的人）。"延伸提出自己的观点，"鄂伦春"实际上是古鄂温克部落内部养鹿集团的自称。

鄂温克族学者哈赫尔曾多次到鄂温克与鄂伦春地区做过实地调查，进行探讨和语言交流，认为鄂温克与鄂伦春不仅同一语族、同一语支，而且同一族源，有密切的源流关系，互称"乌耶列"（鄂温克语：叔伯兄弟之意）。鄂伦春老人也说，鄂伦春和"索伦""通古斯""雅库特"原来是

---

① ［俄］史禄国：《北方通古斯的社会组织》，吴有刚、赵复兴、孟克译，内蒙古人民出版社1985年版，第79—80页。

一个民族。敖鲁古雅的鄂温克人和甘河,阿里河流域的鄂伦春人都互相称呼"特格浅"(原住民或者土著居民,哈赫尔注),这说明他们原来同一族源。[①]

秋浦等学者在20世纪50年代对额尔古纳河奇乾地区的鄂温克人进行调查时发现,鄂温克人与鄂伦春人之间,彼此在称呼上,存在着一些有趣的分歧。鄂伦春人把这一部分(现指敖鲁古雅鄂温克民族乡)鄂温克人叫作"特格",按照鄂伦春语是住在原地之意。因为在鄂伦春人的心目中,被称为"索伦"的那一部分鄂温克人已经下山了,鄂伦春人所住的地方也已不再是原来的山岭,而只有这一部分依然原地不动。因此他们看来,这一称呼是再确切不过的。但鄂温克人(现指敖鲁古雅鄂温克族民族乡)不同意这一说法,在鄂温克人看来,凡是在河边住下的人才叫"特格",而河边的人是有马的,因此"特格"这一称呼用在鄂伦春人身上才是适当的。当他们有时与鄂伦春人相遇,饶有风趣地谈论:"我们还饲养着鹿,还在山上游猎,我们才是真正的鄂伦春呢。"("鄂伦春"一语有两种含义,一为有驯鹿的人们,一为山岭中的人们。这里他们显然是指的前一种含义)[②]。而且这一部分(敖鲁古雅鄂温克民族乡)鄂温克人在日本伪满洲国时期称作"驯鹿鄂伦春"。

因经济实体的变化,分化出"鄂温克"和"鄂伦春",再重组到清朝行政组织——"布特哈八旗制",出现的不仅是名称上的"自称"和"他称"的区别,深层意义上是清朝赋予"鄂伦春"行政编制的独立,即"分而治之"的行政举措,与嫩江流域迁移的索伦鄂温克——地域(土地)、文化以及族群认同上——产生实质性裂变。

三 "布特哈八旗制"

"布特哈打牲部"演变到"布特哈八旗制"的过程中,1688年清朝给予索伦部之一的"鄂伦春"特殊"待遇"外,中俄《尼布楚条约》的缔结,使清朝对行政组织又做出调整,即康熙二十八年副都统属下设立的

[①] 哈赫尔:《鄂温克与鄂伦春族源流考》,见《鄂温克族研究文集》(第二辑上),内蒙古自治区鄂温克族研究会1991年版,第60—63页。

[②] 秋浦等著:《鄂温克人的原始社会形态》,中华书局出版1962年版,第5页。

"布特哈打牲部"组织成达斡尔族为总管一人、三个旗分派三十九人的佐领,索伦族为总管一人、五个旗四十七人的佐领,鄂伦春族以十一个人的佐领①的行政范畴。虽然已出现旗的基本雏形,但还没有启动真正意义上的旗的行政职能。

1731年清政府在原有的三个"扎兰"("甲喇")和五个"阿巴"重新编佐后,按照原来的居住区域编成八个旗,规定了旗色,正式命名为"布特哈八旗"。旗,既是军事组织,又是行政组织,旗设旗长(协领、正三品),下设佐领(正四品),骁骑校(正六品)等官员。淡化氏族血缘关系的区域调整中,可以透视三个"扎兰"(参领,汉语意为"连"或"队")中达斡尔人占多数,五个"阿巴"(围猎场)中鄂温克居多。最初的97佐已编为61佐(或62佐)。以下有关三个"扎兰"、五个"阿巴",如何编入到"旗"行政组织当中的图解(参考《鄂温克风情》和《鄂温克地名考》中的两种版本为基础):

一、讷莫日(或讷莫尔)扎兰——范围:讷谟尔河流域,以该河流为名。

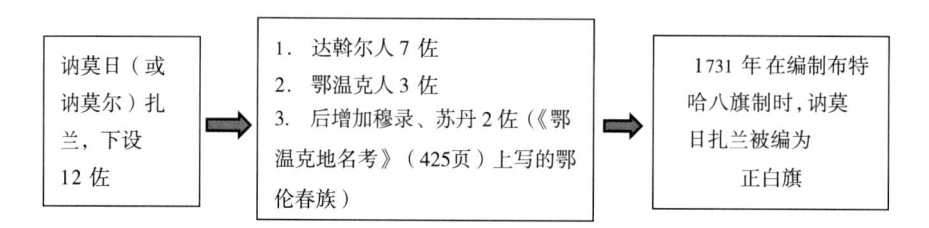

| 讷莫日(或讷莫尔)扎兰,下设12佐 | → | 1. 达斡尔人7佐
2. 鄂温克人3佐
3. 后增加穆录、苏丹2佐(《鄂温克地名考》(425页)上写的鄂伦春族) | → | 1731年在编制布特哈八旗制时,讷莫日扎兰被编为正白旗 |

二、都伯浅(或都博浅)扎兰——位于嫩江中游北部的都尔至巴彦之间。

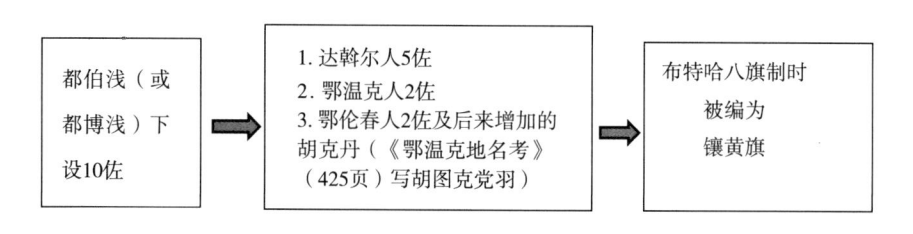

| 都伯浅(或都博浅)下设10佐 | → | 1. 达斡尔人5佐
2. 鄂温克人2佐
3. 鄂伦春人2佐及后来增加的胡克丹(《鄂温克地名考》(425页)写胡图克党羽) | → | 布特哈八旗制时被编为镶黄旗 |

---

① [日]郡司彦:『満州におけるオロチョン族の研究』、昭和49年1月発行、むつみ印刷株式会社。第9頁。

三、而在《鄂温克风情》一书中遗漏（或有意绕过？）的莫尔丁扎兰，在《鄂温克地名考》（第 425 页）中详细记载。

莫尔丁扎兰，下设11佐 → 达斡尔族11个佐 → 正黄旗

五个"阿巴"为：

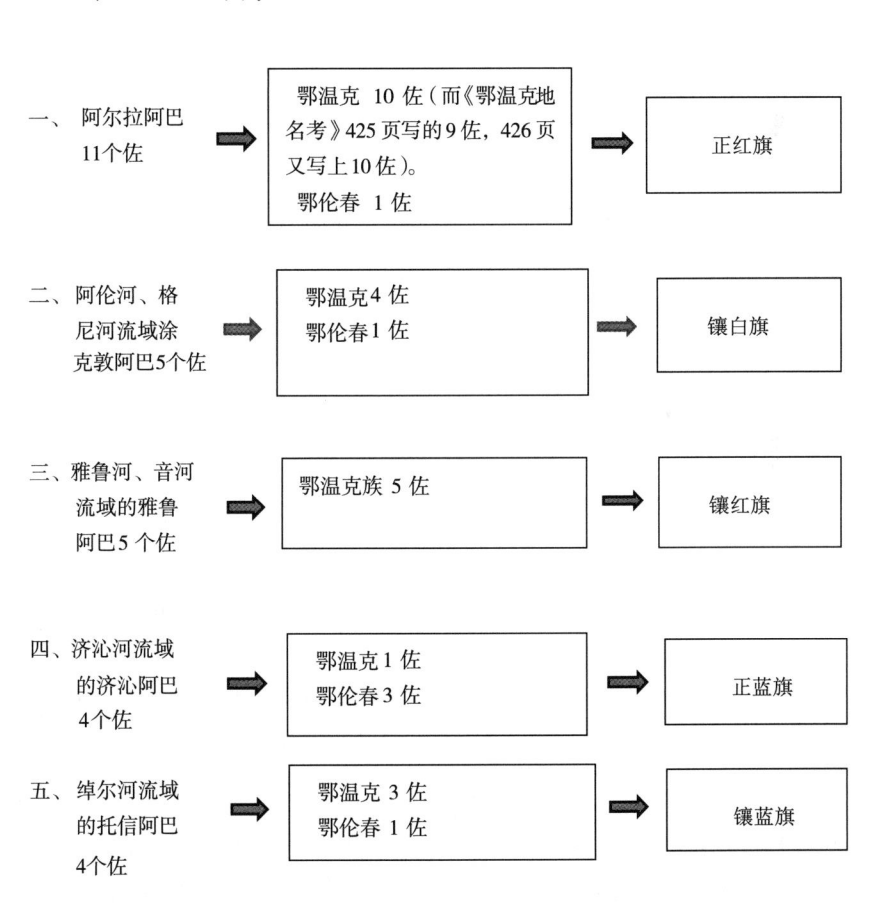

一、阿尔拉阿巴 11个佐 → 鄂温克 10 佐（而《鄂温克地名考》425 页写的9佐，426 页又写上10佐）。鄂伦春 1 佐 → 正红旗

二、阿伦河、格尼河流域涂克敦阿巴5个佐 → 鄂温克4佐 鄂伦春1佐 → 镶白旗

三、雅鲁河、音河流域的雅鲁阿巴5个佐 → 鄂温克族 5 佐 → 镶红旗

四、济沁河流域的济沁阿巴 4个佐 → 鄂温克1佐 鄂伦春3佐 → 正蓝旗

五、绰尔河流域的托信阿巴 4个佐 → 鄂温克 3 佐 鄂伦春 1 佐 → 镶蓝旗

从图表可以分析，清朝对索伦部落"以旗统人，以旗统兵"政策的具体实施，即把三个"扎兰"归入不同的三个旗管辖，五个"阿巴"重组到五个旗行政编制中。把原有的氏族组织纳入新的制度之中，一面又把

封爵与实际的行政职权予以划分，淡化人与人之间血缘根基，强调了人与地的依附关系，以此来限制索伦部原有诸部之间的纵向和横向联系。

值得一提的是，重新编成的5个"阿巴"和3个"扎兰"，共61佐或62佐（对阿尔拉阿巴是10个佐还是11佐组成，文献资料前后有出入），其中3个"扎兰"和5个"阿巴"中各有一个独立的达斡尔"扎兰"和鄂温克族"阿巴"，如"莫尔丁扎兰"达斡尔11个佐、"雅鲁河、音河流域的雅鲁阿巴"鄂温克族5个佐，其余的"扎兰"和"阿巴"都是三个不同分支（族群）形成的混合体。然而，有研究者往往把"阿巴"等同于"鄂温克"，"扎兰"等同于"达斡尔"，编写八个旗。《鄂温克地名考》[①]中直接选出鄂温克5个"阿巴"，认为"布特哈八旗共分为29佐，鄂温克人居多，鄂伦春次之，未包括3个'扎兰'的达斡尔、鄂温克、鄂伦春。忽略了"布特哈八旗"的3个"扎兰"33佐。这样的表述实质上与中华人民共和国成立之后布特哈地域建立的达斡尔族自治旗的实体有关。特别是"索伦八旗"从布特哈八旗分离独立建旗之事，后续对布特哈等同于达斡尔的观念的形成和巩固产生直接的影响。

四 "索伦八旗"

1689年中俄签订《尼布楚条约》，划定以额尔古纳河为国界，呼伦贝尔地区处于有边无防，成为需要驻防的重地。清政府为了加强呼伦贝尔一线的防务，实行了"移民实边"政策。1731年"布特哈八旗制"正式运行的同时，为防御沙俄的侵略，加强呼伦贝尔地区的军事力量，黑龙江将军卓日海派达巴汗等视察呼伦贝尔地域。经巡查哈尔哈河至呼伦湖诸地之后报称，扎日木太河流入海拉尔河的汇合处，土地肥沃，地域宽阔适于建城和农作物。这里水草丰美，树木茂盛，野兽和鱼类多。北与俄国的界河额尔古纳河较近，西南与喀尔喀蒙古接壤。根据雍正皇帝的批旨，受黑龙江将军卓日海之令，达巴汗（达斡尔族、布特哈佐领）、博勒本察（鄂温克族、布特哈佐领）于1732年从布特哈地区筛选鄂温克甲丁1636名、达斡尔甲丁730名、鄂伦春甲丁359名、巴尔虎甲丁275名。鄂温克族家属

[①]《鄂温克地名考》，民族出版社2007年版，第426页。

居多，巴尔虎家属次之，达斡尔不带家眷。共三千兵丁，加上796名家属一同前去呼伦贝尔。将他们编为索伦八旗，左翼四旗驻牧于沿俄罗斯边界一带，右翼四旗驻牧于喀尔喀边界哈尔哈河一带。[1]

图 2-1　索伦八旗

注：图 2-1 来源于《鄂温克地名考》，民族出版社 2007 年版，第 6 页。

进驻呼伦贝尔戍边的不同族群的官兵以"索伦"命名，单从字面意义解释"索伦"是 sologu-ni 的变读者 solun 的译音。sologu-ni，是通古斯语，sologu 意为"东方"，"左方""上方"，ni 意为"人"。sologu-ni（solun）是"东方人""东夷"的意思。[2] 索伦一词最早出现在《蒙古秘史》中，说"SθLθNGGOD"（索伦古德），意为索伦们。从方位观念出发

---

[1]　颜连柱：《索伦部驻防呼伦贝尔》，见乌热尔图主编《鄂温克风情》，内蒙古文化出版社 1993 年版，第 11—12 页。

[2]　乌云达赉：《鄂温克族的起源》，内蒙古大学出版社 1998 年版，第 12、11 页。

指向不同族群的称谓，因索伦部落体质健壮、行动敏捷、善骑善战，打围时由他们先放箭，打仗时由他们为尖兵，打先锋。所以原居住于黑龙江流域的其他部落也"喜以索伦自号说者，谓索伦骁勇闻天下，故借其自豪也。"可以透视清朝对于这支重组集团给予的厚望。

需要说明的是，编入索伦八旗的巴尔虎兵丁是指因准噶尔的噶尔丹汗入侵喀尔喀时，康熙三十三年（1694）移居嫩江流域的集团。1732年派遣驻防兵丁，清朝准许他们可携带家眷前往，当时已惯于游牧（猎）的索伦、巴尔虎带家属入驻，而达斡尔因"向来习于住房耕地生活，迁居之地仅限壮丁前往，俟盖房耕种立业后，将彼等妻子家属移住"。① 虽说索伦兵及其眷属，当时已惯于"游牧"，但对于迁徙的部队，移居呼伦贝尔之后"清政府当时从属领地的外蒙古车卧汗购买了牲畜给予索伦的"。②所调查的嘎查猎民也认为"那时（黑龙江）的索伦部（鄂温克、鄂伦春、达斡尔）都在山上打猎，哪儿来那么多的牲畜啊，所以迁至呼伦贝尔的索伦部从蒙古地区买来牲畜，一部分狩猎、一部分开始游牧生活"。③

有关索伦兵何时入驻呼伦贝尔的时间点，英国剑桥大学学者埃塞尔·林格伦④、学者吴守贵、安娜、索龙格⑤认为是雍正十年（1732）；杜·道尔基则认为⑥雍正十二年（1734）；日本学者井上紘一记述为1736年。无论是1732年、1734年，还是1736年，都不能否认是因雍正的旨意，为了驻防中俄边境，重组鄂温克、达斡尔、鄂伦春和巴尔虎等"索伦兵"

---

① 《鄂温克地名考》，民族出版社2007年版，第6页。
② 这是日本学者井上紘一，在1987年来到呼伦贝尔自治旗采访辉苏木牧民知识分子达西森格时所获得的信息。见井上紘一『草刈る呼倫貝爾序説——中国東北のエヴェンキ調査より』、国際研究No.5。第109页。
③ 来源于2017年7月6日德力格尔扎布的口述。
④ 林德润（林格伦）著的《满洲西北部及使鹿通古斯族》和《满洲北部的驯鹿通古斯人》，转载于《鄂温克族历史资料集》（第三辑），1998年。林格伦在文中记述"一七三二年（清世宗雍正十年）清帝令索伦齐卜金及达瑚尔数百，携眷移居巴尔噶（呼伦贝尔）南部，世卫边圉。"第18页。
⑤ 安娜、索龙格：《鄂温克族妇女发展现状与保护民族文化调研探析》，《鄂温克研究》2012年第1期。
⑥ 杜·道尔基：《索伦八旗述略》，《鄂温克研究》2007年第1期。

派往呼伦贝尔的事实。针对此次有组织的"迁徙"活动，有学者提出："无论何等的说法，都不能动摇今天居住在呼伦贝尔市的鄂温克不是'自古以来'的原住民，是近代迁来的移民事实。"[①] 其余族群也不例外。

驻防的鄂温克、鄂伦春、达斡尔和巴尔虎兵丁组建索伦八旗，将八旗编为左右四旗，左、右翼旗各25个佐。鄂温克、达斡尔和巴尔虎组成的左翼四旗25个佐中，镶黄旗7佐，正白、镶白、正蓝3旗各6佐，在额尔古纳河通往俄国道路边界设防，分别驻牧伊敏河东、锡尼河北，大兴安岭西，北至额尔古纳河；以索伦兵丁为主的右翼四旗——包括镶蓝旗部分鄂伦春兵丁——25个佐，其中，正黄旗7佐，镶蓝、正红、镶红3个旗各6佐，在哈拉哈河喀尔喀蒙古边界一带防守，分别驻牧哈拉哈河右岸。这里分配到索伦右翼四旗之镶蓝旗的鄂温克、鄂伦春兵丁与我们调查的吉登嘎查核心家族有千丝万缕的联系。后续从清朝移民实边举措中可以把握其脉络。

首先，与索伦驻兵同步入驻呼伦贝尔的是蒙古族厄鲁特部。蒙古族厄鲁特部官兵及家属是分两批进驻呼伦贝尔建立一翼一旗。清朝雍正九年（1731），额驸郡王斯卜腾旺布向雍正皇帝请求牧地。1732年雍正皇帝明确指令，……经与索伦八旗总管协商，斯卜腾旺布带领100名兵丁及其家属进驻呼伦贝尔。其牧地北由锡尼河，南至维纳河，东由呼和朝鲁山、西至伊敏河。厄鲁特部自成左翼镶黄旗，由清朝派统领一员统辖。先来的这部分人被称作陈厄鲁特。乾隆二十二年（1757）乌里雅苏台副将军请求"将杜尔伯特等部落中的厄鲁特蒙古近150户留驻呼伦贝尔"。1790年经黑龙江将军再次请求，将这些人分摊给陈厄鲁特蒙古两个苏木，并称他们为新厄鲁特。[②]

有关分批入驻呼伦贝尔的厄鲁特部的情况，《鄂温克地名考》中有以下的记述：对富有反抗精神的蒙古族厄鲁特部，清朝极不信任。雍正十年清朝把部分厄鲁特人安置在索伦八旗和布特哈八旗之间企图孤立他们。但索伦、厄鲁特部人民之间反而来往密切，和平共处了近三个世纪。其中维持和睦关系最重要的黏合剂即联姻。近三个世纪的联姻中厄鲁特女性所做

[①] ［日］井上紘一：『草刈る呼倫貝爾序説——中国東北のエヴェンキ調査より』、国際研究 No.5 1988.6. 第105頁。

[②] 《鄂温克地名考》，民族出版社2007年版，第8页。

的贡献反映在吉登嘎查猎民家谱中。特别是1910年在整个厄鲁特旗境内蔓延鼠疫，危及时刻鄂温克人奉献出一部分牧地让厄鲁特人迁居现今的伊敏苏木北部、东北部地区，为后续形成特色鲜明的"既有游牧民族的草原文化，也有独特的猎民文化，也是呼伦贝尔市唯一一个额鲁特蒙古族集中聚居的苏木"① 奠定了基础。

第二批进驻呼伦贝尔的是巴尔虎②部。居住于喀尔喀蒙古地区的巴尔虎人与喀尔喀蒙古统治者不合，为了逃避苛捐杂税，巴尔虎部请求加入清朝八旗并获批。雍正十二年（1734），蒙古族巴尔虎部共有2984名兵丁携家眷迁往呼伦贝尔乌尔逊河两岸游牧，并按索伦兵制将其中2400人组成40个佐，60人为一佐，分左右两翼八旗。由此索伦八旗防区移于现在的鄂温克族自治旗、陈巴尔虎旗和牙克石市兴安分水岭以西地区。③ 对这一批巴尔虎部进驻呼伦贝尔的影响，《鄂温克地名考》中讲述：解决巴尔虎部牧地、减轻索伦八旗过重负担、加强国家边防事业均起到了积极的作用。有学者指出，此时在索伦八旗的巴尔虎地区，1738年从齐齐哈尔又迁徙来一部分索伦人……与此同时由索伦人组成的16支骑兵队被派到察哈尔，这些人又被分散到察哈尔八旗中，组成所谓的"文明"八旗中两支骑兵队④。因此派往呼伦贝尔的索伦人，不只限定先遣的那一批"1636名兵丁"，更重要的是此时的部落实质成为一个识别度很高的整体，即那些相同的经历拥有相同的地域、族群语地名以及认同的人构成的组合。也可以说，它会根据需要来收缩和放大。

首先，第一步骤由巴尔虎部完成。受呼伦贝尔地区的第一次"独立事件"影响，第一批迁来呼伦贝尔的巴尔虎开启脱离索伦八旗的独立建旗运动。1918年索伦左翼镶白、正蓝二旗脱离索伦八旗，成立了陈巴尔虎旗。雍正十二至十三年（1735）从喀尔喀车臣汗部的各旗分属中抽调出来编入

---

① "庆祝伊敏苏木成立66周年（1948—2014）的宣传册"。

② 对于巴尔虎这一名称，丹麦学者亨宁·哈士纶解释：巴尔虎这个名字源自古老的巴拉克部落，被用来命名从巴尔虎移民来的察哈尔一个特定的部族。见［丹麦］亨宁·哈士纶著：《蒙古的人和神》，徐孝祥译，新疆人民出版社1999年版，第319页。

③ 《鄂温克地名考》，民族出版社2007年版，第9页。

④ ［丹麦］亨宁·哈士纶著：《蒙古的人和神》，徐孝祥译，新疆人民出版社1999年版，第320页。

八旗的 3700 户巴尔虎人,即现在的新巴尔虎左、右两旗的起源。[①]

乾隆七年（1742）有一部分达斡尔和鄂温克返回原籍布特哈,剩余 1440 名兵丁重新编成佐（索伦左右两翼再编成 24 个佐,仍维持了八旗制）一直延续到清末为止。留在呼伦贝尔草原主要经营游牧生活的 1440 名兵丁,即如今的鄂温克族自治旗和陈巴尔虎旗的原住民。[②]

第三批迁入呼伦贝尔地区的是布里亚特部。据《鄂温克地名考》,布里亚特部迁来是在清朝被孙中山领导的辛亥革命推翻,清朝八旗制解体之际的 1918 年。受俄国十月革命的影响,蒙古布里亚特部的一部分人和鄂温克喀木尼堪部牧民,从俄罗斯贝加尔湖省迁入呼伦贝尔新巴尔虎和陈巴尔虎地区。他们的头人那木德格、阿尔德那·阿比德、扎木斯仁·阿由西等请求呼伦贝尔副都统衙门给予他们居住地。同时这些俄国富翁们,还用重金收买了副都统衙门官员。……他们趁清末民初混乱之机,以五十年期限,将布里亚特部安置在锡尼河一带,即 1910 年鼠疫前的厄鲁特部牧地北部和东部,北由锡尼河,南至维特很河,东上呼和朝鲁山,西至伊敏河东岸的地区。到 1922 年已有 160 户。他们自建布里亚特旗,下设 4 个苏木。但当时的中央政府（民国）始终未批准,仍然在索伦八旗行政区划之内,所以从未有效行使过旗级行政职权。[③]

1727 年清朝与俄罗斯划定新边境线,从蒙古人的领地割让贝加尔湖地区,俄国境内蒙古血统的人们作为新的族群形成了布里亚特部。一部分归服于俄罗斯;一部分人南移入喀尔喀领地;还有一部分人投向清朝,被清朝称为"巴尔虎人"编入八旗,一同索伦兵派往呼伦贝尔驻防。归服于俄罗斯的布里亚特人,19 世纪与大量迁入俄罗斯的农民发生激烈冲突,20 世纪初开始布里亚特牧民被迫离开原住地,跨境往南迁徙。第二波迁徙是在 1917 年,受俄国革命影响,新社会体系和革命阶级斗争使布里亚

[①] ［日］赤坂恒明:『エベンキとオロチョン——民族自治旗を持つ二つの小数民族』、载于ボルジギン・ブレンサイン編著、赤坂恒明編集協力:『内モンゴルを知るための60章』、明石書店,2015 年版,第 325—326 頁。

[②] ［日］赤坂恒明:『エベンキとオロチョン——民族自治旗を持つ二つの小数民族』、载于ボルジギン・ブレンサイン編著、赤坂恒明編集協力:『内モンゴルを知るための60章』、明石書店 2015 年版,第 325 頁。

[③] 《鄂温克地名考》,民族出版社 2007 年版,第 11—12 页。

特社会分化，于是富裕牧民、贵族家庭其庶民、僧侣、布里亚特哥萨克军人，为抗衡俄罗斯人武装掠夺而被骗入"自卫军团"的部分成员等等，离开故土迁徙至与蒙古国邻接点阿嘎（加）·布里亚特（地域）。他们1/3 的人在20 世纪20 年代之前，部分移居蒙古国的色楞格、肯特、东方各县，与俄罗斯接壤的区域内组成小的共同体居住下来，其余人往内蒙古的呼伦贝尔移动。但是最终到达的只是少部分人，多数家庭在蒙古国东部乌力吉高勒（河）沿岸停留了脚步。①

从清朝抽调索伦兵入驻呼伦贝尔起，这片地域各族群边界不停地在变动。以行政组织派往的索伦部，在新的地域接触的邻族有蒙古、满、达斡尔，还有俄罗斯人及少部分汉人。② 与索伦兵同步入驻的厄鲁特部，拥有了"一翼一旗"的身份。一同驻防的巴尔虎部，"民国"八年（1918）脱离索伦八旗独立建旗。

日本侵占呼伦贝尔之后，1932 年6 月1 日撤销了呼伦贝尔副都统公署，设立伪满时期的兴安北分省公署，任命凌升为省长。其后废除了索伦八旗制，改制为③：

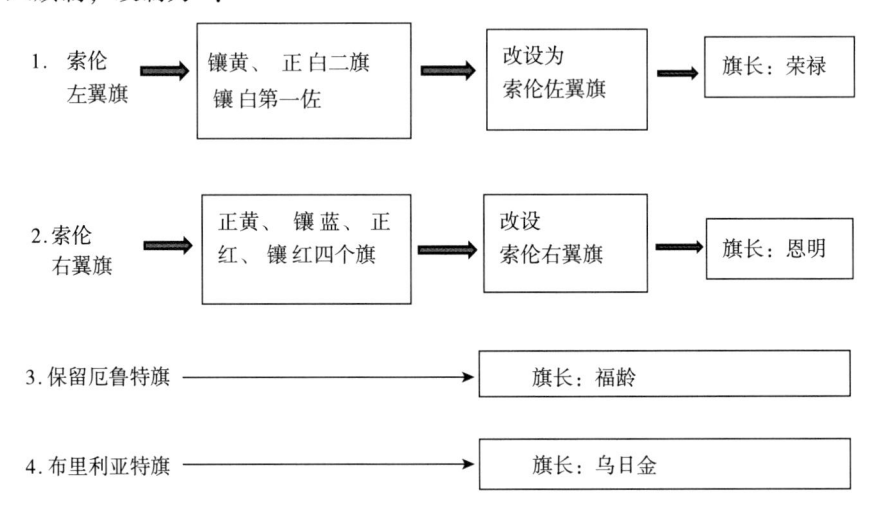

1. 索伦左翼旗 → 镶黄、正白二旗 镶白第一佐 → 改设为索伦佐翼旗 → 旗长：荣禄

2. 索伦右翼旗 → 正黄、镶蓝、正红、镶红四个旗 → 改设索伦右翼旗 → 旗长：恩明

3. 保留厄鲁特旗 —————————————→ 旗长：福龄

4. 布里利亚特旗 —————————————→ 旗长：乌日金

---

① サヤナ・ナムサラエウ：『ブリヤート人の移動と分断』、赤坂恒明訳、載于ボルジギン・ブレンサイン編著、赤坂恒明編集協力：『内モンゴルを知るための60章』、明石書店2015 年版，第31 页。
② ［俄］史禄国：《北方通古斯的社会组织》，吴有刚、赵复兴、孟克译，内蒙古人民出版社1985 年版，第93 页。
③《鄂温克地名考》，民族出版社2007 年版，第13—14 页。

此时，保留厄鲁特旗之外，布里亚特部也获得与索伦左、右翼旗同等地位。

1933年7月2日，把四个旗，即索伦左翼、索伦右翼、厄鲁特、布里亚特四旗合并为索伦旗，旗公署设在海拉尔市，次年（1934）迁至南屯（今巴彦托海镇），由恩明任旗长。但日本学者吉田顺一提出：大同元年（1933）满洲国兴安北分省决定设立索伦左右两翼旗、厄鲁特旗、布里雅特旗、新巴尔虎左翼旗、新巴尔虎右翼旗、鄂伦春旗等8旗，大同元年6月27日，将此以第39条教令公布于众。但此时并没有制定旗的界线。认定旗与旗的分界线是行政问题，所以翌年（1934）五月在海拉尔召开了兴安北省旗长会议，定了各旗分界线。从而将关于兴安各省及各旗地域的教令提交到国务院会议审议，在同年7月12日第59条教令，初次制定了兴安北分省的界线。此外，在1934年5月召开兴安北省旗长会议，将索伦左右两翼旗、厄鲁特旗、布里雅特旗合并为一旗，重新设立了索伦旗。① 吉田顺一说明，新设的索伦旗包括现在的鄂温克旗自治旗的全部区域外，还包括现在的陈巴尔虎旗的特尼河苏木和牙克石大兴安岭山脉以西地区。

依据吉田顺一的研究，索伦旗在行政上分为东西南北四个努图克（nutug），每个努图克细分成苏木，并且编了号。鄂温克族学者卫东记述，1934年又把索伦右翼旗改成四个苏木机构，正黄（哈瓦尼氏）为第一苏木、正红旗为（达阿图氏）第二苏木、镶红（何音氏）为第三苏木、镶蓝（柯勒塔尔基氏）为第四苏木。1937年又把第一和第二苏木改为东、西辉河苏木。1947—1948年又把索伦左、右翼两旗统一到索伦旗，右翼旗的第一、第二和第三苏木的一部分整合到一起成立"辉苏木"，1985年又分为南辉和北辉（苏木），如今又统一到辉苏木。辉苏木正是正黄、正红和镶红旗（一部分）整合的结果。镶红旗东部的一部分，即毕鲁图及厄鲁特、镶黄旗重组后，因为沿伊敏河居住称之为"伊敏苏木"。镶蓝旗成为红花尔基猎民队。② 至此可以推定，如今的红花尔基嘎查及本课题关

---

① ［日］吉田顺一：《近现代内蒙古畜牧社会的研究》，平成10年—平成12年科学研究费补助金［基础研究（C）（2）］研究成果报告书，2001年11月，第14页。

② 卫东：《从乌兰托嘎嘎查的来历追溯其历史》，《呼伦贝尔日报》（蒙古文版），2003年7月19日，第2版。

注的猎民队（吉登嘎查）核心成员柯勒塔基尔氏和巴雅基尔氏，是清朝驻防呼伦贝尔索伦兵丁中的索伦右翼四旗之一镶蓝旗——包括部分鄂伦春——兵丁后裔。

图 2-2

注：图 2-2 是时任村主任在 2015 年 8 月 2 日提供。

以上试图从族源、族称及制度层面呈现鄂温克族文化特性，对整体性把握鄂温克族历史脉络有一定的意义。但是这种客观的研究方法面对行为主体的灵活、移动、多变，特别是行为主体关乎自我归属感的阐释时，整体性研究往往显出不足之处。特别是个案调查中，族群的主观认同所表露的"情感边界"，突显族群的动态性特征，需要从主观认同下的族群边界来分析尤为重要。因此猎民村个案也不例外，整体把握索伦部到鄂温克族的历时性变迁前提，注重鄂温克内部的情感联系与传承特征，着重倾向认同的维持与变迁来理解行为主体——吉登嘎查猎民社会互动图景，从文献"支配的知识"转入人类学意义上的"理解的知识"，[①]（人和人互相理解的方法）具有很高的学术和实践价值。

[①] 项飙：《跨越边界的社区——北京"浙江村"的生活史》，生活·读书·新知三联书店 2018 年版，第 457 页。

第三节　谁是"元站"民族

海拉尔、呼伦贝尔故乡兮

黑龙江是族源兮

——德力格尔扎布[①]

集体记忆研究之鼻祖——哈布瓦赫告诉我们，记忆是一种集体社会行为，人们从社会中得到记忆也在社会中拾回、重组这些记忆；[②]而彼得·伯克为首的反思历史学家站在相对主义立场做出解释："那样的社会记忆是具有选择的，我们就必须对选择的原则加以认可，并去关注这些记忆如何在不同地点、不同集团之间发生变化的，而随着时间的推移，它们又会发生怎样的改变。了解记忆如何被型塑、如何被改变，并对记忆的变体作出阐释。"[③]

王明珂借助"集体记忆"理论，以 Pierre L. van den Berghe 的"亲属选择"的生物性来列举，认为无论从科学种族主义还是社会生物学视阈，观照以血缘（基因）关系来维持的"亲属选择"现象时，不能忽略血缘关系受到社会文化因素的影响，因此提出由"结构性失忆"与"集体记忆"来重新思考造成人群凝结与重组的"亲亲性"，即"亲属选择"的本质。[④]

笔者探讨谁是"元站"民族议题时，首先，涉及猎民的"结构性失忆"或"选择性记忆"。"结构性失忆"这个名词，主要是由英国人类学家古立佛（P. H. Gulliver）的研究而广为社会人类学界所知。他在研究非洲的 Jie 族的亲属结构时，观察到他们家族的发展——融合或分裂——多

[①] 2017年7月6日调查组探讨柯勒塔基尔和巴雅基尔氏族议题时，猎民后裔德力格尔扎布给出的答案。

[②] 王明珂：《华夏边缘——历史记忆与族群认同》，允晨文化1997年版，第50页。

[③] [英]彼得·伯克：《作为社会记忆的历史》，袁剑译，北京大学人文社会科学研究院官网，http：//www.ihss.pku.edu.cn/templates/zs_lw/index.aspx? nodeid=232&page=ContentPage & contentid=3697&dt_platform=douban_broadcast&dt_dapp=1，2020-04-03。

[④] 王明珂：《华夏边缘——历史记忆与族群认同》，允晨文化1997年版，第41—45页。

由特别记得一些祖先及忘记另一些祖先来达成的现象，他把这一现象称作"结构性失忆"（或"谱系性失忆"）。在社会学与社会心理学研究中，与此相关的主题便是"集体记忆"或"社会记忆"，……自然也包括所谓的"遗忘"。[1] 也就是说，作为集体记忆或社会记忆，无论是个人或集体，重拾"过去"时所呈现的"过去"并非"全部的过去"而是选择性的过去。借此在这里对猎民村调查时所获得的谱系（知识）与鄂温克族历史脉络相结合，展开猎民后裔的社会记忆及其意义。

一　族谱的记忆

"大约在300年前的一天，索伦部的一位佐领被清朝派遣到西北边防，其带领随从途经一座高耸入云的山峰时，突然发现山顶上有九只鹿在凝望他们，随从们立即策马疾驰到鹿前，然而这些鹿依然不惊不慌地注视着他们。佐领环视四周秀丽的风景，领略到大自然的深邃浩茫，随即叫住随从，不由自主地感叹道：'这真是 Goiholjin（鄂温克语，是美丽之意）山啊！'第二年，专请高僧看风水，发现此山赋有白那查山神（赐予猎物之神）。于是带领柯勒塔基尔氏族及索伦部，喇嘛诵经主持下在九只鹿站立的山峰上设立敖包，被命名为'Goiholjin 敖包'。设立并祭祀此敖包的那位佐领就是我们柯勒塔基尔氏族的祖先。"[2] 这是进行调查时非常主动地想把祖辈历史尽可能"完好"地传达给我们的那位猎民后裔德力格尔扎布讲述的。

与既定的文本，即清朝1732年（或1734年或1736年）派遣3000名索伦兵丁，驻防呼伦贝尔的文献记述相比较，猎民村柯勒塔基尔氏和巴雅基尔氏后裔记忆中的族谱又是如何呢？

德力格尔扎布口述：大约在1710年左右，索伦部有个叫吉萨的将军，带领索伦部200多名兵丁长途跋涉，穿过茂密的森林，走到高耸的山岭，眺望着不远处的洪阔尔 Aiil（德力格尔扎解释，鄂温克人称为洪阔尔 Aiil 是指亲属关系的意思），兴奋之余把自己的利剑插到山岗上，随即下山生

---

[1] 王明珂：《华夏边缘——历史记忆与族群认同》，允晨文化1997年版，第45—46页。
[2] 来源于2015年7月31日德力格尔扎布的口述。

活在呼伦贝尔草原。我们洪阔尔索伦部为了纪念吉萨将军,把立剑的这个山岗叫作"吉萨将军的 GIDEN DABA",后改称"吉登岭"。当时跟随吉萨将军迁来呼伦贝尔的索伦兵丁,两年之后又受清朝军令,抽调索伦兵200名、达斡尔200名、鄂伦春100名,共500名兵丁,离开呼伦贝尔准备穿越蒙古边境到达新疆与清军会合。此500名兵丁中,200名索伦(鄂温克)兵丁由吉萨将军带领、200名达斡尔兵丁由苏和巴特尔将军带领、100名鄂伦春兵丁由嘎夏将军带领,是年9月出发向西进军。到了11月在蒙古境内的大峡谷中安营扎寨过冬。第二年春雪融化、青草发芽时索伦兵直达新疆,与清军共同镇压新疆叛乱,维护了祖国统一。

德力格尔扎布讲述,小时候从老人的谈话中得知柯勒塔基尔氏和巴雅基尔氏祖辈们在战乱中机智英勇的一些故事。如有一次两个氏族军队及家眷在野外扎营,准备炊事之时,遇到了敌军骑兵的偷袭。看护和保管清朝军粮的两个氏族部队,如胆怯而逃跑战场,后果不堪设想。说时迟那时快,面对骑兵的进攻,柯勒塔基尔氏吉萨将军灵机一动,把滚烫的热粥迅速倒进军用皮囊,挂到随军运货的驼峰上,被灼烫的骆驼发了疯地冲向敌军。从未见过骆驼的敌军阵营开始乱了阵脚,有些人从马上摔下来,有些人在惊慌中不知所措。吉萨将军趁机率手下柯勒塔基尔氏和巴雅基尔氏200名兵丁,随即抢斧上马与之展开大战,奋力追击勇夺沙场,赢取了胜利。战争结束,胆怯溃退的清军才缓过神,虽然表面上称赞吉萨将军的奋勇当先,但是论功行赏时其他将领谎报战果,其归功于自身。通过此次战役,新疆当地的人们对吉萨将军及其将士们的宁可玉碎,不为瓦全的精神赞不绝口。

平定新疆叛乱之后清军又往西藏进军。与清军一同前往的依然是吉萨将军以及达斡尔苏和巴特尔将军各领200名兵丁和鄂伦春嘎夏将军的100名兵丁。德力格尔扎布口述这一过程时强调索伦兵丁百折不挠、勇往直前、所向披靡的精神。与之相反清军则具有胆怯溃败、狡诈多变、不劳而获的惯性。如攻破拉萨城门,清朝用火炮轰炸城门也丝毫未损。于是吉萨将军一边派人探路达赖喇嘛居处,另一边对索伦兵进行用绳索钩住树梢及攀爬训练。此时不懂战术的清军还埋怨索伦兵,当务之急还有玩耍之心情云云。清军用一个月时间都不能攻破的城门,在吉萨将军、苏和巴特尔和嘎夏将军的通力合作之下,索伦兵用弓箭远射藏兵,攀爬城墙英勇沙场,

图 2-3

注：图 2-3，2017 年 8 月，德力格尔扎布口述，他的二姐夫依据他的口述画出的索伦吉萨将军、达斡尔苏和巴特尔、鄂伦春嘎夏将军征战的画像。图右上侧有蒙古文刻的德力格尔扎布印章。2017 年 8 月 27 日德力格尔扎布提供。

一周内成功占领了拉萨。完成任务之后，索伦兵从拉萨撤军，围观的群众拥护"索伦兵！吉萨将军！"之声响彻天空。后清朝因功赏赐时，又出现程式化情节：清朝官员谎报战绩，使索伦将领受其不公待遇，而此时被征服的敌人证明，索伦将军吉萨才是有功之臣。

之后吉萨将军带领军队进京叩拜皇帝，并未被清朝的高官俸禄所吸引，提出还乡继续驻防边境的请求。于是清朝皇帝不仅赏赐给吉萨将军呼伦贝尔副都统职位及玉玺，并且为了协助吉萨将军驻防，调来一小部分巴尔虎兵驻扎在呼伦贝尔。这是第一批迁来呼伦贝尔的巴尔虎人。

口述到这个情节，德力格尔扎布总是不由自主地重复，我们吉萨将军回到呼伦贝尔后与苏和巴特尔将军和嘎夏将军一起坚守清俄边境。一天接到指令，说有一批巴尔虎人要迁来呼伦贝尔驻防。不多久，吉萨将军迎来巴尔登巴特尔率领的相当于一个旗人数的巴尔虎人，就是现在的陈巴尔虎旗人先祖，是吉萨将军时期迁来的人们。

德力格尔扎布口述中不能忽略的一个环节是，索伦兵镇压新疆、西藏叛乱后在皇帝的允诺之下重返呼伦贝尔家乡的途中，与蒙古草原的巴图苏荣王结下深厚的友情。离开草原时不仅从巴图苏荣王府那里购买了牛、马、羊等牲畜，还招来王府的牛、马、羊倌，协同吉萨将军回到呼伦贝尔传授游牧知识。索伦兵与蒙古牧民和谐互助，学会饲养牲畜，也掌握了四季轮牧技术，为今后的游牧生活奠定了基础。

巴尔虎大部队迁来呼伦贝尔之后，吉萨将军带领索伦达斡尔、鄂伦春与巴尔虎，共同守护边防。有一次，吉萨将军与苏和巴特尔、嘎夏在兴安岭打猎间，嘎夏将军看到满山的野韭菜（鄂温克语叫 Halier），吉萨将军与苏和巴特尔突发奇想，既然这个地方生长如此多的 Halier，我们称这个地方就叫 Halier 吧。这边的河也称作 Halier 河如何？于是三个人齐声喊出：Halier、Halier。"Halier"用汉语发音就是"海拉尔"，现在"海拉尔"名称的来历也在于此。

沿着海拉尔河附近，达斡尔盖起木刻楞房、修建院子、种植蔬菜定居下来。索伦（鄂温克）、鄂伦春边狩猎边经营牧业，居住在地窨中。而后，吉萨将军从外地请来瓦匠修缮其副都统衙门，让流亡到海拉尔的农民开垦种植小麦和黍子，填补粮仓，供给食粮。

一天，吉萨将军与苏和巴特尔、嘎夏和巴尔登巴特尔共同商量决定，在呼伦贝尔海拉尔地区设立祭祀山神的敖包。给这一地区的人们传达此消息后，准备动工之际，突然在副都统衙门前来了两个高个子，骑着马，拖着两车皮货的俄罗斯人。他们跟副都统的门卫说明来意，拜见副都统吉萨将军，说明自己"是来自俄罗斯的商人，来这里想与副都统做一些毛皮生意"。看到他们带来的布匹、斧子、剪刀以及火枪，吉萨将军与俄罗斯商人交涉，购买了火枪及火药，盼咐他们下次一定多带来火枪及火药，因为世系打猎的索伦离不开火枪。此次买卖之后，吉萨将军与苏和巴特尔、鄂伦春嘎夏、巴尔登巴特尔等各部族举行迁至呼伦贝尔的首次祭祀敖包仪式。喇嘛坐台念经，呼伦贝尔地区的人们聚集在敖包前，举行盛大的仪式，开展三天三夜的那达慕大会，随后此敖包命名为"Anban 敖包"，即副都统敖包，从此每年举行大型祭祀活动。

此外，吉萨将军从俄罗斯商人那里购买的 30 杆火枪派给柯勒塔基尔氏和巴雅基尔氏猎民，另 30 杆分给嘎夏将军手下的鄂伦春猎民，让他们在大兴安岭中狩猎，达斡尔、鄂伦春近 200 名军人守护大兴安岭安全。

依据各部族移居情况，吉萨将军把一部分索伦安置在伊敏河旁，柯勒塔基尔氏和巴雅基尔氏以及其他哈拉（氏族）随从人员居住在伊敏河往南——从黑龙江迁来时途中遇到九只鹿聚集的高伊浩勒景圣山北麓，每年阴历五月五日吉萨将军亲自带领祭拜高伊浩勒景圣山。嘎夏将军为首的鄂伦春延续着狩猎生活。又过十几年，从黑龙江又迁来一部分索伦，吉萨副都统一边把这些索伦安置在辉河一带，一边从巴尔虎地区购买牛羊，辅助这些索伦经营牧业。这也是习惯称谓——"伊敏河鄂温克"和"辉河鄂温克"之来历。

经过调整，吉萨副都统从同甘共苦的索伦兵中调选功臣，分别任命 Galda（相当于旗长）和 Jiang gi（佐领），在各自划分的地域行使不同级别的管理权。有一次醉酒状态下，吉萨兴奋之余把皇帝赐给的印章扔到河里，使其部下惊慌。有位达斡尔青年捞起印章交给吉萨，吉萨略加思索后叫来达斡尔的苏和巴特尔，倾诉自己回高伊浩勒景圣山与柯勒塔基尔氏和巴雅基尔氏家族一起尽享狩猎生活的想法，希望苏和巴特尔继承副都统职位，与吉萨亲手分派的 Galda 与 Jianggi 共同管理呼伦贝尔之事，并亲手交给印章。与此同时又嘱托巴尔虎的巴尔登巴特尔要坚守边防，只有边防安全才能保障猎、牧民生活的安定。启程时鄂伦春的嘎夏将军也跟随吉萨回到伊敏河边的鄂伦春氏族部落。

告老还乡的吉萨将军，与柯勒塔基尔氏和巴雅基尔氏以及其他氏族的索伦猎民一起打猎，时常想起从黑龙江迁徙呼伦贝尔那段艰辛旅程。在一次打猎中，吉萨将军以无比怀旧之情，重温迁徙时最初的停留之地，感慨岁月流逝。于是对柯勒塔基尔氏和巴雅基尔氏的猎民说，我们把这个地方就叫作"Wrenchebog"（驻扎地的意思），把河流也称作"Wrenchebog yin do"（do 为"河"的意思）吧。就这样吉萨副都统命名的 Wrenchebog 这个名称，后来简称为"乌奴尔"，河流也称为"乌奴尔河"，把我们柯勒塔基尔氏和巴雅基尔氏族也称之为"乌奴尔钦"（乌奴尔浅）了。

最后德力格尔扎布口述有关吉萨副都统垂暮之年的事：首先，吉萨召见达斡尔的苏和巴特尔，正式转给他副都统职位，希望管理好呼伦贝尔、海拉尔地域的一切事务，并告诫为防备俄罗斯趁机入侵呼伦贝尔地区，自己离世后不要告之巴尔虎的巴尔登巴特尔，以防引起边境的不安。其次，给儿子呼日勒巴特尔转交给皇帝赐予的诏书，叮咛今后一定要把家谱记下来，让子孙铭记柯勒塔基尔氏族所走过的历程。托付完这些事吉萨副都统与世长辞。从家族到挚友苏和巴特尔、嘎夏以及当年随从的索伦兵听到这一消息，无比悲痛。安葬仪式之后，巴尔虎的巴尔登巴特尔也赶来表达其沉重的哀悼之情，怀念吉萨副都统当年鼎力相助迁至呼伦贝尔的巴尔虎部。离别时吉萨副都统夫人斯仁花及儿子呼日勒巴特尔隆重举行欢送仪式，使之这一情意源远流长。

至此，吉萨副都统的柯勒塔基尔氏哈拉、莫昆（氏族）子孙后代，任命于佐领职位，直到清朝覆灭为止。①

探究柯勒塔基尔氏后裔的历史记忆，就像每个社会群体都有特别的心理倾向一样，他们的记忆也突显在以下三个议题上：

1. 索伦部吉萨将军带领的氏族及达斡尔、鄂伦春兵丁迁来驻防呼伦贝尔的时间上，比起文献记载的1732年（或1734年或1736年）更早。说明柯勒塔基尔氏和巴雅基尔氏是迁来这一区域的"元站"民族之一。

2. 柯勒塔基尔氏后裔记忆中，洪阔尔索伦是他们的族源，因此很坚定的认同自己是洪阔尔索伦后裔，并围绕吉萨将军立剑的"吉登岭"，对兴安岭这一片地域的山川河流和芳草大地，画出了猎民后裔心中的地图，这个地图既是地理边界，又是社会（族群）边界。

3. 口述中强调吉萨为首的世系成员是清朝的功臣，彰显其官位身份，为追溯柯勒塔基尔氏和巴雅基尔氏祖源谱系以及清朝的臣属关系提供了线索。

事涉祖源谱系议题，人类学家常以能否追溯祖源谱系来分世系群与氏族；世系群是能赖谱系来证明成员间血缘亲疏的群体，氏族则只有共同祖源而谱系关系不明。即使如此，无论是在家族或世系群的亲属关系中，犹如学者认为的，所谓谱系与其说是"实际上的血缘关系"，不如说是"人们相信的彼此有血缘关系"。②特别是对于"千百年来……有关部族起源等久远信息，仅仅凭借一代又一代的口头述说顽强地存留下来"的鄂温克族来说，就像乌热尔图评述一样："那是一条脆弱的、锈蚀的链条，早已铸就了不可更改的缺陷。"③ 但是借以索伦部柯勒塔基尔氏后裔口述历史，

---

① 来源于2016年7月27日德力格尔扎布的口述。
② 王明珂：《华夏边缘——历史记忆与族群认同》，允晨文化1997年版，第54页。
③ 乌热尔图：《诉说鄂温克》，远方出版社1998年版，前言。

我们再从文献文本中寻找这两个氏族的族源谱系的线索发现，早在 19 世纪初叶，柯勒塔基尔、巴雅基尔二氏鄂温克人首先在乌勒额德勒格处建屯，定居在现吉登嘎查北侧约 1 公里处。《鄂温克地名》中记述，当时，他们多数居住在地窨子中，靠狩猎生产维持生活。1903 年东清铁路通车，并在乌奴耳设车站。而后随着乌奴耳地区人口增多，猎物减少，昔日山区平静的生活也被打破。居住在乌奴耳地区的鄂温克人，为躲避俄土匪骚扰，迁至乌勒额德勒格屯及其周围地区居住，被称乌奴耳浅。从清末民初开始，特别是震惊整个呼伦贝尔地区的"道兴佳事件"发生后，乌勒额德勒格屯猎民先后往北迁至正红旗管辖地区，有一部分往西迁至镶红旗和正黄旗南部地区。中华人民共和国成立时，此处只有六七户人家，属红花尔基巴嘎。在此基础上，1981 年，从红花尔基生产队划出 25 户猎牧民，在原清代乌勒额德勒格屯遗址南侧，重建乌勒额德勒格屯村，并成立吉登嘎查。①

由于跌宕起伏的时空事件中重组复建的乌勒额德勒格屯，即吉登嘎查形成多元混合的村子。这里涉及的议题是，后迁来的乌奴耳浅如何替代了原乌勒额德勒格屯的主人——柯勒塔基尔氏和巴雅基尔氏家族？有人告诉德力格尔扎布：你们是从乌奴尔迁来的乌奴尔浅（"浅"是人们的意思）时，德力格尔扎布认为那是后人书写时歪曲历史的缘故。我们祖先来到呼伦贝尔并在高伊浩勒景圣山北麓定居 300 年，怎么就成为"乌奴尔浅"② 呢?! 或许吉萨将军把驻扎的地方称之为"Wurenchebog"，后人不懂的前提把我们称为"乌奴尔浅"了。他还补充说："没有调查过我们而撰写我们的历史，写这些内容的人可能有自己的历史意图。"当问起猎民村的有些老猎民也相信此说法时，德力格尔扎布立即反驳："他们是跟着别人捕风捉影而已，他们哪能知道这些历史呢。当初我们柯勒塔基尔氏族的兴凯爷爷给我转述氏族历史时，他们还在山上打猎呢。"③

但是无论如何德力格尔扎布为首的猎民有何超强的记忆力保存其祖辈传送的氏族历史，或宣讲自己是洪阔尔索伦后裔，总抵挡不住外界命名的

---

① 《鄂温克地名考》，民族出版社 2007 年版，第 154 页。
② 当地知识分子解释"乌奴耳浅"的意义：一是指滨洲铁路（指东清铁路的西部干线）通车后从乌奴耳车站迁来的人们；二是指氏族血缘关系的人们。
③ 来源于 2017 年 7 月 3 日德力格尔扎布的口述。

乌奴耳浅称谓,而乌奴耳浅的另一种指涉是"鄂伦春"。这与"有关过去的知识"与"对现在的体验"之间出现的结构性失忆有关。

二 结构性失忆

英国人类学家古立佛(P. H. Gulliver)提出的"结构性失忆",主要运用于对非洲 Jie 族的亲属结构研究。他列举一个家庭两代男性成员,采得两种不同版本的亲属关系结构。照儿子的说法,他与一位同辈亲戚出于同一祖父母(那位亲戚也相信此说)。但是在父亲的版本中却多了许多祖先,以至于他儿子与那位亲戚出于不同的祖父母。Gulliver 以父亲的版本去质疑儿子,且记录了儿子的回答。

我父亲是个老人,他知道的比我多;如果他说是就是,我说得不对。但是我们还是一个家族……只有一群人,一群家畜。我记得 Lothikiria;他是我们的祖父。谁记得其他的祖父?只剩下 Lothikiria,他是我们的大人物(开创祖)[①]

Gulliver 指出,不多年之后这位父亲将去世,他的家庭史记忆也将随他而去,而他儿子与那位亲戚的家族史版本将成为"事实"。短期内这个事实将无人怀疑,因为它最能解释现实的家族人际关系。王明珂借助这个例子说明由结构性失忆所造成的新的谱系是重新调整亲属族群之间分裂或融合,再整合的关键。许多民族志[②]显示,以忘记或虚构祖先以重新整合族群范围,在人类社会中相当普遍的现象。借此我们也可以运用"结构性失忆"原理,探寻自称为洪阔尔索伦的柯勒塔基尔氏和巴雅基尔氏后裔,如何被外界冠名为"乌奴尔浅"的来龙去脉。

依据德力格尔扎布口述,对祖先的记忆只能溯源到 300 年前吉萨将军

[①] 见王明珂著的《华夏边缘——历史记忆与族群认同》,允晨文化 1997 年版,第 55 页。
[②] 英国人类学家 E. E. 埃文思—普里查德在其名著《努尔人》中已提到,在东非的努尔人中,忘记一些祖先或特别记得一些祖先是他们家族发展与分化的原则,甚至通过裂变与联合,亲属制度中的小的世系群可以越级而成为更大的世系群并与另外一个类似大小的世系群保持一种对抗的关系,这种关系成为努尔人社会中一项基本的政治原则。见[英] E. E. 埃文思—普里查德:《努尔人——对一个尼罗特人群生活方式和政治制度的描述》,褚建芳译,商务印书馆出版 2017 年版。

带领洪库尔索伦移居呼伦贝尔的历史残片。然而，"吉萨将军祖先又是谁?"这一链条上洪阔尔索伦记忆出现"结构性失忆"现象，使得他们的身份陷入困境。为了连接这个片段，需要回顾"布特哈打牲部"中谈及的有些内容，康熙二十七年，清朝为了奖赏索伦部卓越战功，赋予"鄂伦春"这一名称。之前"鄂温克"和"鄂伦春"只是在山林中狩猎或驯鹿人互称为"山上，山下"或"上游、下游"的人们，后随经济实体的自然分化，驯（养）鹿人被称之为"鄂伦春"，康熙年间官方认可这个称谓开始，逐步形成鄂伦春民族。

据日本伪满洲时期的资料，清朝以来从索伦部分化出来的鄂伦春，都在路、佐的系统管辖之内运行。被分配在呼玛路（从瑷珲县到呼玛县为止的黑龙江右岸地区）、毕拉路（漠河县）、阿里、多普库尔路（兴安东省巴彦旗、黑河省嫩江县）、托河路（兴安北省索伦旗、陈巴尔虎旗、兴安东省莫力达瓦旗、阿伦旗）等地域，这种秩序一直追溯到清朝崩塌前的光绪年间，随着清朝的衰微，布特哈部也衰弱下来。特别是鄂伦春佐领等相继谋反，出现了杂乱无章的状态。[①] 此时在布特哈部设置扎兰屯旗公署，管辖滨洲线路一带，为消除仅存的布特哈影响，旧布特哈总管公署辖地也被改称为莫力达瓦旗。

不久，日本侵略东北。为了殖民战略服务，日本人意识到大、小兴安岭对未来作战上的重要性，视鄂伦春为掌控大、小兴安岭的最重要族群。因此伪满洲时期，鄂伦春族被重组到黑河省、兴安东省及兴安北省行政管辖。

对鄂伦春族的走向，郡司彦记述：在黑河省的毕拉路鄂伦春，因何原因从康熙至光绪年间，迁移到努敏河支流毕拉尔河附近，并特别标注迁移的是"柯勒塔基尔、巴雅基尔两氏族"。据其分析，再加海拉尔河鄂伦春，或是重新构成绰尔河鄂伦春，分属于呼伦贝尔游牧部和布特哈狩猎部两个派系。[②]

有关柯勒塔基尔氏和巴雅基尔氏，郡司彦表述：绰尔河、毕拉河的鄂

[①] ［日］郡司彦：『満洲におけるオロチョン族の研究』、昭和49年1月発行、むつみ印刷株式会社、第9—10頁。

[②] ［日］郡司彦：『満洲におけるオロチョン族の研究』、昭和49年1月発行、むつみ印刷株式会社、第10頁。

伦春是以柯勒塔基尔、巴雅基尔两氏族组成，据说，海拉尔鄂伦春也是如此。浜洲线为中心的三地区也全部都是这两个氏族，能够推测出在努敏河的两个氏族何时来到此地。鄂伦春族与其他民族相同，在原始时代以河流为中心设立生活据点，共同建立了两个氏族集团社会。虽然索伦族和达斡尔族已定居，居住于固定家舍，但其部落的原始构成仍是单一氏族为主，氏族称谓多以地名为命名，包含多数氏族的部落村落是在清末以后的近代才产生。①

从索伦部分化的鄂伦春，在近代归入不同的行政区域，一部分走向游牧，另一部分因经营狩猎成为猎民，显然形成了新族群环境。这种流动性很强的族群环境，滋长结构性失忆之外，还能促成原有共同"历史"的人群，以寻根来发现或创造新的集体记忆，凝聚新族群认同。

因此移居到海拉尔河流域的柯勒塔基尔、巴雅基尔两氏族和绰尔河、毕拉河迁来的柯勒塔基尔、巴雅基尔两氏族，一并归入索伦旗行政管辖，与之前吉萨将军带领下已世系居住在伊敏河畔的柯勒塔基尔、巴雅基尔两氏族认同上出现排挤亲属关系现象。如居住在伊敏河畔的柯勒塔基尔、巴雅基尔两氏族一直拥有鄂温克族身份，而后迁入的柯勒塔基尔、巴雅基尔氏族被冠名"乌奴耳浅"，也表明是从布特哈迁来的鄂伦春族。

那么柯勒塔基尔氏、巴雅基尔氏族的祖源谱系又是如何呢？

首先，伪满时期，浅川四郎对全满洲的鄂伦春氏族大体分为两大氏族，即两大血统（图2-4）。

浅川四郎分析，除以上八大姓外，被视作雅库氏族的陈、胞、郭三姓和属于易杜鲁氏族的杜、鲁等姓，是与他族通婚派生的结果，并非固有的姓氏。两大氏族、八大姓当中，"何"（柯勒塔基尔氏）和"白"（巴雅基尔）是两大氏族代表正统氏族，严格遵守同一氏族决不能通婚的原则。②在伪满洲时期治安部参谋司调查课研究中也有类似的提法，即此时，山上的猎民被通称"鄂伦春"，并居住在兴安东省莫利达瓦旗、兴安北省索伦旗的鄂伦春大部分是何（柯勒塔基尔）和白（白依尔或巴雅基

---

① 见郡司彦：『満州におけるオロチョン族の研究』、第23页注解12。
② [日]浅川四郎：『興安嶺の王者——オロチョンへの理解』、満州事情案内所刊、康德八年十一月，第113—115页。

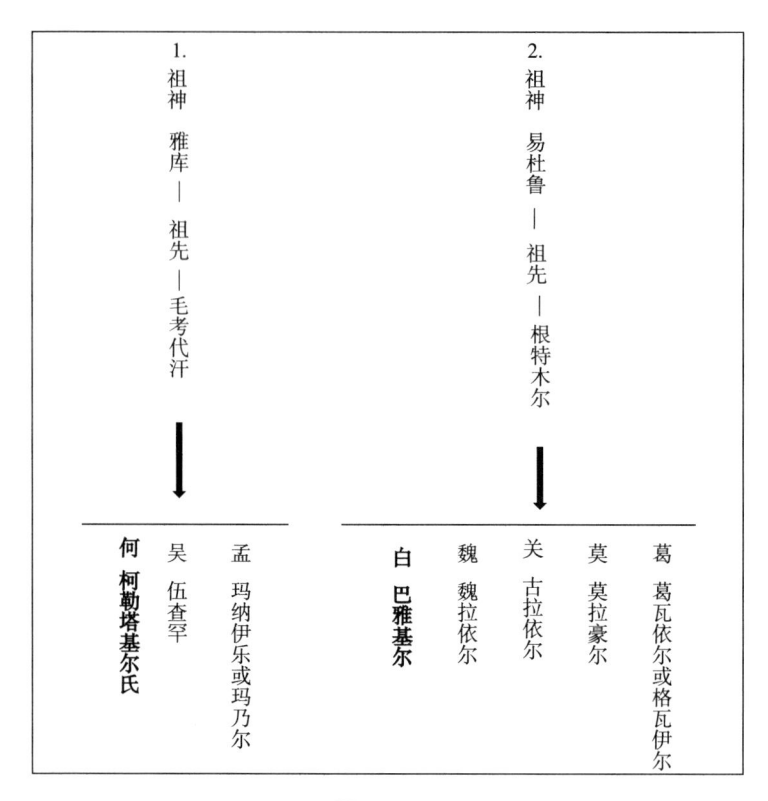

1. 祖神 雅库—祖先—毛考代汗	2. 祖神 易杜鲁—祖先—根特木尔
何柯勒塔基尔氏 吴 伍查罕　孟 玛纳伊乐或玛乃尔	**白 巴雅基尔** 魏 魏拉依尔　关 古拉依尔　莫 莫拉豪尔　葛 葛瓦依尔或格瓦伊尔

图 2-4

注：图 2-4，来源于浅川四郎：『興安嶺の王者——オロチョンへの理解』，满州事情案内所刊，康德八年十一月，第 114 页。

尔）两个氏族，两氏族通婚现象居多。①

吕光天也引述传说解释，古代柯尔特依尔氏族的酋长叫毛考代汗，白依尔氏族的酋长是根特木耳。② 此时鄂伦春老人虽然对氏族、部落有一定程度的记忆，但对部落酋长及其职能等已模糊不清了。世系群的记忆链条明显在生锈，替代的是以地域河流命名的再生氏族增多。如，呼玛尔河流域的"库玛尔千"、毕拉尔河、逊克河的自称为"毕拉尔千"、托河一带

---

① ［日］永田珍馨：『満洲二於ける鄂伦春ノ研究』（第一篇）治安部参謀司調查課、事务官：永田珍馨、康德六年九月十日印刷、十五日発行。印刷所：興亜印刷株式会社，第 71—78 页。

② 吕光天：《鄂伦春族的父权制氏族社会结构》，见吕光天《北方民族原始社会形态研究》，宁夏人民出版社 1981 年版，第 155 页。

的自称为"托千"，游猎于多布库尔河、甘河、奎勒河等地自称为"阿里多布库尔千"等等。谈及托河一带的"托千"，吕光天说明，这个部落包括后来的两大氏族，一个是柯尔特依尔，一个叫白依尔氏族，也是人口较多互相通婚的古老氏族。早期两个集团之间通婚，两个氏族之间互称"伴弟查"。[①] 因人口增多，后由两个大氏族派生出不同的单位（部落），形成另一个集团。

如下示意图：

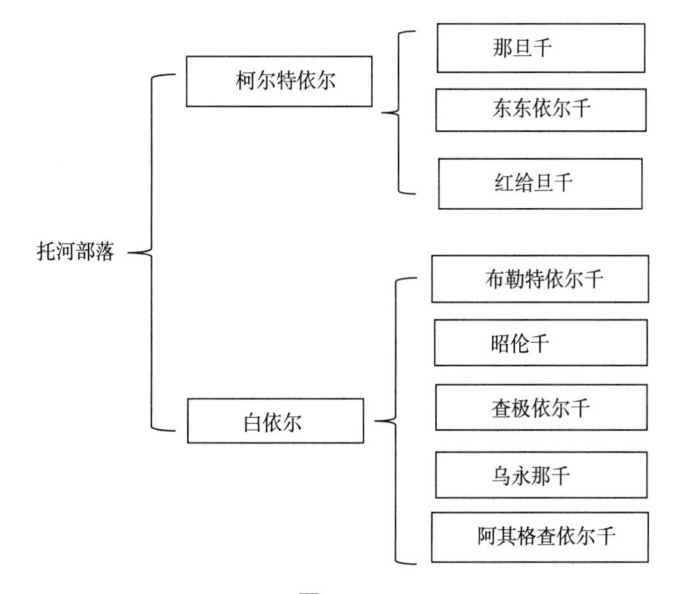

```
                   ┌─ 那旦千
        ┌ 柯尔特依尔 ─┼─ 东东依尔千
        │           └─ 红给旦千
托河部落 ┤
        │           ┌─ 布勒特依尔千
        │           ├─ 昭伦千
        └ 白依尔 ────┼─ 查极依尔千
                    ├─ 乌永那千
                    └─ 阿其格查依尔千
```

图 2-5

注：图2-5，来源于吕光天的《鄂伦春族的父权制氏族社会结构》论文中的示意图，见吕光天《北方民族原始社会形态研究》（宁夏人民出版社1981年版），第152页。

结合以上脉络，再观照德力格尔扎布为首的柯勒塔基尔氏和巴雅基尔氏后裔认同，表明他们这一代猎民对祖先毛考代汗和根特木尔已失去记忆。对于后续派生的不同单位也没有印象，只记得自己是洪阔尔索伦后裔，是柯勒塔基尔氏和巴雅基尔氏互相通婚——联姻关系造就的两个氏族。这个地域的多数人也以折中方式对待此议题，保留"鄂温克族和鄂伦春族中都有柯勒塔基尔氏和巴雅基尔氏，我们这边（吉登嘎查）的是

[①] 吕光天：《鄂伦春族的父权制氏族社会结构》，见吕光天《北方民族原始社会形态研究》，宁夏人民出版社1981年版，第151—152页。

鄂温克族"的观点。

吉登嘎查猎民"结构性失忆"中，柯勒塔基尔氏和巴雅基尔氏族无论分派到鄂温克族或鄂伦春族，最根本的原因在于清朝与俄国边境纠纷以及伪满洲国把原来是一个"敖娇儒"（祖源根子）并互称"乌耶列"（鄂温克语：叔伯兄弟之意）的同一个族群①分派到不同时期的行政组织调整重组有关。

第四节　一个部落的现代"遭遇"

呼伦贝尔的族群部落，从清朝派遣的索伦部，后续不同情境之下被清政府观照的厄鲁特部以及清朝政权更迭后迁来的布里亚特等诸部在此地域逐渐形成了"满天星斗"的族群格局。厄鲁特部通过强有力的黏合剂——世代联姻，保持与索伦部平衡关系；巴尔虎部在民国时期，自己独立建旗；唯独在动荡不安的时局，迁入呼伦贝尔地区的布里亚特部与固有的洪阔尔索伦部之间地缘边界再被调整。

一　洪阔尔索伦

洪阔尔（洪库尔或温阔尔）原本是对于是鄂温克人的不同叫法演变而来的称谓。乌云达赉表述："分布各地的鄂温克诸部及其许多分支的名称分歧烦乱，译音用字混乱不堪"的时候，为了从乱中求得某种程度的一致，凡是已知某部确系鄂温克的，都要加上"鄂温克"字样。② 这样的情境，在史禄国调查北方通古斯社会时期（1915—1917年）已出现，即"许多（鄂温克）集团虽然知道自己是鄂温克人，但在彼此之间却不使用这个名称，（因为他们是用社会单位，即氏族等互相区别）只有在将他们自身与其他民族集团相比时，为了使对方与自己有所区别，才使用鄂温克

---

① 哈赫尔：《鄂温克族与鄂伦春族源流考》，见《鄂温克族研究文集》（第二辑上），内蒙古鄂温克族研究会，1991年，第60—62页。

② 乌云达赉：《鄂温克人的历代迁徙运动》，见《鄂温克族研究文集》（第二辑 上），内蒙古自治区鄂温克族研究会，1991年，第13页。

这个名称"。① 说明在不同集团之间他们的名称是有变化的，也印证鄂温克各部落之间的氏族血缘关系逐渐以地域为界线血缘或虚拟血缘关系的演变。特别是明末清初索伦称谓的出现，以"索伦"取代"鄂温克"名称，直到20世纪50年代，又以"索伦""通古斯""雅库特"组合成"鄂温克族"展现在新历史时期。

显然，鄂温克、索伦或洪阔尔索伦的集体记忆不一定是生物性的亲属关系。从某种意义来说，不停地重组就像是重新整理家族照片的工作，有些氏族支系必须忘记，有些支系必须排在重要位置，这样重修的过程中，有些血缘亲属关系难免经得起考验，只能给后裔留下"相信有血缘关系"的记忆。

洪阔尔索伦的记忆也是如此。德力格尔扎布自称"我们是 Honkur solun"，并解释 Honkur solun 是指把全鄂温克人称为洪阔尔 Aiil，洪阔尔 Aiil 又指有亲属关系的人们。依据他的口述，吉萨将军带领的先遣部队驻扎在伊敏河畔成为"伊敏河的鄂温克"，后来的被安置在辉河流域的索伦形成"辉河的鄂温克"，以此为前提相继成立了"伊敏苏木"和"辉河苏木"。德力格尔扎布记忆中的血缘关系的洪阔尔索伦，早已被现实的地域观念分隔。他对于"过去"执着的坚信与认知经不住社会变迁的考验，也就是说，鄂温克社会特别是柯勒塔基尔氏和巴雅基尔氏族的记忆已断裂或转向，洪阔尔指向所居住的特定地域。

20世纪90年代有学者阐释"洪阔如"是指清末至今居住在鄂温克自治旗境内的索伦人，经常感到雪化春初，青草还没有长出来，牛马瘦弱病亡者多，因此称这个时期叫作"灾变期"。所以"洪库如"即"春荒"之意。② 调查组采访当地知识分子时，他们解释鄂温克语的 honkur（洪阔尔），是指沙包子的意思，指凸凹不平的沙包子，而汉语称为红花尔基。这样的解释也不无根据。如今吉登嘎查有些人依据此前俄罗斯人在此地居住为由，解释是俄罗斯人起的"红花尔基"这个地名，还有人认为是与20世纪五六十年代革命时期命名的"红花"生产队有关。原本称鄂温克

---

① ［俄］史禄国：《北方通古斯的社会组织》，吴有刚、赵复兴、孟克译，内蒙古人民出版社1985年版，第78页。

② 乌力吉图：《鄂温克族族源略议》，见《鄂温克族历史资料》（第三辑），巴彦托海1998年版，第154页。

部落的"洪阔如"（或洪库尔）如今演变为部落居集地名"红花尔基"，这也反映了一个部落社会向现代社会转型节点上，出现氏族记忆的变迁，预示着此部落氏族分裂与重组时期的到来。

二 "道兴嘎事件"

以上氏族与地域关系的变迁梳理中不难发现，社会在历史发展的各个阶段不存在一帆风顺的发展路径，都存在着断裂与转向。所以，步入现代社会的我们有时不得不承认真正的过去已经无影无踪地消失在历史的长河中。"过去"对于现代的我们而言如同一个"异国"，对于那个国度里发生了什么，只能从记载"过去"的历史文献以及依据当代口述者的记忆来重构。

20 世纪前半期在猎民村附近发生的"道兴嘎事件"是猎民村地缘关系发生巨大变化的重要因素。道兴嘎①这一历史人物，从《鄂温克地名考》②的记载以及吉登嘎查猎民口述来分析，道兴嘎是位鄂伦春托扎敏路头人，柯勒塔基尔氏，当时的时任章京，隶属呼伦贝尔副都统衙门。道兴嘎部在清代属于索伦右翼镶蓝旗管辖，是雍正十年（1732）驻防呼伦贝尔的索伦八旗 359 名鄂伦春兵丁的后裔以及后来从鄂伦春地区搬迁来的托扎敏路鄂伦春人的结合体。由于猎民流动性大，当时很多人先后搬迁，剩下的一部分人中有的与鄂温克人整合，有的因联姻、猎场等诸多原因与从托扎敏流域迁来的鄂伦春人一同居住，被称为托扎敏路鄂伦春人。他们活动的地域辽阔，资源丰富，还有哲日德、哲日德很等优质养马草场。头人道兴嘎聪明过人，他组织鄂伦春人在深山老林中狩猎，还利用天然优质草场大力发展养马业，并建立村屯。当时是索伦八旗境内唯一一座游猎部族建立的屯子，十多户人家，几十口人，养着几百匹马，村民们过着安宁、富裕的生活。鄂伦春屯子地理位置上正好是越岭去岭南各地的要道，再加上丰富的自然资源，这里便成了一方宝地。③

---

① 有关道兴嘎，文献中记录为"道兴佳"，本文运用当地鄂温克人的叫法"Doshing ga（道兴嘎）"来记录。
② 《鄂温克地名考》，民族出版社 2007 年版，文中注解 152—158 页。
③ 《鄂温克地名考》，民族出版社 2007 年版，第 152—153 页。

依据《鄂温克地名考》，鄂伦春在此处的居集地被当地称为鄂伦春卓哈勒（鄂伦春遗址之意）。鄂伦春卓哈勒位于伊敏苏木东南约 60 公里，距柯勒塔基尔氏、巴雅基尔氏初建的乌勒额德勒格屯约 20 公里，离吉登嘎查约 21 公里。

当时，与鄂伦春卓哈勒、乌勒额德勒格屯相邻的还有达格森尼乌里棱。达格森尼乌里棱是清代索伦八旗官兵驻防呼伦贝尔不久，索伦右翼正红旗杜鲁基尔·额格都古-杜拉日、哈赫日·特格-哈赫日、贺音·萨满基尔-贺音等诸氏鄂温克人首先在此建屯。[①]因与 DAGASANG（达格森）山隔河相望，这个村屯被称作"达格森尼乌里棱"。达格森系鄂温克语，是根、源、本之意，因它是大兴安岭北坡末端的一座山，被认为是山脉之根而得名。此后在这一基础上，建立了红花尔基嘎查。

在彼时的伊敏苏木红花尔基境内已并存至少有 3 个，即乌勒额德勒格乌里棱、鄂伦春乌里棱，达格森尼乌里棱等"乌里棱"性质的经济、社会集团。（图 2-6）

乌里棱，原本指是以血缘关系组成的部落社会中既是生产单位，又是消费单位。从清朝以来不断被重组的索伦部，在不断加强的人与地缘关系中乌里棱实际上已成为比邻公社性质的地域组织。此时的"乌里棱"概念已不再是"有血缘的子孙们"，而具有了地域性的特点。它是通常由五户左右的小家庭组成的游猎集团。成员不一定是同一氏族的，每个小家庭都是独立的经济单位。乌里棱的建立基于每个家庭一定数量的枪支和马匹等基础上。

清末民初，沿着伊敏河流域围绕吉登嘎查为中心，以上三个乌里棱的地理图景是：吉登嘎查南约一公里处坐落着原乌勒额德勒格屯，离乌勒额德勒格屯二十公里处，偏东南方向是道兴嘎领导的鄂伦春卓哈勒，距乌勒额德勒格屯北面约七八十里地坐落着达格森尼乌里棱。从南到北依次为，鄂伦春卓哈勒、乌勒额德勒格屯和达格森尼乌里棱。就在这个区域范围上演了一场无论从外延还是内涵上影响呼伦贝尔族群边界的"道兴嘎事件"。[②]

---

① 《鄂温克地名考》，民族出版社 2007 年版，第 134—135 页。
② 此事件的经过请参考《鄂温克地名考》（民族出版社 2007 年版），文中注解 152—158 页。

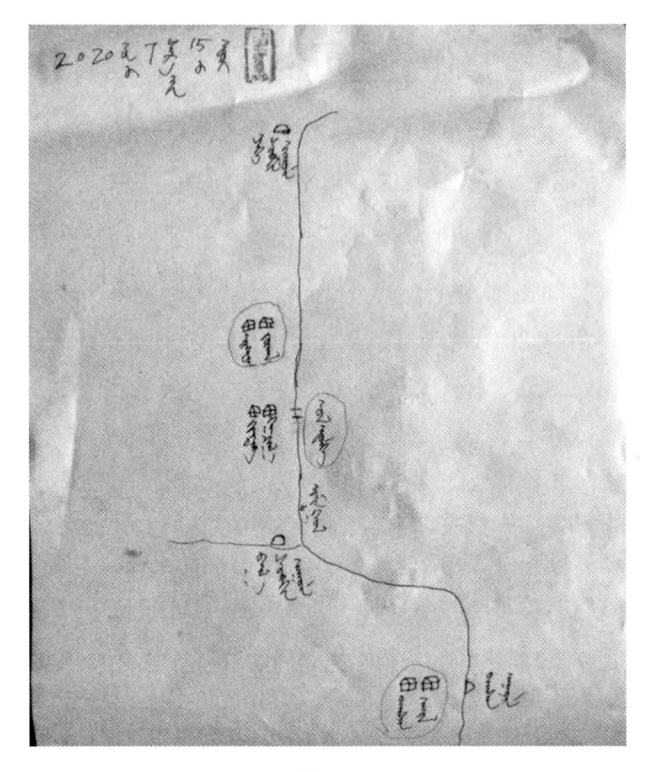

图 2-6

注：图 2-6，2016 年 7 月 15 日裔德力格尔扎布手画的（画红圈）三个村子的地理位置，依次为：鄂伦春卓哈勒（屯）、乌勒额德勒格屯、达格森尼 乌里棱。

  德力格尔扎布口述道兴嘎事件是发生在 1934 年 10 月的一天，与文献记载的"1930 年 10 月的一天"有出入。有关道兴嘎这一人物，2014 年 9 月 7 日，剑桥大学赠送内蒙古大学第一批有关埃塞尔·林格伦于 1931—1932 年之间在中国内蒙古东北部地区拍摄和收集的照片中，有一张附有注解"Toshenchan and an old Chinese"的照片，拍摄时间为 1932 年 3 月 23 日（图 2-7）。

  2015 年 9 月，剑桥大学第二批赠送内蒙古大学内蒙古少数民族历史影像资料的同时，在内蒙古大学民族博物馆进行的"驯鹿守望星河：内蒙古和西伯利亚的鄂温克、鄂伦春历史图片展览"[①] 中，展出这一张图片

[①] 2014 年 9 月 7 日和 2015 年 9 月 18 日，剑桥大学先后两批赠送内蒙古大学内蒙古少数民族历史影像资料，这些资料均由内蒙古大学民族学与社会学学院影视人类学实验室收藏。

第二章 猎民村地缘关系的变迁　　81

图 2-7

并附有"英文标注为 Toshincha and old Chinese，汉文翻译为：图新查和汉族老人，摄影者是艾瑟儿·林格伦，时间为 1932 年 3 月 22 日，在伊敏河巴尔虎"。（图 2-8）

图 2-8

2016 年 7 月调查组再次采访德力格尔扎布时，他告诉笔者，刚刚过去的五月份，从中国香港来了几位学者，拿着剑桥大学埃塞尔·林格伦当年摄影的照片让他指认。德力格尔扎布认出自己家族的曾祖母策辰花、杜Jiang gi 额勒格松及道兴嘎。其中，确定为图 2-7 中标注"图新查"的人就是鄂伦春头领道兴嘎。德力格尔扎布还告诉我们这些图片已在鄂温克族自治旗博物馆展出。

随后调查组再到鄂温克博物馆考察 2016 年 6 月 18 日在内蒙古呼伦贝尔市鄂温克族自治旗鄂温克博物馆进行的"使过去记忆重现在当下"——《英国剑桥大学与鄂温克大地——穿越世纪的回归 20 世纪 30 年代埃塞尔·林格伦在索伦旗考察》影像展。发现此展中也出现了与图 2-8 同样的肖像，介绍为"道兴佳与汉族管家（英文为 Doschenjia with his Chinese housekeeper）"，并附有道兴嘎单像，注解：道兴佳是 20 世纪 20 年代到 30 年代早期生活于翁根浩斯，供职于呼伦贝尔副都统衙门的鄂伦春佐领。该地区隶属于索伦八部，道兴佳位居镶蓝旗佐领，所管辖地区从现在的二道桥到大兴安岭边界的柴河周边地区。

通过不同区域出展及解读埃塞尔·林格伦在 20 世纪 30 年代在索伦旗调查的图片资料中，虽然名称翻译上出现不统一，但依据照片上记录的摄影时间，即 1932 年 3 月，可以证明道兴嘎事件到 1932 年 3 月为止还未发生。所以，德力格尔扎布认定道兴嘎事件发生在 1934 年 10 月的一天。

三 现代社会中的"遭遇"

近年来无论是史学界还是人类学界，盛行运用巴斯的族群边界理论来探讨具体的或概念性的议题。其中学者们认同族群边界产生的核心——实质上的"遭遇"情境是产生"我"和"他"类别的前提条件。因此以族群"遭遇"来呈现族群边界的产生及主体的不同表达可能比强调某一族群或群体声音更有意义。

谈到"道兴嘎事件"，比起现代社会中与结构化的政治、社会体系与相关权力关系的种种"遭遇"，这一事件或许是微小的案例。但是对于"遭遇"这场事件的族群来说，这件事成为他们难以忘却的现代性集体记忆。

这里涉及的现代性议题，英国社会学家吉登斯，最初对其"现代性"界定为，在欧洲封建社会之后所建立的而在 20 世纪日益成为具有世界历史性影响的制度与模式，简要地说，现代性指社会生活或组织模式。而吉登斯看来，三大社会学思想之父（马克思、涂尔干、马克斯·韦伯）中，对现代性论述最具有影响力的韦伯也没能预见到现代性更为黑暗的一面——战争摧毁的一切。因此，与以往讨论现代性的"更为人道的、和谐而完美的社会生活"情境迥然不同的现代性另一面目，即"阴暗面"时，安东尼·吉登斯表述："实际的军事冲突，构成了现代性在本世纪的主要的'阴暗面'。20世纪是战争的世纪，实际上可以说是，大量严重的军事冲突所夺去的生命，比过去的两个世纪中的任何一个世纪都要多得多。本世纪到目前为止，有一亿以上的人在战争中遭到了屠杀，世界上被战争残害人口的比例比19世纪要高得多，即使把人口增长的总数都算进去，也是如此。①"透过法西斯主义、屠犹主义、斯大林主义的兴起，以及20世纪的其他屠杀事件，人们恍然大悟，现代性启蒙与神话有一种同谋关系，纳粹的种族屠杀实质就是一种当代的献祭。

带有如此特征的现代性，以"合法"的面孔被包裹在制度之中时，往往隐蔽地显出被（制度）取代的假象。而斡旋于假象之中的现代性变革比过往时代的绝大多数变迁特性都显得更加复杂且影响深远。

再反观道兴嘎事件，无论是"先入为主"的索伦部，还是后迁来的厄鲁特和布里亚特部在地缘关系建构中何尝不是受现代性"遭遇"的结果。虽说无视他者存在的帝制时代，边界观是模糊的，但从俄国与清朝的边界争夺开始索伦部从黑龙江南迁，《尼布楚条约》之后1727年清朝与俄国划定的新边境线，使贝加尔湖地区的布里亚特牧民被迫离开原住地，从20世纪初开始又跨越国境往南迁徙。造就的社会情境便是帝国扩张、争夺资源，修边（整体）与之相应的族群迁徙、战争、冲突、排斥、吸纳（部分）等特性。

那么这些"历史"以文本形式记录在文献时，面对经过人们筛选、保存和删除之后保留的这些"历史"，也很难判断记述者保存的这残缺不全的部分是否"重要"到使我们认为这就是历史。特别是对于那些没有本民族的文字且受文化冲击的影响，很难通过文字来保存自己历史的民族

---

① ［英］安东尼·吉登斯：《现代性的后果》，田禾译、黄平校，译林出版社2011年版，导言第8页。

来说，他们认为的"真实的历史"有可能在其历史的宏大叙述中当作"细枝末节"被遗漏、遗忘或抹掉、消失。因此作为方法的口述史，它的重要性越来越被重视，同时其性质与功能也在发展中趋于多样化。它曾被用来记录当代重要历史事件中人物的回忆，以作为那个时代与事件的"证据"。[①] 它也不一定是过去发生的事实，但它却反映个人的认同、行为、记忆与社会结构之间的关系。研究当代的人如何在社会中选择、扭曲、遗忘"过去"，可能给历史学家一些启发：所有的"史料"都可当作一种"社会记忆遗存"。[②]

正因如此，我们不仅倾听德力格尔扎布为首的吉登嘎查人讲述这一刻骨铭心的"遭遇"，也通过从布里亚特人的口述文献听到他们发出与这一件事有关的声音。作为记述者，笔者无法苛责其哪一方的同时，无可否认的一点是"道兴嘎事件"确乎触及行为主体——鄂温克社会关系的重新建构。

首先，对20世纪70年代末80年代初作为入赘女婿移居到吉登嘎查的异族猎民的采访中得知，他的岳父也是这一事件当中为数不多的幸存者之一，是柯勒塔基尔氏，但并不是这个村子的原居民。据老岳父给他讲述：他（岳父）和姐姐、妹妹，他们三个是从大兴安岭那边逃出来的。因为东北抗日联军时期老何家（柯勒塔基尔氏）部落里的人给抗日游击队运子弹、当向导，结果被本地人出卖，被日本人盯上。最终还是发生了触及日本人底线的一件事，就是何家族的一位年轻人不知何因与日本兵发生冲突，激怒之下杀了日本兵之后逃到森林中。从此，日本人开始疯狂地报复，只要是柯勒塔基尔氏和巴雅基尔氏就格杀勿论。于是，老岳父与他的姐姐和妹妹出逃到亲戚（道兴嘎的鄂伦春乌里棱）这边。来到大牛圈（外界对原鄂伦春乌里棱的现叫法，原本叫 EDDEGU AAL［额格都古阿勒］）不久，这边的一部分鄂伦春人也被误杀。因为那个时候有偷马的人，当地人称他们为响马的人，就是盗牛、盗羊的盗马贼偷走了布里亚特人的牛马，而外人挑拨说是鄂伦春人偷走的。因为盗马贼经过的路线

---

① 王明珂：《谁的历史：自传、传记与口述历史的社会记忆本质》，定宜庄、汪润主编《口述史读本》，北京大学出版社2015年版，第65页。

② 王明珂：《谁的历史：自传、传记与口述历史的社会记忆本质》，定宜庄、汪润主编《口述史读本》，北京大学出版社2015年版，第80页。

(也就是必经之路)旁边(河西)居住着鄂伦春人。布里亚特人顺着盗马贼的路线过去,以为就是鄂伦春人偷的,这是一场误杀行为。

口述中透露出鄂伦春柯勒塔基尔氏的两次历史性转折点。其一,服务游击队而反抗日本人的柯勒塔基尔氏,从大兴安岭原住地迁来鄂伦春乌里棱。这一件事也许能够指涉日本人郡司彦在《满洲时期的鄂伦春族研究》一书中表露出"因某些原因"柯勒塔基尔、巴雅基尔两氏族迁徙的原因。其二就是"道兴嘎事件"。这位女婿认为是日本人惨杀鄂伦春人,而道兴嘎带领的鄂伦春乌里棱当时是被误杀的。

有关道兴嘎也是柯勒塔基尔氏这一问题上,德力格尔扎布重申:"兴凯爷爷给我传达这一信息时,把道兴嘎称为鄂伦春道兴嘎,而没有说鄂伦春柯勒塔基尔氏,如果是柯勒塔基尔氏我(德力格尔扎布)为什么压着不说呢。真就是真,假不能成真。'道兴嘎事件',总是被后人改写,也许是改写过程中给他冠为柯勒塔基尔氏。我们氏族一直居住在高伊浩勒景山脉西麓的小葱山,而道兴嘎的鄂伦春卓哈勒在离大葱山七八十里地的地方,如何能混为一谈呢?"他特别指出 2016 年 6 月 18 日在鄂温克自治旗鄂温克博物馆开展的《英国剑桥大学与鄂温克大地》①影展中介绍吉登嘎查是"翁根浩斯——鄂温克旗最后一个鄂伦春乌里棱;20 世纪 30 年代早期,道兴佳领导的一支鄂伦春部落驻在今天的吉登嘎查。这些人来自诺敏流域,称诺敏千。他们沿绰尔河和 Jaro(角绕)河流域迁至索伦旗,初到伊敏时他们并不为人知,在 20 世纪 20 年代到 20 世纪 30 年代早期已扎根于翁根浩斯"这一表述把"鄂伦春乌里棱"与"今天的吉登嘎查"混作一谈,又把没有直接关系的道兴嘎(他的部落扎营地)与翁根浩斯联系起来,出现偏颇的问题。

从地理位置而言,高伊浩勒景山脉位于吉登嘎查东南端,三个村庄(从南到北)依次为:鄂伦春卓哈勒(现在统称为大牛圈)、乌勒额德勒格乌里棱(现在的吉登嘎查北侧)和达格森尼乌里棱(现在的红花尔基嘎查西)。而翁根浩斯位于红花尔基嘎查(过去叫达格森尼乌里棱,现在当地人以伊敏河为坐标,位于吉登嘎查北侧的红花尔基嘎查习惯称为河北

---

① 全称为"使过去记忆重现在当下"——《英国剑桥大学与鄂温克大地——穿越世纪的回归 20 世纪 30 年代埃塞尔·林格伦在索伦旗考察》影像展,时间:2016 年 6 月 18 日;地点:内蒙古呼伦贝尔市鄂温克族自治旗鄂温克博物馆。

队）北、Gashiyate 的西侧。原先是大渡口，因是萨满 Madai 跳神（onggolsen）的地方，所以被称作翁根浩斯。

在《鄂温克地名考》中也解释："翁格浩斯隶属红花尔基嘎查，是位于村北 2.5 公里处，在伊敏河东岸。鄂温克语，翁格意为神灵、神圣，浩斯是河柳茂盛的湾子，翁格浩斯是供神的河柳湾子，神圣河柳湾子之意。达格森村牧民在此请萨满举行仪式，供奉祭祀龙王爷而得名。"① 英国剑桥大学在鄂温克博物馆的影展中解释翁根浩斯是"'翁根'为'神圣'，'浩斯'是指'长着茂盛藤条的河湾'，'翁根浩斯'就是'长着茂盛藤条的神圣河湾'，在过去这里是达格参牧民举行萨满仪式的地方，因而便有了翁根浩斯这个名字，当地人有时也把这地方叫作'大牛圈'，兴许是为了纪念道兴佳和他的部族曾在此扎营。"这里把没有直接关系的道兴嘎（他的部落扎营地）与翁根浩斯、大牛圈联系起来，出现偏颇。当地人虽然平常把"鄂伦春卓哈勒"习惯叫"大牛圈"，可德力格尔扎布为首的老猎民却很清楚，大牛圈原本叫 EDDEGU AAL（额格都古阿勒）离道兴嘎鄂伦春乌里棱 8—9 里地远。因为 20 世纪 70 年代汉人在此养大畜，所以到现在为止，这个地方统称为"大牛圈"，其实"大牛圈"和"鄂伦春卓哈勒"（鄂伦春乌里棱）是两个不同地方、不同概念。德力格尔扎布不明白影展中为何把吉登嘎查及红花尔基嘎查的翁根浩斯与道兴嘎鄂伦春乌里棱混为一谈，并且都包含在道兴嘎的管辖之内。最后他讲：或许作者不了解地理位置才出现这样的偏差。

德力格尔扎布仍然从吉萨将军事迹回忆：我们的祖先吉萨将军在 1710 年左右来到呼伦贝尔，那时与吉萨将军一起征战的除了达斡尔的苏和巴特尔将军，还有鄂伦春嘎夏将军。他们从战场回来定居于此，作为鄂伦春嘎夏的后代道兴嘎（他认为道兴嘎就是鄂伦春嘎夏将军后代）肯定是职位高而拥有丰厚的资产。如果像影展中表述的那样"是 20 世纪 20 年代到 30 年代开始在这里扎根"，不可能在这么短的时间内拥有那么多资产，也不会引起其他族人的注意。20 世纪 20 年代是我们的杜 Jiang gi 带领氏族从高伊浩勒景山脉迁至西北麓的小葱山这边（乌勒额德勒格乌里棱），迁到小葱山不久 1934 年发生鄂伦春道兴嘎事件。也听老人们讲过定

---

① 《鄂温克地名考》，民族出版社 2007 年版，第 150—151 页。

居之后，差不多1919年左右这里土匪横行，于是柯勒塔基尔、巴雅基尔两氏族和道兴嘎一部分猎民一起镇压土匪时又与大兴安岭的鄂伦春联合在一起。据说，有些柯勒塔基尔氏和巴雅基尔氏猎民与鄂伦春当地的姑娘结婚留在了当地，变成鄂伦春族了。老人们也讲过，那时嘎夏将军后裔道兴嘎的鄂伦春卓哈勒人口增多，预计有可能达到100—200户或200—300户时，部分分离出去往大兴安岭移迁，后来成为鄂伦春自治旗的鄂伦春族了。我认为这也是顺应历史潮流的结果。① 这一流动过程与有关文献中记载的有关分派到索伦八旗359名鄂伦春兵丁后裔去向，即"由于猎民流动性大，其中很多人都先后搬迁，剩下的一部分人中，有的与鄂温克人融合，有的因联姻、猎场等诸多关系和托扎敏流域迁来的鄂伦春人一同居住，被称为托扎敏路鄂伦春人"② 的情境相符合，并整合在道兴嘎领导的鄂伦春卓哈勒之中。

对有些文献称"道兴嘎是柯勒塔基尔氏鄂伦春"这一现象，德力格尔扎布解释为有可能是后人冠名的。如果我们是鄂伦春，也与道兴嘎乌里棱一起不存在了。正因为不是鄂伦春，世人通过我们才知道"道兴嘎事件"不是吗？！甚至可以说，如果没有我们拿枪的柯勒塔基尔氏和巴雅基尔氏，现在的吉登嘎查也不复存在。因为拥有猎枪才从红花尔基嘎查分出组成捕猎队，奠定了现在的吉登嘎查基础。可是如今回顾我们的祖辈讲述吉萨将军的历史时，从未出现过"我是柯勒塔基尔氏""我是巴雅基尔氏""你是杜拉尔氏"等情况，无论是鄂伦春、达斡尔，还是巴尔虎、布里亚特或索伦鄂温克，不都同样做出了历史的贡献不是吗？就像建立了这个国家一样，驻防呼伦贝尔也不能单靠几个索伦人，而是整体的索伦汇聚力量才守住的边疆，意义可能也就在于此。③

---

① 来源于2017年7月1日、7月3日、7月18日德力格尔扎布的口述。
② 《鄂温克地名考》，民族出版社2007年版，第152页。
③ 来源于2017年7月1日、7月3日、7月18日德力格尔扎布的口述。

第三章　猎民与现代社会

第一节　现代社会仪式

受"道兴嘎事件"影响，位于大兴安岭西北端、大葱山以北（伊敏河为坐标，现在习惯叫作三道桥、二道桥和头道桥）居住的猎、牧民，先后往北迁至正红旗达格森乌里棱（如今伊敏苏木红花尔基嘎查）境内，还有一部分往西迁至镶红旗和正黄旗南部（辉苏木境内）地区居住。① 清朝形成的乌勒额德勒格村屯的七八户猎民留在原住地之外，其余大部分猎民迁至达格森尼乌里棱，与初建该屯的杜拉尔氏、哈赫尔氏和贺音等诸氏重组新的达格森尼村子。达格森尼村子基础上1948年建立了红花尔基巴嘎。新中国成立之后，1958年改为为红花尔基生产队。②

然而，与文献笼统记载的年号、事件相比，具体了解这片地域人员流动状况依然离不开口述历史。

德力格尔扎布从自身的家族、氏族迁移开始讲述了这段历史。他说，1934年道兴嘎事件之后，我们乌勒额德勒格屯在杜jianggi带领下再迁至小葱山以北40里地的JOLEDELGE③，这个渡口位于达格森尼乌里棱东南35里地。据老人们讲，道兴嘎事件之前在乌勒额德勒格屯至少居住着30—40户猎民，后因事件影响四处迁徙。跟随杜Jianggi迁来JOLEDELGE的大部分猎民，在1936期间还可以打猎，到了1937年左右日本人给我们猎民拍照，办理了相当于今天的身份证，寅虎年（1938）日本没收猎民

---

① 见《鄂温克地名考》（民族出版社2007年版），第169页。
② 《鄂温克地名考》，民族出版社2007年版，第141页。
③ 《鄂温克地名考》中JOLEDELGE稀释为，鄂温克语，昭勒，即砾石，昭勒额德勒格为砾石渡口之意。位于红花尔基镇境内，在岗阿勒西侧的伊敏河一个渡口。见第126页。

的枪支并强制集体迁至达格森尼乌里棱,并让驻扎在红花尔基的 Oima 为首的宪兵看管猎民。① 就在这个时间段,乌勒额德勒格头领杜 Jianggi 在日本人的胁迫之下吐血身亡。据说,当时密葬于高伊浩勒景山谷中,直到现在已成为谜。

对于为何把猎民集中在达格林乌里棱的原因,德力格尔扎布解释说,道兴嘎事件发生时,我们柯勒塔基尔氏兴凯爷爷逃出虎口,告知乌勒额德勒格屯猎民,并且柯勒塔基尔氏和巴雅基尔氏为主的乌勒额德勒格屯猎民都是神枪手,日本人不敢绝杀我们,因此我们村子幸免于难。但是日本派宪兵队特务管制猎民。当时从辉苏木来达格森乌里棱管制我们的叫 Oima 警察,住在红花尔基专门盘查、登记猎民一周的出入情况,苛刻的盘查制度延续到日本溃败为止。这个叫 Oima 的警察是辉苏木人,听老人们讲,日本战败后猎民拿到枪,曾经试图追杀这个警察。但是 Oima 回到辉苏木后,觉察到猎民的报复行动,躲进芦苇逃之夭夭。他手下足足有 40 多名随从,居住于现在的红花尔基林场。

一位俄罗斯后裔回忆说,在诺门罕战役之前,如今的红花尔基林场地域居住着很多俄罗斯人。因此"红花尔基"称谓有可能是从俄语来的。当时俄罗斯人与鄂温克人之间友好相处,这位俄罗斯后裔的父亲即被他的祖父母过继给膝下无子的鄂温克家庭。他的父亲就是鄂、俄友好时代的结晶。诺门罕战争结束后,在红花尔基居住的俄罗斯侨民多数随苏联红军回国,他的祖父母也想带儿子回苏联,但是 10 多岁的儿子不想离开养父母,养母也不愿失去养子,就这样养子未跟亲生父母回苏联,留在养父母身边。

对鄂温克与俄罗斯人的渊源关系,史禄国反映:"北方通古斯人领域中,到处可以见到俄罗斯人。俄罗斯人居住在适于从事农业的地区,他们受金矿、林木和猎物的吸引,也进入山区。他们仍在继续向蒙古地区推进,比如哥萨克人占用了呼伦贝尔适于饲养牛马的草场,……他们(俄罗斯人)之所以能够很方便地进入俄国领土以外地区,是因为同通古斯人和蒙古人的关系好。俄罗斯人很容易学会他们的语言。……哥萨克的情

---

① 一位杜拉尔氏知识分子给调查组讲,那时特务头子叫 Dashiro,他手下有两名警察,居住在辉苏木,一个叫 Haljin erhim,另一个叫 ooda。其中,一名被派遣伊敏苏木管制猎民部落。调查组于 2015 年 8 月 1 日在吉登嘎查采访。

况也同样，他们的村社部分是由通古斯人组成的。"① 谈及俄罗斯人对北方通古斯人的影响，史禄国认为"俄罗斯人对通古斯人的直接影响发生在十七世纪初，在现在的叶尼塞州和后贝加尔俄国人首次同通古斯人相遇。尽管从十三世纪以来，蒙古人就已经同俄国人很熟悉，但只是在元朝失败一个世纪，俄国人侵入西伯利亚以后才到蒙古地区访问过他们几次。在十七世纪以后，俄国人有组织地向东扩张到通古斯领域。到中国让出黑龙江以后，俄罗斯人就直接影响到满洲地区的通古斯人"。②

从1689年《尼布楚条约》到1911年清朝与俄国在黑龙江齐齐哈尔签订最后一个不平等条约的200多年的外交史中，两国边界生活的民众也被卷入跌宕起伏的外交关系斡旋。据说哥萨克军队第一次进抵西伯利亚的贝加尔地区是联合了在吉林势力日趋增多的满洲人。因此东部和南部的西伯利亚部落与通古斯满洲人关系更为密切，而相对地对鲜为人知的来自西部荒蛮的哥萨克人而言却敬而远之，尽管他们当中的一部分人已开始向东迁徙。在满洲夺取中国之后，由他们开始着手治理混乱的满洲北部地区；哥萨克的先头部队被赶出中国后，中俄边境是以黑龙江的中心线为基础签订了边境条约。他们巩固边防的一项重要措施是从北满地区招募大批士兵派往巴尔虎戍边；然而该地区在中俄双方划定边界之前就有大批流民从西伯利亚迁入。这些招募来的士兵依照满洲军队的系统成为八旗。③ 这样的历史脉络也呈现在德力格尔扎布的口述中。他说，小时候从老人们相互谈论的话题中得知，在红花尔基的俄罗斯人，是吉萨将军时期从俄罗斯迁来的移民。吉萨将军带领军队驻扎在呼伦贝尔时，此地是荒无人烟的草地。清朝皇帝下令鄂温克、鄂伦春、达斡尔来此地边防，那时红花尔基地域就有俄罗斯人。后来清朝从中国赶出沙皇军队（哥萨克军队）。据说留在红花尔基的还有七八户，后繁衍至扩大到40—50户。诺门罕战争结束后，这些俄罗斯人跟随苏联红军一同回国。

---

① ［俄］史禄国：《北方通古斯的社会组织》，吴有刚、赵复兴、孟克译，内蒙古人民出版社1985年版，第132页。

② ［俄］史禄国：《北方通古斯的社会组织》，吴有刚、赵复兴、孟克译，内蒙古人民出版社1985年版，第133页。

③ ［丹麦］亨宁·哈士纶：《蒙古的人和神》，徐孝祥译，新疆人民出版社1999年版，第319—320页。

图 3-1

图 3-1 来自 2015 年 9 月剑桥大学第二批赠送内蒙古大学影视资料中出现埃塞尔·林格伦在 1931—1932 年满洲北部考察的图片，并在内蒙古大学民族博物馆进行"驯鹿守望星河：内蒙古和西伯利亚的鄂温克、鄂伦春历史图片展览"中出展。拍摄时间为 1932 年 3 月 15 日，地点在伊敏河。

图 3-1，同一张图片，在 2016 年 6 月 18 日内蒙古呼伦贝尔市鄂温克族自治旗鄂温克博物馆进行的"使过去记忆重现在当下"——《英国剑桥大学与鄂温克大地——穿越世纪的回归：20 世纪 30 年代埃塞尔·林格伦在索伦旗考察》影展中依次介绍："俄罗斯头人的家眷""前俄罗斯头人的鄂温克妻子帕德玛"和"前俄罗斯人的索伦家仆"。

20 世纪 30 年代留下的视觉图像与当下的后裔们的口述及文献相结合，可以重构近一个世纪索伦人与俄罗斯人的生活交往场景。影展中也解读"游猎、游牧生活方式即将让位于现代化，社会历史的力量将从根本上重塑包括内蒙古呼伦贝尔在内的整个东亚地区。1931—1932 年林格伦的考察就在日本对内蒙古和中国东北的侵略迫近之时"。[①] 以红花尔基为

---

① 2016 年 6 月 18 日在内蒙古呼伦贝尔市鄂温克族自治旗鄂温克博物馆进行的"使过去记忆重现在当下"——《英国剑桥大学与鄂温克大地——穿越世纪的回归 20 世纪 30 年代埃塞尔·林格伦在索伦旗考察》影像展介绍。

图 3-2（组图）

中心，族群间或婚姻或过继形式建立的友好往来被日本的所谓"东亚盟主"贪欲打破，上演了一场肆虐的资源争夺战。

在红花尔基地域，虽然有俄罗斯居民，但日本侵略呼伦贝尔后，把宪兵队派往伊敏①苏木，驻扎在红花尔基。此时伊敏河畔的鄂温克猎民相对集中在达格森乌里棱。1948 年再次重组达格森乌里棱。把散居其周围的猎、牧民集合起来建立新的村屯，这个村屯当时被称为"红花尔基巴嘎"。1958 年又改为"红花尔基生产队"。

1969 年呼伦贝尔大部分地区划归黑龙江省，直到 1979 年复归内蒙古

---

① 1932 年 6 月，日伪政府将呼伦贝尔的鄂温克人划归兴安北省，在鄂温克族聚居区设"索伦旗"，由日本参事官掌权，旗下分八个索木（区），有四个警察队，各设警长一人（多由参事官兼任）；每个索木都有警察严密监视着鄂温克人的行动。见吕光天《鄂温克族》，民族出版社 1983 年版，第 9 页。

自治区的10年间,① 红花尔基生产队东南的樟子松地带出现了伐木工人。刚开始三五个工人到20世纪60年代已增加到三十多户,此基础上20世纪70年代正式成立林场,也称之为红花尔基林场。伐木工人以林场为基地,到大葱山以南砍伐落叶松。为把木材运往南屯(如今的巴彦托海镇)或海拉尔,1976—1978年间在伊敏河渡口搭建头道桥、二道桥和三道桥。② 与此同时,外地移民到红花尔基生产队四季轮牧的冬营地开始养马。从此,原本叫作 EDDEGU AAL(依山而居的额格都古阿勒)和道兴嘎鄂伦春卓哈勒等地,慢慢地被外界统称为"大牛圈"了。③ 除"大牛圈",在现在的头道桥又建养马场,与"大牛圈"相比规模较小,因此叫"小牛圈"。之后大牛圈饲养业务集合到小牛圈,20世纪80年代后小牛圈也停止养马业,成为红花尔基林场的分支,改称"头道桥林场"。

过去的额格都古阿勒和鄂伦春卓哈勒统称到"大牛圈",乌勒额德勒格乌里棱迁至达格森乌里棱后统称为"红花尔基生产队",原乌勒额德勒格屯不远处建的"小牛圈"称之为"头道桥林场",成为红花尔基林场的分支。这一变化可以用以下结构图显示:

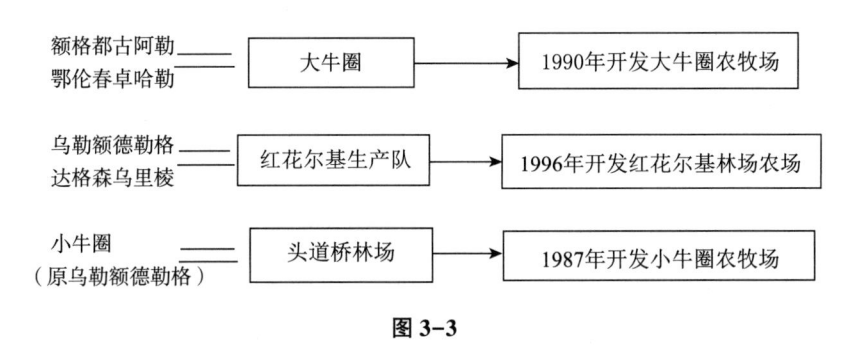

```
额格都古阿勒 ──┐
              ├─→ 大牛圈 ──────→ 1990年开发大牛圈农牧场
鄂伦春卓哈勒 ──┘

乌勒额德勒格 ──┐
              ├─→ 红花尔基生产队 ─→ 1996年开发红花尔基林场农场
达格森乌里棱 ──┘

小牛圈      ───→ 头道桥林场 ───→ 1987年开发小牛圈农牧场
(原乌勒额德勒格)
```

图 3-3

显然,清朝派遣驻防呼伦贝尔的索伦兵丁后裔,在伊敏河畔建立的三

---

① 日本溃败后,1945年呼伦贝尔建立自治省政府。1947年内蒙古自治区成立时,呼伦贝尔地区分属呼伦贝尔、纳文慕仁、兴安3个盟。1950年呼伦贝尔、纳文慕仁合并为呼纳盟。1953年兴安盟并入,并改称呼伦贝尔盟。1969年呼盟的大部分划归黑龙江省,1979年复归内蒙古自治区,并恢复原建制。

② 来源于2017年11月13日、15日、17日德力格尔扎布的口述。

③ 位于吉登嘎查东南的大牛圈离额格都古阿勒10—20里地、离道兴嘎鄂伦春卓哈勒20—30里地,都在吉登嘎查行政区域范围。

个村屯，到 20 世纪 70 年代末 80 年代初，整个地域空间发生了前所未有的变化。1981 年红花尔基生产队分成红花尔基和猎民队两个生产队，1983 年猎民队正式命名"吉登嘎查"，而母体红花尔基生产队 1984 年也改称为"红花尔基嘎查"。

与"元站"民族的重组、分化，各自形成独立行政村的演变相比，地理位置上处于猎民村西北的红花尔基地域经由 18 世纪俄罗斯人，20 世纪 30 年代日本人，20 世纪 70 年代伐木工人，逐渐演变成移民流动区。依托红花尔基林场，1985 年正式设立红花尔基镇，红花尔基林场属下的头道桥居民被包括在镇的行政管辖区域内，正式命名"头道桥"村。与此同时，20 世纪 80 年代养马业的退出使小牛圈头道桥林场在 1987 年率先开荒种地，1990 年以当地一名教师为法人代表开发的大牛圈农牧场牵头的 4 个农场，特别是 1996 年红花尔基林场和红花尔基政府参与开发的农场，已奠定了这片地域的猎民队、林场、农场三足鼎立格局。

对"有广阔的草牧场和丰富的水利资源"的区域，"麦地"老板争先恐后的参与开垦，其数量和速度超越了历史上任何时期（见表 3-1）。1996 年国家推行"天然林保护工程"之前的伐木工人成功转型为护林员，而曾经上山打猎兼护林员的猎民，则被收缴猎枪，被转换为"牧民"，历经了一场惊心动魄的"现代性（通过）仪式"。

表 3-1　吉登嘎查部分农场土地租用面积及土地租用费概算表

农场名称	承包日期（年）	承包面积（万亩）	每亩单价（元）	承包年数	应交租用费总额（万元）
小牛圈农场	1987—2003	0.8	19	16	273.6
（李丽）凤顺农场	1990—2004	0.4	19	15	114.0
刘义正农场	1990—2004	0.5	19	15	142.5
兰岭农场	1990—2004	0.5	19	15	142.5
大牛圈农场	1990—2004	2.0	19	15	570.0
扶贫农场	1992—2004	1.2	19	13	296.4
伊特达巴干农场（该地另有两个农场未算）	1992—2004	0.5	19	12	114.0
康军农场	1994—2004	0.6	19	10	114.0
大牙克石农场	1993—2004	1.0	19	12	228.0

续表

农场名称	承包日期（年）	承包面积（万亩）	每亩单价（元）	承包年数	应交租用费总额（万元）
亚麻农场	1996—2004	2.0	19	9	342.0
红花尔基林场农场	1996—2004	1.5	19	9	256.5
猎民子女农场	1996—2004	0.8	19	9	136.8
乌宝胜农场	1996—2004	3.0	19	9	513.0
上海农场	1996—2004	1.0	19	9	171.0
红花尔基政府农场	1996—2004	1.0	19	9	171.0
上海农场	1996—2004	1.0	19	9	171.0
周二农场	1997—2004	0.4	19	8	60.8
八岭农场	1997—2004	1.5	19	8	228.0
孟作农场	1998—2004	0.25	19	7	33.2
阿木基太农场	1998—2004	1.0	19	7	133.0
鄂温克协会农场	1998—2004	0.2（后改写为0.5）	19	7	26.6
草帽山农场	1999—2004	0.7	19	6	79.8
合计		21.85			4317.7

表 3-1 是"吉登嘎查部分农场土地租用面积及土地租用费概算表"，由吉登嘎查牧民提供。

"通过仪式（或转换仪式）"由阿诺德·范·根纳普[①]提出。他认为的"通过仪式"，主要是指那些与人生的转折点有关的仪式，即个人或社会从一种状况到另一种状况的转换过程。阿诺德·范·根纳普将"通过仪式"分为三个主要过程：分离仪式，即与原有的关系脱离和隔绝的阶段；过渡仪式，即从一种状态进入另一种状态的中间阶段或曰等待阶段；整合仪式，即与新的社会关系结合为一体的阶段。这三个阶段在各种人生礼仪中并不是均等分配的，不同的仪式所突出强调的过程有所不同，并且"通过仪式"的模式不仅体现在人生礼仪当中，也表现在自然的和社会的过程中。[②] 人类学家刘绍华在其著作中以隐喻方式解读诺苏年轻人为了

---

① [法] Arnold van Gennep，也译作阿诺德·范·杰内普 或阿诺尔德·范热内普。
② 见李鹏程主编《当代西方文化研究新词典》，吉林人民出版社 2003 年版，第 301 页。

图 3-4

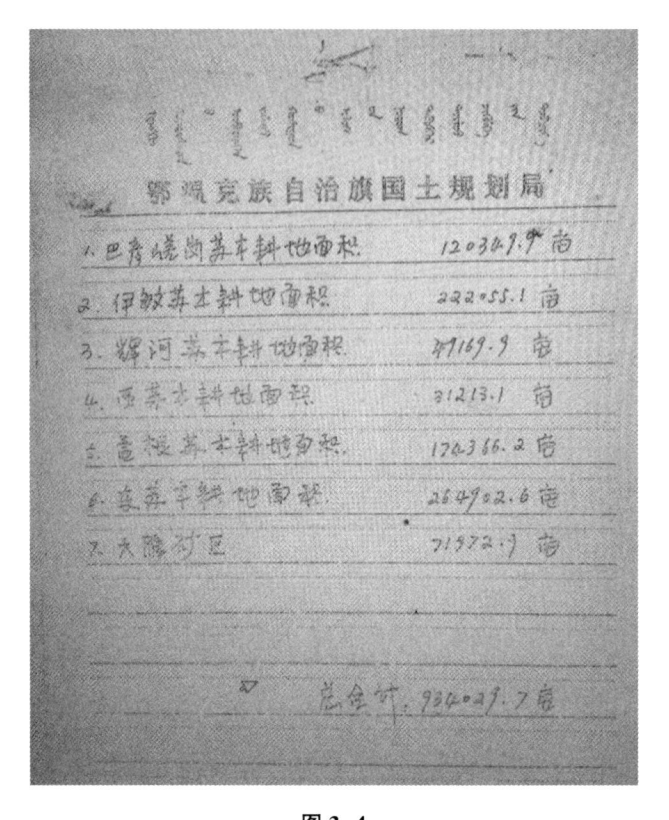

注：图 3-4 的资料由吉登嘎查牧民提供

"到城里耍一耍"，寻求各种机会而流动到都市，再转回凉山之路视作现代性"成年礼"，即现代性"通过仪式"。她依据通过仪式的概念，分析个体在不同生命阶段与社会的关联与转变。所有的通过仪式都包含三个阶段，即分离、过渡与整合。以传统社会中常见的"成年礼"这种仪式为例，当孩童行将跨入成年时，透过制度化的仪式让他们离开原本的结构位置，也因而暂时脱离既有的价值规范或行为情绪，最后象征性地道引参与者进入另一个新的阶段，完成跨越仪式。①

通观猎民村社会从传统结构中分离、过渡到社会主义再整合到资本为带动的市场经济大潮流中，从林场、农场赎回土地的抗争，经过被公安机

---

① 刘绍华：《我的凉山兄弟——毒品、艾滋与流动青年》，台湾群学出版社 2013 年版，第 88—89 页。

关拘捕、判刑甚至是通过生死场景的"现代性仪式",转换成"特色民族"(原村主任的自我定位)可视作从孩童跨入成年期的"跨越仪式"。

回顾早期猎民成长的社会根基,其家族、氏族长辈的监督之下完成人生的少年期、壮年期转折迈入老年行列。虽然三个阶段的成年礼无须通过有形的仪式,但以约定俗成的社会惯习塑造成极强生存力的、技术精湛的猎民。如男性15岁之前是无条件服从年长者,甚至父母的名字都不能从牙缝中透露,直到25岁在长者面前不能自由评论,诸事都要小心翼翼。经过严酷的狩猎训练,25岁后步入独立狩猎行列的猎民,最终达到与年长者共事阶段。受此期间积蓄的抑制情绪影响,形成叛逆而刚毅甚至相应的极端粗暴性格。①

猎民个体生命的成年礼,隐喻猎民村现代性转变过程。因为"通过仪式所隐含的个体与社会的结构性关系与阶段性转变,存在于所有现代性社会中"。② 猎民村在短短半个世纪,经历了三种社会生活形态,第一,1958年之前以氏族为基础的传统社会结构;第二,1958—1978年左右是社会主义集体公社时期;第三,1978年之后逐渐步入市场为导向的改革开放时期。总括三个步骤的过程,从传统社会结构"分离",再过渡到社会主义市场经济,他们以摒弃"原始的、落后的氏族社会"③ 特征来加入社会主义大家庭。

1978年开始的改革,虽说"传统的和社会主义的社会安全网都已撤销……但新一代的生活却也面临高度的不确定"。④ 1981年建立行政独立村,猎民执念从大自然、森林中获取自己所需要的东西。就像"精神分裂者"哈赫尔氏描述的那样,抱着"我们(打猎)只打自己需要的……老猎民啊,什么都不要,我们什么都不要"的单纯想法,但无法阻挡即将到来的社会变迁大洪流。

---

① [日]浅川四郎:『興安嶺の王者——オロチョンへの理解』、満州事情案内所刊、康德八年十一月。第46—47页。

② 是人类学家维克多·特纳(Victor Turner)的分析。转引自刘绍华《我的凉山兄弟——毒品、艾滋与流动青年》,台湾群学出版社2013年版,第89页。

③ 参考秋浦等著的《鄂温克人的原始社会形态》(中华书局1962年版)和吕光天的《北方民族原始社会形态研究》(宁夏人民出版社1981年版)中的表述。

④ 刘绍华:《我的凉山兄弟——毒品、艾滋与流动青年》,台湾群学出版社2013年版,第24页。

1998年被收回猎枪，别说当时市场经济是什么，就连收枪是国家政策之事也是后知后觉。如果说猎民从1981年拿到猎枪至1998年被收回，这期间他们也意识到林场及农场人员在增多，但作为猎民依靠"一家一匹马、一人一杆枪"，只要枪、马和森林在他们也无须在乎和关照这些外来者。而外来者看来，不仅日常生活行为不符合逻辑，猎民对生存与自然、生活与物质取舍之态度上更是不可理喻。比如，那些年每当过年过节时政府为了表示对猎民的关照，送去食粮、米面等生活需品，而肉食为主的猎民有时难免不太领情。这种行为做法，给外来者留下"猎民太懒惰，送到门口的米面都懒得拿回屋"的印象。[1]

1998年当猎枪收回，护林员身份也不复存在，与原先他们认为的所有走过的延绵山脉、森林甚至天空和水草等属于他们的猎场被断然分离，面临的是：林区的设定与盗猎者和开垦者毁坏猎场，使他们心中涌现祖辈土地、草场被剥夺感。于是，措手不及的他们铤而走险，一边抗争一边卷入政府杠杆的土地流转市场潮流。

首先，猎民自行组成上访队。上访队主要由6位猎人妈妈4位猎人带领，目的是追究其流失的嘎查集体土地去向以及从农场主手中依法收回侵占的所有土地和财务管理权。上访的第一步也是从1990年以扶贫名誉开发的"大牛圈"农场合同到期时间开始。村民们一致认同开发此农场的当地教师，以土地换来吉登嘎查的现代化——建造32户砖房（第一批）的行为没有错，错就错在不懂经营农业，被合伙人骗钱骗地，甚至被冤枉坐牢。但是毫无疑问，就是这一步启发了吉登嘎查人用土地换取资本的意识及行动，也象征猎民村个体抑制的情绪与社会的结构性关系的阶段性转变，即现代性仪式：过渡、通关的开启。

过渡仪式从2005年开始。第一阶段主要是上访为主，理由是：

1. 我们祖祖辈辈在这片土地上狩猎为生，1998年遵照国家相关政策和法律法规无条件地把唯一维持生活的生产工具——猎枪交给政府后，土地和草场便成为我们赖以生存的命根子。现正处于从狩猎生活向游牧生活过渡时期。经济基础薄弱、牧业生产工具滞后，部分猎民（牧民）仍处于极度贫困状态，无任何收入来源，单靠采集业和贷款维持生活。

---

[1] 2006年7月在鄂温克族自治旗巴彦托海镇调查时，一位朋友表述的猎民生活印象。

2. 嘎查位于邮、电、路不通的偏远山林带，很难与外界联系。全嘎查可利用草场面积为 30 多万亩，被 20 多个农场侵占开垦种植亚麻、小麦、油菜等 20 多万亩，留给我们的草场仅有 1.6 万亩，余下的山河林地间，无法利用，大部分都是草质不好、打草放牧都不便的草场。

3. 农场开发地均是本嘎查集体所有土地，自 1997—2004 年至今建立 20 多个农场，但据鄂温克旗国土规划局"全旗农业用地租赁合同情况表"显示，在本（吉登）嘎查内实际只有 9 个农场，其他余下的 10 多个农场未显示。

4. 吉登嘎查村民委员会、牧民代表和村民半数以上成员决定依法收回丰顺农场、亚麻农场、小牛圈农场等 22 个农场（表 3-1）的经营和使用权，强烈要求伊敏苏木政府立即依法还嘎查财务管理权、土地经营管理权和一切经济损失。

根据以上上访，2005 年 10 月 30 日苏木人民政府出台《关于嘎查 3.2 万亩退耕地划分给牧户的实施方案》，指出嘎查现有牧户 50 户，人口 169 人，是本苏木唯一的由猎转牧嘎查。根据嘎查具体情况，确定了归还的 3.2 万亩农业用地按"人八畜二"的分配方案进行。嘎查人口以苏木派出所登记的现有户籍人口为基础，有特殊情况的：姑娘出嫁到另外的嘎查或苏木，户籍仍未迁出的；从别的嘎查或苏木嫁入本嘎查，但户籍仍未迁入的；嘎查牧民因外出学习、打工的需要，而将户籍迁出的情况，召开牧民大会解决。牲畜头数按 2004 年牧业年度普查为准。在人口、牲畜头数确定后，按比例划分草场，在没有异议的情况下，到旗草原管理部门给嘎查牧民办理草场使用证等手续。对于划分后已归牧民所有，但合同仍未到期，仍在种植的农场，在剩余的合同期内每亩每年 10 元的标准补偿牧民。

旗政府依据苏木政府出台的最初方案，2005 年 11 月调查并核实之后确定了决定性方案：

1. 针对嘎查草场不够用，要求退耕还牧问题，决定对 4 个农场总计 31590 亩耕地退耕还牧，并参照 1996 年全旗草牧场"双权一制"落实方案，按照现有人口及牲畜头数来确定"人八畜二"的分配方案，分配给嘎查牧民，并且将 31590 亩耕地分成 17 个部分，让现有的嘎查居民以抽签排出的先后顺序划分草场。另外经苏木党委、政府研究决定，自 2005

年起连续3年，从嘎查收入中每年每户支付5000元，为嘎查牧民购买牲畜，发展牧业生产，提高牧民生活水平。

2. 嘎查村务、账务不公开问题方面，苏木党委政府，旗经营管理站人员打出两份明细表在牧民大会上公开并进行详细解释。

3. 对亚麻场破坏草场问题，恒缘亚麻厂亚麻种植基地项目是本旗招商引资项目，面积2万亩，种植亚麻为有机亚麻，不是普通的大亚麻，对草原的破坏性小，并且该企业在种植时采取了间隔种植的方法，最大限度地减少了对草原的破坏。目前，该地区及周边的牧草长势良好，没有受到种植亚麻的影响。

从信访到相应政策的出台，农场开发的3.2万亩地，归还猎民并按"人八畜二"的分配方案，从2005年起连续3年从农场收取租金，打入嘎查账户，嘎查再分给每户年5000元租金。但猎民要求公开村务和嘎查账务以及跟亚麻厂的纠纷仍未实际性解决。

2005年12月31日，嘎查牧民对信访问题调查核实及处理情况不服，又提出以下要求：（1）退还嘎查土地方面不服。嘎查牧民上访要求的是退还被强行侵占多年的20多万亩耕地（20多个农场）而不是仅31590亩耕地。（2）罢免村主任职务及嘎查村务、财务不公开问题上没有给出满意的答复。（3）认为"人八畜二"分配方案不合理。若按牲畜头畜来分配，少数多畜的富户占多数土地面积，那么嘎查半数以上无畜贫困户获得利益就少，这样一来，一时很难解决全嘎查贫困问题。所以，按嘎查贫困实际情况，要求多给贫困户分配土地，以便使嘎查半数以上牧民早日脱贫致富达小康。（4）有关亚麻厂种植基地破坏草场问题，无论有机亚麻还是普通亚麻都破坏草场和土地。强烈要求旗政府立即停止对牧民的侵害和撤回所谓"招商"来的亚麻公司，给我们牧民创造一个和谐、稳定的生活环境。

应对以上提出的议题，2006年3月旗人民政府旗长办公室会议决定，涉及嘎查5户农场3.2万亩宜农土地继续让农户种植3年，2008年末各农场无条件全部退耕。土地租赁费每年30元/亩（不包括旗国土资源部门收取的每年1元/亩的管理费）。（从跟踪调查3年得知，到2014年此租赁费已调价到每亩40元，从2015年开始每亩租金上涨到60元。）

依据旗人民政府旗长办公室会议精神，2006年4月2日苏木人民政府又出台《关于将吉登嘎查 3.2 万亩农业用地土地租金全部无偿支付给嘎查牧民的决定》：根据自治区及市政府退耕还林还草的政策，拟在 2006 年将嘎查 5 户农场，共计 3.2 万亩的农业用地退耕还草并划分给嘎查牧民，但在考虑到吉登嘎查是少数民族嘎查，并是由猎民转为牧民的嘎查，从事牧业生产有难度，同时考虑到嘎查贫困面较大，现有贫困户较多的情况。为了更好地帮助嘎查牧民脱贫致富、发展生产，依据旗人民政府的旗长办公会议精神，涉及嘎查 5 户农场 3.2 万亩宜农土地继续让农户种植 3 年，2008 年末各农场无条件全部退耕。嘎查牧民在此期间享有土地的收益权既获得土地租金的权利。2006 年至 2008 年 3 年时间内，3.2 万亩农业用地的土地租金全部归还嘎查牧民所有，用于发展生产。2008 年底退耕后嘎查牧民完全享有该土地的使用权。

至此，1990 年当地教师为猎民脱贫目的开发的大牛圈农牧场到 2006 年，3.2 万亩归还给猎民，让他们变相地被成为吃地租的"特色民族"，把猎民架空于象征资本之中，并在贫困名义下，"帮助猎民脱贫致富"的"招商引资"成为（经济）资本增殖的一种手段。就像布迪厄所言，"最神圣的活动，一旦用毫不含糊的货币利润标准来衡量，就以否定方式获得了象征性，也就是说，从'象征性'一词往往具有的意义上讲，这些活动没有了具体的和物质的作用，简单说，它们是无偿的，亦即非功利的，也是无用的"。① 这种象征资本在市场中的用处不言而喻。特别是享有民族区域自治权的自治旗，运用这种象征资本"即使两手空空离去也有本事带着整个市场再来"的人，"即使不带货币，单凭他们的脸、他们的名字、他们的名声也能上市场交易"，② 因此名义上的土地主人——猎民上访想拼命赎回失去的土地时，第三个集团出来保护其受益的卖主，即"合法的"所有人。

因上访未得到满意答复，猎民在春播期间与邻村小牛圈农场发生矛盾和冲突，旗公安局出动制止猎民。2006 年 5 月 9—18 日期间上访的两位"猎人妈妈"，被公安机关以"非法扣押小牛圈农场两台播种机其家中，致使农场无法正常耕种，影响了农场的正常的生产"为由，行政拘留 10

---

① ［法国］皮埃尔·布迪厄：《实践感》，蒋梓骅译，译林出版社 2012 年版，第 169 页。
② ［法国］皮埃尔·布迪厄：《实践感》，蒋梓骅译，译林出版社 2012 年版，第 171 页。

天，其儿子同样也被行政拘留近 10 天。

这一年夏天，猎民与农场、政府的纠纷继续深化的同时，邻村的牧民也趁机要求苏木领导获准割让一块猎民嘎查集体草场，使与一直在集体草场放牧的吉登嘎查猎民发生冲突，看到此景的一位老猎民气急败坏，心脏病复发当场身亡。

这一系列事情的发生，不无说明猎民村社会结构转型时期的现实状况。建立在经济至上的"跨越仪式"，使原本有经济资本潜力的猎民跨入经济利益为先的现代社会，在价值的循环流通过程中因不对称力量的较量反而转换为象征资本。这里虽然出现布迪厄所说的"经济资本和象征资本纠缠在一起，难以分开"①的局面，但这一转换建立于经济之上时，象征成分和利润成分已相背离，"猎民"（名誉）成为象征资本，而法定担保人则"可在天然资源丰厚而贫困的猎民区"不花一分钱就能做成一笔生意。后续我们在猎民村看到的无论是"猎民"为主题开展的文化旅游，还是保存猎民文化为由在原本自然村重建的"撮罗子"以及计划建立"猎民博物馆"，都在展示象征资本——"猎民"所带来的未来市场资本潜能。

2006 年猎民村迎来新一轮民主推选产生的村委会及村主任。然而，已被经济至上主义洗礼的猎民，随着贫富差距的拉大而引发的内部矛盾，又缺乏足够的教育训练，后续 10 年间又陷入现代社会的旋涡。

第二节　现代社会陷阱

调查的第一天在村口通道偶遇被村民称之为"精神分裂者"哈赫尔氏，酒气冲天地以"考官"身份审问我们的来历，最终以行为允诺可以进村的那一幕，使笔者感同身受以往在这个村落停留的外来者——观光、旅行或研学者——对猎民的"酗酒常态"的惊讶与不解。

随着访谈的深入，发现猎民喜好酒成为"常态"以及"酒"与"猎民"、酒的功能与交易，对于猎民每个时期的经济与道德面向有其千丝万缕的联系。特别是猎民村"现代性跨越仪式"过程中，酒的"外交功能"

---

① ［法］皮埃尔·布迪厄：《实践感》，蒋梓骅译，译林出版社 2012 年版，第 171—172 页。

尽现独特功效。

　　有关"酒"与"猎民"、"猎民为什么喜好饮酒？"这一议题，翻开文献不难发现，20世纪初异域学者对猎民生活的调查中描述："居住于山上的猎民喜欢喝酒，他们着迷于夏天的马奶酒，其他的无论是高级或低劣的酒，总之，只要带有'酒'的东西都喜欢。即使是冬天零下四十摄氏度、五十摄氏度的寒冷，或者夏天，令人兴奋的酒成为他们度过单调生活的最大乐趣之事并非感到奇怪。"① 这种情境无论是过去还是放下猎枪之后的近20年的猎民生活中都出现过。哈赫尔氏谈笑风生地回忆"冬天打猎时老冷，我跟着大人喝酒"的经历印证了这一事实。而随着猎物的日益稀少猎民没有打到猎物或打漏猎物或是因为同侪压力②等原因，寻求一种抚慰而喝闷酒的事例，反映了早期猎民接触酒和鸦片时期经济与道德面向问题。

　　猎民从带有好客和赠予的"原始虚荣心"③出发，与商人接触获取酒和日用品时，已打破猎人无数世纪以来从自然中获取食物的单向局面。但"商人"和"朋友"等同概念占据他们理念，特别是世纪长河中物与物的交换模式奠定他们"不考虑付出的猎物和所得物品在价值上是否相当，只要求取得自己所需要的东西"。没有"等价交易"、缺乏"价值概念"的交换模式，被学界一直称作"最原始形式"④的交易。这种"交易"一开始就注定了猎民自身价值与地位不相等的趋势或走向。

　　昔日的他们面对严酷的自然环境，练就了人马一体、百发百中的精湛技术，他们翻山越岭征战奔走，在捍卫家庭、氏族，抵御外敌侵略、获取猎物等行动中展现出战斗本领与耐力，被标榜为"兴安岭的王者"。⑤

　　然而以贸易往来打开猎民自给自足的自然经济，把商人当作"朋友""义兄弟"来款待的仁义之情，不仅迎来与氏族社会不同的生存挑战，而

---

① ［日］浅川四郎：『興安嶺の王者——オロチョンへの理解』，满州事情案内所刊，康德八年十二月十日六版发行，第20页。
② 刘绍华：《我的凉山兄弟——毒品、爱滋与流动青年》，台湾群学出版社2013年版，第37页。
③ ［日］浅川四郎：『興安嶺の王者——オロチョンへの理解』，满州事情案内所刊，康德八年十二月十日六版发行，第73页。
④ 秋浦等著：《鄂温克人的原始社会形态》，中华书局1962年版，第41页。
⑤ ［日］浅川四郎：『興安嶺の王者——オロチョンへの理解』，满州事情案内所刊，康德八年十二月十日六版发行。

且引来杀身之祸的案例屡见不鲜。如 20 世纪 20 年代左右，在黑龙江与乌苏里江汇合口东岸的哈巴罗夫斯克城，[①] 波兰地质学家在俄罗斯僧人的带领下来到离僧院东三十里地的森林深处的一户猎民家，看到主人在撮罗子门口背对着他们蹲坐，打招呼也不回应，走近一看才发现早已被人杀害。众人难以相信眼前一幕，转向从撮罗子的缝隙窥视里边的情境：满地尸体，有男有女，已熄灭的炉灶旁还有褥褓中的婴儿尸体。俄罗斯僧人从撮罗子主人饮用的酒及酒器的特征来断定，这一户猎民是被俄罗斯商人灌醉酒之后杀害。这位俄罗斯僧人介绍，这一户人家是为了狩猎冬天的黑貂而早秋来到河边。这些猎民以老实、勤劳和善良而著称，可是俄罗斯商人没有把猎民当人对待，他们以低劣的酒来引诱、灌醉猎民，攫夺其极珍贵的毛皮，甚至残害其人。这是游猎民以物换物所经历的遭遇。

比起削弱人的良心、意志及其体力的毒物——酒，更有魔力的鸦片的出现，使猎民的生活雪上加霜。当时掺夹在满、蒙、俄人等各路商贩中的边陲猎民，成为 20 世纪上半叶销售酒和鸦片队伍的"忠实客户"。有报道，随着清朝 1906 年开始严禁鸦片，鸦片越是难以得手，价格越是不适当地往上涨。而猎民们一闻到鸦片味儿就像中了邪似的很容易成为吸血鬼们的诱饵。有案例则说，当时也就一两三十元的鸦片，被商贩以三百元价钱卖给猎民，而从猎民手中攫取珍贵的鹿角。这一鹿角对他们来说数年间难得的稀罕之物。更不能容忍的是成为猎民家族成员之一的马也逐渐也被酒、鸦片商贩夺去。如伪满洲时期兴安东、北省的猎民在昭和十年（1935）左右一人平均拥有六匹马，而到昭和十四年末（1939）人均仅剩一匹马。上瘾鸦片的猎民被山中出入的满、蒙人唆使，掏空牛马，豁出性命也赶往遥远的苏联领域。有人永远未能回来，也有人一次性拿三十头牛，以一头三元价钱卖给白俄罗斯人的案例。用一匹马交换二三两鸦片，这些商贩暗则成（间接的）杀人犯。[②]

当时通过"交易"侵入猎民传统社会的这些劣酒、鸦片，被披上

[①] ［日］浅川四郎：『興安嶺の王者——オロチョンへの理解』，満州事情案内所刊，康德八年十二月十日六版发行，第 7—11 頁。

[②] ［日］浅川四郎：『興安嶺の王者——オロチョンへの理解』，満州事情案内所刊，康德八年十二月十日六版发行，第 21—22 頁。

"福寿膏"① 的华丽外表，变成日本侵占中国东北而控制猎民的一种道具。对此，日本学者中生胜美不隐讳地揭开此面目，批评其"让持有精湛射猎技术的猎民，为其侵略战争服务，日本军用鸦片控制猎民的中枢神经。而身心侵入鸦片毒害的猎民任其日本人的摆布，做起他们派往苏联的谍报工作"。②把此案例放到历史的脉络中观察，可以透视这样的"道具"其解构了之前诚信为基础的鄂温克氏族社会为人处世、风尚习惯、道德准则等一切秩序，对此西方学者曾忏悔、检讨造成这些悲剧是"我等文明人的罪"③。

然而单从负面探讨酒和鸦片对猎民社会带来的影响过于简化。有学者指出，鸦片作为一种曾经通行全球的商品，已经历过不同阶段的道德转变，但早期的鸦片研究却经常忽略其对于社会文化的多面影响。④第一，酒和鸦片对穿梭于森林深处的猎民起到防寒、壮胆作用，特别是发热、头痛、腹痛难忍及其他的刀伤、挫伤等场合，鸦片作为消除痛苦的一种药，实则充当了当时的医生。⑤第二，探讨20世纪猎民现代性议题，借助人类学家刘绍华对诺苏社会转型时期的分析，即同时考量社会主义与市场资本这两种不同的发展驱力和轨迹⑥的观点，笔者也强调猎民与社会主义市场资本的互动以及出现的现代社会特征，即"不完整的自我"越来越与他人、世界网络及社会制度产生密切的关系。在这样的情况下，个人无法按自己的意志来决定或形塑个人生活，如此伴随着与日俱增的个体化而来的所谓自由，即变得不稳定。在追求各式机会的同时，也难逃风险。⑦由

---

① ［日］坂本龍彦：『されど故郷忘れしがたく—オロチョン族と生きる日本人・岩間典夫』，大日本印刷株式会社，一九八八年五月十二日第一刷発行，第46页。

② ［日］中生勝美：『〈証言〉オロチョン族をアヘン漬けにした日本軍——「満州国」少数民族宣撫工作の裏面』，『世界』2005年5月号，第674号，第195页。

③ ［日］浅川四郎：『興安嶺の王者——オロチョンへの理解』，満州事情案内所刊、康徳八年十二月十日六版発行，第21页。

④ 刘绍华：《我的凉山兄弟——毒品、艾滋与流动青年》，台湾群学出版社2013年版，第107页。

⑤ ［日］浅川四郎：『興安嶺の王者——オロチョンへの理解』，満州事情案内所刊、康徳八年十二月十日六版発行，第21页。

⑥ 刘绍华：《我的凉山兄弟——毒品、艾滋与流动青年》，台湾群学出版社2013年版，第31页。

⑦ 刘绍华：《我的凉山兄弟——毒品、艾滋与流动青年》，台湾群学出版社2013年版，第38页。

此参与到这一行列的猎民并非仅仅是制度运行中无辜的"受害者",也是积极的行动者,能够从猎民喝酒与酒的功能一体两面中窥见。

在"现代性跨越仪式"之前,随着新中国的诞生,用国家调控治理根除了鸦片——这一实物在猎民区遗留痕迹。但是酒在时空变迁中对20世纪猎民带来的影响尽显其现代社会特色。

这一过程从猎民村一部分人的上访开始。特别提及的是带领猎民村开启上访之路的一位高中学历的"猎人妈妈"事迹。她用蒙古文就读高中,同比那个时代的人,是为数不多的高才生之一。笔者对猎民村3年之久的调查中发现,1981年建立独立行政村时,除了少数家族父辈掌握满、蒙、俄文之外,其余人的文化程度不高。例如20世纪40年代出生的第一任队长沙老,他的父母为让他学习医学,过继给村里最有名望的一位蒙医专家,"手工工作坊"式培育的养子当上第一任村主任。从1985—1987年担任第二届村主任的敖其尔(化名)是伪满时期伊敏苏木中心小学教师,对满、蒙文精通。然而1987年之后的20年,前后6位村主任履职期间(4位是小学毕业、两位是初中学历),猎民村20多万亩集体草场被市场经济洪流转换开发农场,最终留给猎民的土地面积10万亩,其中,打草场面积6万亩,人工草场2万亩。[①] 2万亩人工草场也由旗草原监督站管理种草,实则剩下的6万亩草场,在人畜逐年增加的猎民村来说已是杯水车薪,激发了内外矛盾。

被村民羡慕地称为村中"大学生"的"猎人妈妈"狠心抛下当年最大十五六岁、最小八九岁的四个孩子和病重的猎人丈夫,带领半个村庄的猎民及后代,决定对祖辈土地的去向进行刨根问底的征程。

首先从1998年开始一边上访一边与开发商——农场主交涉。每当问农场主为什么开垦她们的草场,并想阻止他们播种时,农场主拿出来有效的法律合同书,让猎民们非常不解。经过近10年的抗争、冲突和政府对上访问题的解决,让她们终于明白,不仅是外界人还包括自己村庄有权势的人员,把深居在森林、交通不便利的猎民视为"地窖烂菜"和"酒鬼",致使她们错过了政府给予的两次机会。

第一次是1998年猎民放下猎枪时(1997—1998年间),时任旗长亲

---

① 来源于伊敏苏木成立66周年(1948—2014)的宣传册。

自签署划拨给猎民村1万亩土地种田，说好以每年交付猎民村10万元租金，连续3年交付为30万元。当时听了这个特大喜讯，她们觉得旗政府领导都下达命令了，应该很快兑现。可翘首企盼两年还是未得到具体消息，她们找村主任问起原因。时任村主任的答复是，旗里来通知，第一年让猎民选择是先要东风大车还是要高产牛。经过村民大会讨论，大多数猎民在高产牛项目上摁了手印。但是未经过培训的猎民，不懂如何饲养高产牛。过一段时间猎民又问村主任，高产牛项目为何迟迟不下来，村主任说：高产牛已放到辉苏木乌兰宝力格嘎查（游牧鄂温克社区示范基地），从乌兰宝力格嘎查拉到猎民队需要大卡车及运费，如果猎民集资运费可以运到猎民队。于是又等了3年，最终这件事在等待中不了了之。当时"猎人妈妈"知道有一份从上面发来的文件，按程序先送到时任村党支部书记手中，但是时任书记不识字，把文件转给村主任。"猎人妈妈"两次去村主任家想看看这份文件，每次遇到村主任不在家，村主任夫人及母亲出面接待"猎人妈妈"。后来几经周折在旗国土资源局找到尘封多年的文件原件，但为时已晚，此时的猎民村早已迈进现代化市场旋涡。

第二次机会是，未得到旗长审批的土地，也未能经营高产牛，猎民们继续上访，时而也与农场主发生冲突之际，2003年换届上任新旗长，面对这些历史的纠葛，动用联合调查组，包括内蒙古电视台的记者来猎民村实地调研。同年9月旗政府下达解决方案，此文件通过邮局送达红花尔基镇，当时在红花尔基邮局工作的一位职员把这份文件交给自己的父亲，希望急速送到猎民手中。这位父亲一看信封上的邮寄地址就明白是旗政府下达的重要文件，并慎重考虑后转交给当年在红花尔基镇从教的原猎民呼群（化名）妻子，叮嘱他们千万不要送到时任村主任手中。因为失去第一次机会的村民对时任村主任有了介意，村民觉得还是另选嘎查达（村主任）有助于猎民切身利益。从2000—2006年的最关键的6年间推选出本民族村主任。这位村主任仅有小学文化，但在猎民心中是位老实憨厚、办实事的猎民后裔，猎民们自然把希望寄托于他。结果令村民失望的是，这位村主任上任短短3年与外界交涉，每次"酒席"之后签字的合同使猎民村失去大量的集体草场。于是2003年最先接收旗政府文件的人，设法绕过这位"酒后签字"的村主任，直接送到原猎民呼群家里，并让当教师的呼群妻子把文件内容逐字逐句讲给在场的猎民。对旗政府下达的这份重要的文件内容"猎人妈妈"至今都记忆犹新。第一,不要与"大牛圈扶贫农场"和"红花尔基林场农场"发生任何的矛盾。第二,划拨六七个农场,准许猎民从这些农场收取每年以一亩为19元价钱的租金。

文化程度均停留在小学二三年级水准的猎民得知文件大概内容之后,对往下如何交涉和实施未能做出具体操作方案。此时这份文件也辗转到猎民村党支部书记、团支部书记等领导,最终还是落在了"酒后签字"的嘎查达手中。别说汉文,连字母都看不懂的这位村主任,把这份文件依然交给全村唯一懂汉文的前任村主任。当时"猎人妈妈"提议复印或目睹此文件时,猎民呼群不屑一顾地说:"你一个管妇联的主任,领导们的事跟你毫无关系,你也解决不了什么。"后来这份文件也梦幻般地消失了。

事后"猎人妈妈"很是不解,再次去找批示此文件的旗长,时任旗长非常愤怒地拉出抽屉讲:"我是否把你们的土地藏在抽屉里了?已经把土地还给你们了,权力也移交给你们了,价位也给你们定了,为何还是追究不完的土地之事?"说得"猎人妈妈"哑口无言。就这样两任旗长赋予的两次极好的机会与我们擦肩而过。①

究其原因,"猎人妈妈"首先检讨自己文化水平不高,没能把握住应有的机会。"猎人妈妈"的这一句也让笔者想起猎民上访时帮助他们撰写文字材料的一位鄂温克族知识分子的感言:"一定让下一代读先进的汉文,不然去商店买东西都靠别人了。"

"猎人妈妈"检讨的第二件事情是2005—2006年间为争取前任旗长划拨的1万亩土地与农场主发生冲突之事。当年跟随旗长去猎民队考察的一位公职人员透露,他们与农场主交涉中,农场主拿出与猎民嘎查签好的有效法律合同书以及已交付的租金。"猎人妈妈"问这笔租金交给了猎民村的哪一位时,这位公职人员留话:"这些问题回去问你们自己人吧。"当时只有部分领导知道嘎查有权处理集体土地②之事,"猎人妈妈"为首的多数猎民根本不知村主任有权出租这些土地,因而每次的矛盾都指向农

---

① 来源于2016年2月27日两位"猎人妈妈"的口述。
② 庆祝伊敏苏木成立66周年(1948—2014)的宣传册"新特区建设"介绍内容中苏木政府强调,针对毕鲁图、吉登2个集体草场较多的嘎查,在保证原有牲畜业有足够发展空间的前提下,通过政策倾斜,鼓励发展饲草业,为本苏木其他嘎查提供饲草料。因此可以肯定猎民队拥有的集体草场数额是可观的。

场主，春播期间发生猎民砸、抢农具事件。

一个农场主来了签3年合同种地，合同到期后另一个农场主又继续租3年，从最初的1万亩地开始拓展到更大空间内开发，使土地与猎民逐渐分开，赋予猎民的是可望而不可即的名誉，这种名誉完全称作非物质的象征利益，而另一集团依靠"猎民"——这一象征名誉，从中获得了可观的利润。最终也形成了布迪厄所预言的"象征资本的展示（从经济角度看极为昂贵）是导致资本带来资本的机制之一"。① 只是象征资本与象征利润出现不对称现象，以他人（多数猎民）受损为代价换取少部分人变富的现实，促使"猎人妈妈"们为捍卫名誉相符的经济利益链而走险，也付出了精神上、经济上十分昂贵的代价。

"猎人妈妈"们无法容忍的是，与这位"老实憨厚"的村主任签合同的承包商或是邻村村主任跟外界宣称："只要让猎民喝酒就能让他们签字"的带有轻蔑、歧视色彩的道德评价。这也正是戈夫曼所提出的"污名化"概念在现实生活中的体现。这种"污名化"是在成见的作用下，将个体或集团的某些特征与带有轻蔑歧视色彩的道德评价相关联，进而使这种认知在持续不断的操演中沉淀并入实践意识，成为我们不假思索、自然而然的评价的索引。就连被同村人视为"精神分裂者"的哈赫尔氏，在进行调查的第二年与我们熟悉之后，多次强调自己是一个简单的人，没有什么坏心眼，"我只是想快乐地活着，但是我不想把所有的时间用在劳动赚钱上。我也是愿意旅游，想去我所没有去过的地方感受体会……只想找一个能够理解我们的人，在这里生活着老下去，做自己想做的事情，可惜没有啊"。②

因此现代化流向并非单向的，而是交互作用下造就了今天这个样子的吉登嘎查。现代化与猎民社会内部分化的复杂情形，使他们在迈向现代的进程中有些可能成了赢家，有些还是难逃输家之命运。"猎人妈妈"、哈赫尔氏等猎民最真实的经历也给世人留下"我们不是猎民了，我们也不是酒鬼"的印象，但未能削除外界附加的"猎民"即"好酒"的标签。

从放下猎枪到2006年，特别是"酒后签名，酒醒不认账"的时任村

---

① ［法］皮埃尔·布迪厄：《实践感》，蒋梓骅译，译林出版社2012年版，第172页。
② 来源于2015年8月22日调查组与哈赫尔氏的对话。

主任的权力膨胀之时，借助酒的功能其交易的土地比任何时期都疯狂和猛烈。仅 2006 年 3 月至 2006 年 12 月不到一年期间，与农场主签署的四份合同依次是：第一次 4000 亩、第二次 6000 亩、第三次 1 万亩、第四次又是 1 万亩，共计 3 万亩，与"猎人妈妈"们通过 10 多年的努力，赎回 3.2 万亩土地成鲜明对比。此后这位村主任虽然被罢免其职位，但"猎人妈妈"们每当算起这个账，最后还是怪罪和懊悔她们这一代人因缺少文化知识，使子孙后代的生存空间愈加缩小。如果当初不到百户的猎民村真正经营祖辈留下的这些土地或收取农场主 10 万多亩地（按 1 亩地 19 元的价格来计算）的租金也能让猎民过上转型后的富裕生活。如今猎民村的每一户则变成贷款专业户。①

2006 年猎民村迎来全村大会。村民或多或少汲取前两任村主任的教训，最终推选出"70 后"巴雅基尔氏族后裔村主任。此时的猎民村，随着每一位猎民对土地的重视及警惕性的提高，从政府申请到的国家牧业补贴项目也在逐年增多。

调查组连续 3 年（2014—2016）对猎民村 40 户访谈了解，牲畜头数最多的是"好酒"出名的前任村主任，有 1000 只羊、100 多头牛和 50 多匹马，草场占地 2000 亩，无论是在牲畜还是拥有草场方面都是猎民公认的首富。与之相比，健在的 5 位老猎民拥有牲畜的头数（牛、羊、马）从多到少依次为 800 头（只）、560 头（只）、370 头（只）、130 头（只）、90 头（只）等。显然，5 位猎民家庭的牲畜总数加起来也不如这位"好酒"的前任村主任单个的 1000 只羊头数。与当年"好酒"的村主任做搭档的村支部书记拥有 460 多头（只）牲畜和 1600 亩草场，原村主任也饲养 560 头（只）牲畜及拥有 2000 亩草场，跃入屈指可数的大户行列中。调查的 3 个贫困户，一户是失去两任丈夫的"60 后"女性，原本有 13 头牛，12 头牛掉进水库而成了特困户；一户为"猎民旅店"老板，为支付做心脏支架手术的费用从银行贷款，依靠 40 只羊、14—15 头牛和一匹马及政府补贴，过着低保户生活；还有一位就是给我们传送家族史及老猎民经历的柯勒塔基尔氏后裔德力格尔扎布，因体弱多病，如今依靠 20 头牛和国家特困补助过着单身生活。其余 28 户中，有两户是俄罗斯血

---

① 来源于 2016 年 2 月 27 日两位"猎人妈妈"的口述。

统的姑舅关系家庭，各自饲养420—430头（只、匹）牲畜之外，多数家庭家畜头数停留在200—100头（只）左右。

交流中猎民也无可否认放下猎枪的那几年，政府帮扶举措让猎民感到温暖并保留在记忆深处。特别是2005—2006年旗民政局给全村发放30只羊和每户5只绵羊，后续补助贫困户直接赠送两三只羊的事实。正是这一年旗民政局再次送来30头奶牛，以抓阄形式分给10户猎民家庭，3年后收回母牛。与分配牲畜鼓励牧业实践举措相应，1998年划拨以30年为期限的少部分草场。但是刚涉足牧业的猎民未能意识到草场与牲畜的重要性。后续以招商引资开发农场、林地确权等政策的实施，原本没有多少草场的猎民内部发生了结构性变化。支撑猎民社会的平均主义思想在市场经济利益驱使下分崩离析。自上访讨回3.2万亩土地开始猎民村外来人口逐年增多，集体草场的使用权、边界线依然不明确产生的贫富差距，使他们围绕放牧场、打草场和牲畜越界议题与农场、林场、邻村及村中掌权者频频发生矛盾与冲突。

被鼓励发展畜牧业却未得到足够草场（打草场）的猎民，购买冬季草料和牧业经营设备——四轮车、皮卡车、割草机等费用占据了家庭支出，加上教育和医疗费用，在我们调查的40户中除两户没有贷款外，其余38户少则5万、多则36万不等，贷款10—20万元成为普遍现象。这样循环贷款已运行了10多年，每年还完贷款，家庭收入也所剩无几。背负贷款的生活犹如身体一直在输液状态，看不到未来何时能够根本性的脱离这种链条，使猎民们陷入了现代性困境。

这种状况恰恰反映了，往昔在物与物交换时代猎民翻山越岭无论是狩猎或征战，他们为了获取防寒、消愁的酒或无论多么不合理也要设法弄到能治病的鸦片一样，今日在市场经济洪流中也不能摆脱酒或贷款的诱惑，其酒与鸦片、酒与贷款对百年之后的猎民生活所起的效应在时空上令人惊异的相似性。

2011年猎民村迎来30周年庆典之际，政府实施发放补贴、结合个人交付15000元翻盖第二批项目砖房，并让农场主支付村民每户一年草场租金5000元等实质性措施。此时猎民村嫁出去的姑娘带回来夫婿定居在猎民村的现象，使得村中人口不断增加。猎民村刚成立时的1981年25户，到1987年31户、2006年42户、2012年62户和2014年80户等逐年增加的数据说明这一事实。如果说截至 2006 年，人口的增长较缓慢，2006 年至 2012 年 6 年间增加 20 户，而 2012 年至 2014 年的两年间猛到近 20 户。这与 1981 年至 2006 年 25 年间缓慢增加不到 20 户的发展成鲜明对比。究其原因，村民直接道出："外来户是花钱进来的，大家对此也心知肚明。但是收取'户口钱'的人不明白，将来草场就是个事儿，人家有户口的肯定要草场，落户嘎查之后享受草场待遇，嘎查分点什么可能都得到。他们说现在嘎查有 60—70 户是指有房子的，可算起户口挂名的已经 80 多户了。"① 2014 年调查组入户造访时，偶遇从旗民政派来的协理员②，协理员提供了 80 户的基本信息。其中女婿是异族的有 13 户，汉族 9 户、蒙古族 3 户、达斡尔族 1 户。异族妻子 4 户，有一户妻子是鄂伦春族、丈夫汉族之外，其余 3 户妻子均是蒙古族。猎民村异族家庭比例已占全村人口的 21.25%。

此时市场改革中呈现的社会流动性，促使猎民后裔也做出向外探究的冲动。但面对急剧的社会变化以及所授知识程度的影响，无论多么渴望参与竞争，任凭独自的能力应对所有的机会或风险时显得特别脆弱。例如 2006 年村民们几经周折推选出本民族年轻村主任。这位年轻村主任连任两届期间，与农场主、林场与地方政府积极谈判草场、土地之历史遗留问题，循着这一崭新的面向趋势给猎民村带来社会的新视野，也带来向外界逐渐拓展的新希望。

2014 年我们走进猎民村得知，这位年轻村主任已被公安机关以"职务贪污"罪逮捕。通过检察机关立案审查后该罪名成立，已被法院判刑有期徒刑 10 年。面对这样的判决村民们愕然之余，无法理解办实事的村主任为何被判这么重的刑。后调查组与林场主管人员交流，这位主管人员记忆犹新地谈起与这位猎民队长交涉的一件事。

"有一年副旗长带着畜牧局局长、苏木达（乡长）和这位吉登嘎查队长到我们林场这边现场办公。办公过程中这位村主任想把几个牧业点直接分给牧民。而被牧业点占据的那几个地方是我们造林地，也是那年必须要清理的地方。因为都属于外来户：一、不是当地牧民；二、不是当地居

---

① 来源于 2015 年 8 月 4 日原猎民队长的口述。
② 所谓协理员，主要协助书记、村主任解答上级文件内容并辅助领导撰写文稿，收取该村的养老保险、医疗保险金等工作。

民，也不是当地职工，都是以前的遗留人员。所以我们想让他们迁出把这块地变成造林地。但是这位吉登嘎查队长护着牧民，牧民本身有自己的草场，可是分完草场之后他们把草场租给外来人，他们不是缺草，不知道想的是什么（分给我，我再租给别人），租给别人可以，但是这个地方是我们宜林空地，等明年开春时我们要造林。这时这位队长拿出来一张图，这个图呢，是牲畜局（旗）给画的图，把这个图给旗长看，旗长看后也不明白具体画的什么（因为是搞专业的人画的）。我们拿过来看了之后，跟这位队长讲，这个图跟我们站的位置不符，因为这个图画得只有住宅地，以伊敏河为界，只有河东住宅地，河西什么也没有（只看到吉登嘎查，看不到河西头道桥林场），旗长听后恼火说，你（指着这位队长）连这个图都看不明白，你拿图干吗？在这儿胡说八道，图上指的东边的问题，怎么能跟西边挂上了？竟说这些没用的话。旗长训完这位队长，林场领导就给旗长反映：这河西（林场管辖内）还有不少户没有草场，但我们几乎也不动，这地方太小又靠河边。听了这一席报告后旗长很高兴，反过来跟猎民队的队长说，你应该感谢林场！"①

面对林场造林任务日益逼近草场，嘎查原队长也忧虑这种势态的发展，他意味深长地表达："他们（林场）造林（任务）是100万亩，这么大个地方在哪儿种树？他们说将来草场周围也都要种树，给你造林。去年（2014）春天播种树，有牧民代表、人大代表、党员、嘎查达、书记都在时，我说，我给你们（猎民）牵头，咱们在林业局住上三天，看局长怎么说。我们的草场，我们祖祖辈辈生活的地方，你凭什么造林，你上你的樟子松造林去。这样一说，他们（猎民们）都不敢去……"②

自从放下猎枪转型到牧业生产的猎民们通过特定时期的抗争、赎回土地，再积极参与市场交换、土地流转、贷款等现代社会意义——可视作猎民经历最初的"阈限"阶段，已迈进现代社会所认可的正轨行列当中，也是跨过现代社会"成人仪式"的完整体现。最突出的例子莫过于被村民称作"精神分裂者"的哈赫尔氏的转变。3年之后再次访谈哈赫尔氏，他以全身心被治愈的态度与我们交谈并对此前行为解释："那都是过去的

---

① 来源于2016年8月2日调查组对林场场长的采访记录。
② 来源于2015年8月4日对猎民村原队长的采访记录。

事了，现在听党的指挥了，当然是牧民了（现在）……（笔者问哈赫尔氏：'这几年你的变化挺大的。'）我倒是没有什么变化吧，但是能成熟点，能稍微知道一点点事情或者是以后慢慢希望会好吧，希望都会好。小到自己，大到家庭，再大到队里（村子），再大到国家，能做点贡献。"①

第三节　现代社会中的婚姻

　　39 我从没有遇见一位如此慷慨
　　如此大方待客的人，
　　会觉得"接受礼物是不可以的"，
　　也没有遇到一位如此……（缺形容词）好心的人，
　　会觉得接受回报让他浑身不舒服。

　　41 朋友们应该用武器和衣物
　　来让对方快乐；
　　每个人都是自己（通过自身的经验）了解这一点的。
　　那些互送礼物的人
　　是最长久的朋友
　　只要人情往来不断。

　　42 大家应该互为朋友
　　互致礼物；
　　大家应该用
　　笑脸对笑脸，
　　奸诈对欺骗。
　　……

---

① 来源于 2017 年 5 月 29 日对哈赫尔氏的采访记录。

48 慷慨而勇敢的人
都有最美好的生活
他们没有一点担心；
但是胆小却害怕一切，
吝啬鬼总是害怕礼物。

这是马塞尔·莫斯①作为导言把读者引入他要阐释的独特而深刻的"礼物"议题所列的斯堪的纳维亚的古老诗歌之《哈瓦马勒》（Havamál）中的几节诗。与此相应，我们再引入20世纪30—40年代异域学者对猎民世界的一段描述：

> 猎民认为"能否捕猎到贵重的毛皮（的猎物）或得到明日的粟米等大事，都取决于神意，（依于神意，猎民认为）毛皮不会稀少"。在这样的情境下，商人通过第三方代问其毛皮价格并准备相当的货物时，（猎民）爽快地……作为神的旨意把这些毛皮诚挚地让其对方。即便回到部落，当事者不告诉家人皮毛赠予之事，只得意洋洋地罗列出回馈的各种东西，从中显示自身的价值。原本能够高价出售的毛皮，使他们无偿地赠予而满足于无比的喜悦。
>
> ……他们为山中来访的稀客，赠予用辛苦劳作得来的日益稀少的鹿角、毛皮。接收者不能随意接收这些礼物，而是必须要回赠他们。如果没有回赠，他们觉得自己的生活被外来者侮辱为贫穷。即使对大官员也出现过叫喊着他的名字从背后跟过来，宁愿掏空钱包也必定还礼的可笑滑稽之事。②

---

① [法]马塞尔·莫斯：《社会学与人类学》，佘碧平译，上海译文出版社2014年版，第171—172页。

② [日]浅川四郎：『興安嶺の王者―オロチョンへの理解』，满州事情案内所刊，康德八年十二月十日六版发行。第74—75页。也参照『滿洲ニ於ける鄂倫春ノ研究』（第一篇）治安部参谋司調查課，事務官：永田珍馨，康德六年九月十日印刷十五日发行，印刷所：興亜印刷株式会社，第68—69页。

没有走进猎民内心世界的外界人士，不懂得猎民社会秉承着一种感情价值和道德准则的送礼与回馈理念，简单评述猎民的行为是"可笑滑稽之事"。

如今运用马塞尔·莫斯的"礼物"之意义解读猎民独特的世界，即他们并不知道我们所使用的借与贷的意义，但是总有某种带有名誉形式的礼物来表示出借，而且一旦出借的东西被还清了，那么这种礼物也就被归还了。[①] 这种远离功利主义的社会，并不像我们现代社会的买与卖的收售行为，其蕴含着一种感情价值和道德准则：既没有卖的观念，也没有贷的观念，然而他们却实施了各种具有相同功能的法律与经济活动。毫无唯利是图的价值概念支撑着猎民与众不同的社会，特别是在他们婚姻形式、内涵及功能中尽显其特性。

一 柯勒塔基尔——巴雅基尔氏族婚姻

自从英国人发展婚姻继嗣模式，非洲学家在很大程度上试图揭示婚姻联盟是如何发生的。在人类学界出现的继嗣理论和联盟理论之间的争辩，给我们创造了探究婚姻议题更丰富的理论空间。

通常个人生活不仅离不开亲属关系网络，并且这一网络的核心指涉便是继嗣群体。在传统社会，继嗣是以单系的父系为原则，往往以"血浓于水"之类的箴言作为行动指向。人类学家埃里克森分析："当生物学在主观上影响亲属关系时，主要是通过有血缘关联性的文化观念及其内涵来产生，是生物性观念与实践有关。一位生父具有与他的孩子相对的某些权利，即使他们是由另一个男人（继父）抚养长大，因为大家一致认为生物关联性与社会实践无关。虽然他从未遇到过自己的孩子，也可推断他与这些孩子有着一种特殊的关系。"[②] 这种生物亲缘性的文化观念似乎并没有清晰的边界。因为在很多国家，所谓的父亲原则一直在家庭法中占主导地位。它规定无论谁在抚养孩子期间履行做父亲的责任，都可以被认为是

---

① [法]马塞尔·莫斯：《社会学与人类学》，佘碧平译，上海译文出版社2014年版，第221页。

② [挪威]托马斯·许兰德·埃里克森：《什么是人类学》，周云水、吴攀龙、陈靖云译，北京出版社2013年版，第123页。

孩子的父亲，即使表面上他不是孩子的生父。① 提示生物根底并非牢不可破，说明亲属关系是自然和文化炖成的一锅汤，很难将各种原材料区分清楚。②

这一锅自然和文化炖成的汤，造就了柯勒塔基尔和巴雅基尔两大氏族的婚姻从血缘到地缘互惠性关系，最终演变个人生存策略（的婚姻）形式，带有浓郁的现代色彩。

吕光天和秋浦记录过与两大氏族有关的事迹。吕光天认为鄂温克与鄂伦春是17世纪前古鄂温克部落的两个分支，同源于鄂温克部落③并详细分类：一、居住在贝加尔湖西北列拿河支流威吕河和维提姆河的鄂温克人称为"使鹿鄂温克人"，即使鹿的"喀木尼堪"或"索伦别部"，酋长归属于叶雷、舍尔特库；二、把居住在贝加尔湖东赤塔河、石勒克河一带的使马鄂温克部，划归"索伦部之一"，记述其中一个氏族酋长叫根特木尔；三、由石勒河到精奇里江一带及外兴安岭南北的鄂温克人，称作"索伦本部"，酋长归属于博木博果尔，认为博木博果尔是"索伦"人的祖先。④ 这是吕光天在1962—1983年对鄂温克族的来源问题的经典归纳，成为国内学者探讨鄂温克族历史脉络的重要依据。

在鄂伦春族研究中吕光天记述，"17世纪中叶以前，鄂伦春人的各游猎部落主要分布在黑龙江的上游石勒克河、精奇里江、牛满江及下游的恒滚河以及库页岛一带"，并把这一带"鄂伦春人"分为两支。一支是分布在石勒克河的柯尔特依尔族、白依尔氏族、阿其格查依尔氏族等三个氏族，其酋长为毛考待汗，他们是今日鄂伦春自治旗托河与多布库河流域两个部分鄂伦春人的母体；第二支是分布在精奇里江，牛满江两岸的葛瓦依尔氏族、玛乃依尔氏族、恰克基尔氏族，毛考依尔等氏族，其中，把葛瓦

---

① [挪威]托马斯·许兰德·埃里克森：《什么是人类学》，周云水、吴攀龙、陈靖云译，北京出版社2013年版，第123页。

② [挪威]托马斯·许兰德·埃里克森：《什么是人类学》，周云水、吴攀龙、陈靖云译，北京出版社2013年版，第126页。

③ 吕光天：《试论鄂温克与鄂伦春族的来源关系》，《北方民族原始社会形态研究》，宁夏人民出版社1981年出版，第430页。

④ 见吕光天《鄂温克族的来源》，《北方民族原始社会形态研究》，宁夏人民出版社1981年版，第423—424页；吕光天《鄂温克族》，民族出版社1983年版，第5—6页。

依尔氏和玛尼依尔氏两个大氏族,称为"逊克县的鄂伦春人。"①

吕光天梳理的"鄂温克族"和"鄂伦春族"历史路线图中不难发现,其第二条路线,即黑龙江上游石勒克河一带游猎的根特木尔为酋长的巴雅基尔(白依尔)氏族和毛考待汗为酋长的柯勒塔基尔氏族,划归"索伦部之一",后被俄国人视作"通古斯"人的祖先。在鄂伦春族研究中把这两个氏族视为今日鄂伦春自治旗托河与多布库河流域两个部分鄂伦春人的母体。吕光天推定包括何、白两氏族的鄂温克、鄂伦春都从石勒克河或精奇里江一带出发来到大、小兴安岭,迁来的路线完全相同。两族迁徙传说中都提到两个历史人物——根特木尔和毛考待汗。鄂温克族说,在根特木尔和毛考待汗二人的率领下渡江南来,并称根特木尔是他们的祖先。当时鄂温克族认同这两个人是一个部落的两个氏族酋长:根特木尔是"白牙基尔"氏族酋长;毛考待汗是"卡尔他基尔"氏族酋长。② 吕光天和秋浦③在后续的研究中把这两个氏族划归托河一带的鄂伦春人,称这二者是人口较多互相通婚的古老氏族。④

17世纪中、晚期所称的"古鄂温克部落"遭遇内外战争灾难,故出现大迁徙及历史性大分散。毛考待汗和根特木尔在清朝与俄国关系中走向(清朝或俄国)不同国度,何、白氏族祖先在政权及文化主导上选择了另一种"父系制度"。

后续民间传说也传达这样的信息。如毛考待汗去见皇帝,由诺敏河出发经过雅鲁河、绰尔河等地直朝前去,当他进北京城时,守城门的人问其来历和打算。他说是到北京找皇上来的。守城人报获准后,便领他进城。这时有一个大帅见其相貌古怪,又粗野无礼,要把他抓起来。毛考待汗生了气,便一箭射死了这个大帅。朝廷大惊,当即派兵抓他。毛考待汗一溜烟地逃跑了,最后跑到了万里长城的城墙上。皇帝知道了这种情况,便派

---

① 见吕光天《鄂伦春族十七世纪后由家族公社向比邻公社的发展》和《鄂伦春的父权制氏族社会结构》,《北方民族原始社会形态研究》,宁夏人民出版社1981年版,第178、149—150页。
② 吕光天:《试论鄂温克与鄂伦春族的来源关系》,宁夏人民出版社1981年版,第432页。
③ 见吕光天《鄂伦春族的父权制氏族社会结构》和秋浦的《鄂伦春社会的发展》,上海人民出版社1980年版,第119页。
④ 吕光天:《鄂伦春族的父权制氏族社会结构》,《北方民族原始社会形态研究》,宁夏人民出版社1981年版,第151—152页。

人去劝说他下来，不咎既往，乐意当官就给官当。他下了长城，见了皇帝。当时皇帝让他随便挑选官顶子，他将各式各样的官顶子用他拉弓用的指环（罕骨制的）试敲了一下，许多翡翠宝石制成的顶子均被敲碎了。他仅仅挑中了领催、委官等级戴的铜顶子，很坚固，敲不碎，便要下了。让他挑选绸缎时，他讨厌绸缎太光滑而要了棉布的。毛考待汗回鄂伦春地区时，皇帝还给了他好多别的官顶子。他在归途中经过鄂温克地区，都把这些当作礼物送给鄂温克人了。①

与毛考待汗拜见皇帝并承蒙皇上恩宠相比，巴雅基尔氏族酋长根特木尔的待遇令人吹嘘。相传根特木尔也曾到北京见皇帝，由于他是游猎民族的氏族酋长，不懂见皇帝的礼节，皇帝下令砍他的头，他便逃回，与追来的清军发生了一次战斗。根特木尔率领其部下在森林中埋伏下来，打退了追来的清军。后来他领一部分鄂温克人，过了额尔古纳河，回到尼布楚一带。这时盘踞在尼布楚的俄匪便有意把根特木尔庇护下来，把他封为"大贵族"。②

虽然传说只记述两个氏族的祖先与清皇朝之间建立臣属关系的细枝末节，但氏族首领都以不同民族身份——鄂伦春人和鄂温克人的形象出现，与之前两族从黑龙江迁来到大、小兴安岭的路线，两族迁徙中提到根特木尔和毛考待汗视作既是鄂伦春族的又是鄂温克族的祖先是一个部落的两个氏族酋长③等一致性叙述大相径庭。特别是鄂伦春以"我们不需要绸缎、官顶子，大兴安岭里什么都有"的态度，把清朝的礼物转手送给鄂温克人，说明清朝赠予的"礼物"对鄂温克部落所起的历史性作用以及"血脉相连"的两氏族在继承或接受清朝皇帝（"礼物"）遗产时的情感认同逐渐分化。

根特木尔为何与清朝发生矛盾议题上，国内、外学者一致认为，是清朝处理根特木尔的具体问题上不公正，引起根特木尔不满，便与清朝对立起来，发生了冲突。根特木尔率领一部分鄂温克人过额尔古纳河又回到了

---

① 秋浦：《鄂伦春社会的发展》，上海人民出版社1980年版，第119页。

② 乌热尔图主编：《鄂温克风情》，内蒙古文化出版社1993年版，第15页。

③ 吕光天：《试论鄂温克与鄂伦春族的来源关系》，《北方民族原始社会形态研究》，宁夏人民出版社出版1981年版，第432页。

俄国占领地区。① 俄方把他（以东正教的方式）洗礼之后提升为莫斯科的贵族。自那以后，据说他的子孙以根特木尔的姓来报名参加日俄战争，并在战争中立功的俄罗斯将军根特木尔夫便是其人。②

此后"根特木尔"名字在清朝与俄国交涉中屡次登场。③ 清朝不仅对往俄国"逃亡"的本国臣民不满，更是把根特木尔改为基督教徒之事感到不快。清朝与俄国交涉中一贯坚持其归还根特木尔的要求，而根特木尔带领一部分人与帝国之间盘旋，17世纪离开嫩江前往后贝加尔，据说柯勒塔基尔著名的萨满穆克台奥坎（毛考代汗）同根特木尔一起去了后贝加尔。④ 最终选择俄国的这一举动造成两氏族后裔的大分散及分流，也带来围绕"根特木尔"这个部落首领的结构性失忆。

不同情境、不同受访者的口述记录下来的片段，有时把根特木尔视作"通古斯"人的祖先⑤，即今日居住在陈巴尔虎旗莫日格尔河流域的鄂温克人⑥；有时作为鄂温克人的酋长形象被记述⑦；有时又分派到鄂伦春族，⑧ 甚至有时还以达斡尔的一个首领形象出现⑨。围绕"根特木尔"后裔的走向，据说因为战争一部分离开原住地向北移动，一边打一边移动，一部分被清朝骗下了山，这就是下山的"索伦"鄂温克人。剩下山里的

---

① 乌热尔图主编：《鄂温克风情》，内蒙古文化出版社1993年版，第14页。
② ［日］井上紘一：『草刈る呼倫貝爾序説——中国東北のエヴェンキ調査より』，国際研究，No.5 1988.6。第118—119页。
③ ［日］井上紘一：『草刈る呼倫貝爾序説——中国東北のエヴェンキ調査より』，国際研究，No.5 1988.6。第118—119页。
④ ［俄］史禄国：《北方通古斯的社会组织》，吴有刚、赵复兴、孟克译，内蒙古人民出版社1985年版，第97—98页。
⑤ 见乌热尔图主编：《鄂温克风情》，内蒙古文化出版社1993年版，第14页；［日］井上紘一：『草刈る呼倫貝爾序説——中国東北のエヴェンキ調査より』、国際研究、No.5 1988.6，第119页。
⑥ 乌热尔图主编：《鄂温克风情》，内蒙古文化出版社1993年版，第14页。
⑦ 吕光天：《论鄂温克人由母权制向父权制的发展》，《北方民族原始社会形态研究》，宁夏人民出版社1981年版，第107页。
⑧ 吕光天：《鄂伦春族的父权制氏族社会结构》，《北方民族原始社会形态研究》，宁夏人民出版社1981年版，第155页。
⑨ 见 オウェン・ラティモア著：『満州に於ける蒙古民族』，後藤富男译，财团法人善隣協会发行，昭和十一年六月三十日第四版发行，第153页。

一部分鄂伦春人也都是根特木尔部落人。①因此归属于清朝的何、白两亲属集团一部分人下山成为"索伦"的组成部分，较久留在山上的成为"鄂伦春"。被编入索伦八旗的鄂伦春兵丁，后期与移动到呼伦贝尔的何、白融合在一起。

日本侵略东北时，伪满洲在行政重组中把整个山上打猎者，统称为"鄂伦春"族，并划入兴安东省、兴安北省、黑河省行政管辖。特别提及柯勒塔基尔氏和巴雅基尔（白依尔）氏族集中在兴安东省莫利达瓦和兴安北省索伦两个旗的现实状况，并示例柯勒塔基尔氏和巴雅基尔氏（见图2-4）的氏族谱系图。

《满洲的鄂伦春研究》（1939年）中记述：莫利达瓦旗9个氏族中何（柯勒塔基尔）氏有13户；白（巴雅基尔或白依尔）氏有12户。在索伦旗何氏有17户；白氏有10户。② 氏族婚姻方面，莫利达瓦旗是柯勒塔基尔氏和巴雅基尔氏分布的地带，因此何、白两姓也最多，并用图表列出通婚状况（图3-5）。

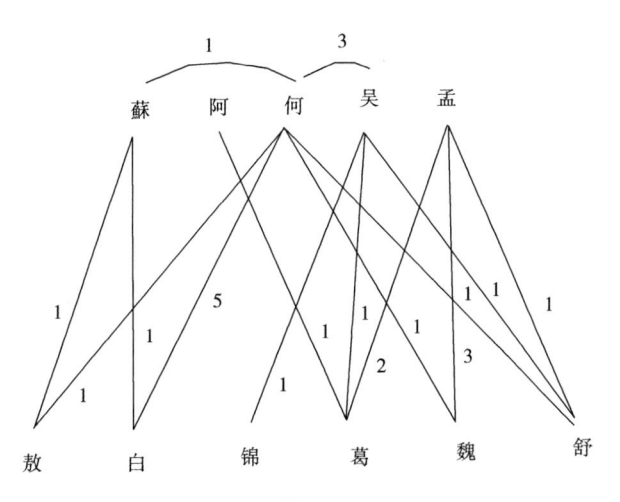

图 3-5

注：图3-5来源于『満洲ニ於ける鄂伦春ノ研究』（第一篇）治安部参謀司調查課、事務官：永田珍馨、康德六年九月十日印刷、十五日発行。印刷所：興亜印刷株式会社，第78页。

---

① 见乌热尔图主编：《鄂温克风情》，内蒙古文化出版社1993年版，第14页。
② ［日］『満洲ニ於ける鄂伦春ノ研究』（第一篇）治安部参謀司調查課、事務官：永田珍馨、康德六年九月十日印刷、十五日発行。印刷所：興亜印刷株式会社，第77—79页。

从上图表反映，何、白二氏依然保持通婚关系，并仍占（5对）多数。此文作者谈及索伦旗何、白两氏族的通婚状况时，以"何—白"（何17户、白10户）① 这种直线方式，列出通婚现象。

尽管此时亲属关系中氏族血缘关系非常重要，但是经过几世纪，何、白两大氏族分散在一个更大的社会范围内，婚姻的忠诚度（联姻）倾向于地方性而非亲属血缘关系，② 即超出了传统社会姻亲长期互惠形式产生的稳定联盟关系。婚姻的指南针指向"根据形势来定义的，也可以说，它会根据需要收缩和放大，"③ 并不可避免地出现与遥远的亲属（国家）联合起来反对较近的亲属的情形。

二　厄鲁特——鄂温克族婚姻

作为瑞典斯文·赫定考察团的一员，1927年在新疆进行调研及搜集民歌的丹麦学者亨宁·哈士纶谈及异族人的探险与征程给当地带来深远的影响时，有过以下的表述：随着时间的推移，在被调查的地区我偶然发现了一种现象——从人类学的角度看，某些年龄段的人所显示出的种族特性，与部落中的其他群体不同。通过几个例子，我发现，在他们出生时，正是本族与异族频繁通婚时期。如果一个部落与世隔绝的程度越高，那么异族在该部落留下的痕迹也就越深刻。他们（外来者）以自有的方式除了使被征服地区人们后裔的血管中流淌他们的血液外，就无其他踪迹可寻了。这些孩子永远不知道他们真正的父亲是谁，他们出生在蒙古包里，在蒙古族母亲的抚育、呵护下成长。教育他们的是世代相传的民歌与传奇故事。他们与其他孩子一样参加游戏与体育锻炼，他们接受人生观、道德以及职业的训练，这些都构成了从古至今蒙古部落的文化遗产。这一切都说明他们是真正而合格的部落成员，然而他们就是整个部落的人体特征能在

---

① ［日］『満洲ニ於ける鄂倫春ノ研究』（第一篇）治安部参謀司調查課、事務官：永田珍馨、康徳六年九月十日印刷、十五日発行。印刷所：興亜印刷株式会社，第78—79页。
② ［挪威］托马斯·许兰德·埃里克森：《什么是人类学》，周云水、吴攀龙、陈靖云译，北京出版社2013年版，第116页。
③ ［挪威］托马斯·许兰德·埃里克森著：《什么是人类学》，周云水、吴攀龙、陈靖云译，北京出版社2013年版，第114页。

一夜之间被改变的活化石。①

当时亨宁·哈士纶所发现的新疆土尔扈特部"一夜之间"被造化、被改变其"人体特征"的异族通婚现象，把我们的视野也引向17世纪中叶到18世纪中叶为止的准噶尔与清朝对峙的时空背景。② 众所周知，从1675年准噶尔部噶尔丹派兵击败盟主鄂齐尔图汗，建立准噶尔汗国之后，清朝的西域基本上处于准噶尔汗国的统治之下。从此历经清朝康熙与噶尔丹、雍正与噶尔丹策零、乾隆与阿睦尔撒纳之间近100年的周旋、对峙与抗衡，最终虽以清统治者收服准噶尔为结局，但清朝平定东北或西北疆域的统一进程中1688年迎来多事之秋。这一年，清朝准备与俄国进行边境谈判之际，噶尔丹亲自统帅大军开始东进占领整个喀尔喀地区，迫使谈判化为泡影。

1689年清朝与俄国签订边界之后呼伦贝尔尚且有边无防状态，1731年清政府正式运行"布特哈八旗"建置。而此时在西北，清朝出兵平定噶尔丹策零势力时在博克托岭、和通泊等战役中惨遭伏击，损失惨重。雍正十年（1732）7月，噶尔丹策零率兵3万攻掠喀尔喀首领哲卜尊丹巴领地。雍正十至十三年清朝为了防备准噶尔的东进新设置呼伦贝尔八旗③（"索伦八旗"）并重组达斡尔、鄂温克、鄂伦春和巴尔虎④等"索伦兵"派往呼伦贝尔戍边。此举也可视作清朝赋予索伦部的第二份礼物——幅员辽阔的草原、湖泊、森林等资源。索伦部与陆续迁来的族群共同分享这份礼物并重构新一轮的"交流圈"时，呼伦贝尔也成为吸纳移民的大容器。

文献记载，与索伦兵同步入驻呼伦贝尔的是蒙古族厄鲁特部，厄鲁特

---

① ［丹麦］亨宁·哈士纶：《蒙古的人和神》，徐孝祥译，新疆人民出版社1999年版，第301—302页。

② 准噶尔是西蒙古卫拉特诸部之一；卫拉特是蒙古语Oyirad之音译。卫拉特蒙古元朝称为斡亦剌惕，明朝称作瓦剌，其先世为"斡亦剌惕"。清代瓦剌分为四大部：绰罗斯（准噶尔）、和硕特、杜尔伯特、土尔扈特，另有辉特等小部。

③ ［日］赤坂恒明：『エベンキとオロチョン——民族自治旗を持つ二つの少数民族』，见ボルジギン・ブレンサイン编著、赤坂恒明编集协力：『内モンゴルを知るための60章』，明石书店2015年7月31日，第324页。

④ 编入索伦八旗的巴尔虎兵丁是因准噶尔的葛尔丹汗入侵喀尔喀时，康熙三十三年（1694年）移居到嫩江流域的集团。

部官兵及家属分两批进驻呼伦贝尔建立一翼一旗。

然而猎民后裔德力格尔扎布则认为,厄鲁特部迁来呼伦贝尔的时间不能与索伦部等同划归于1732年。理由是1732年噶尔丹策零正与清朝展开激战时期,哪有闲暇迁来这里(呼伦贝尔)呢。是在18世纪50年代阿睦尔撒纳时期,厄鲁特部陆续迁来的。最后一批是在1790—1798年左右阿睦尔撒纳散兵逃到这里,以"索伦"名义安顿在东锡尼河地域。祖辈曾讲过,那时迁来的厄鲁特大概有近1000户或1000人。①

《鄂温克地名考》中记述为:对富有反抗精神的蒙古族厄鲁特部,朝廷极不信任。雍正十年清朝把部分厄鲁特人安置在索伦八旗和布特哈八旗之间,企图孤立他们。但索伦、厄鲁特二部人民之间来往密切,彼此学习长处,互相学说方言,联姻,共同开发建设了这片美丽的草原。这里没有民族歧视、民族仇恨,更没有民族间的相互残杀,二部人民友好、和平共处了近三个世纪。当时由于厄鲁特旗境内缺少畜用碱,索伦左翼正红旗(现在的伊敏苏木)人准许厄鲁特旗牧民越过伊敏河,去著名的哈日浩吉日碱泡周围地区过春、夏季节。② 维持鄂温克族、厄鲁特部和睦关系的最重要的黏合剂便是婚姻。1910年在厄鲁特旗境内蔓延鼠疫,危急时刻鄂温克族奉献出一部分牧地让厄鲁特人迁居现今的伊敏苏木北部、东北部地区。

几个世纪的通婚关系体现在德力格尔扎布家族事例中。虽然每当谈起家族、氏族之往事,总以"我们的索伦……""我们的鄂温克……"开始,几乎成了他的口头禅。这种凝固的概念,通过语言传达到外界时,可曾想到他祖辈几代人中流淌着厄鲁特蒙古人的血液。他的曾祖母策辰花、他的母亲巴依尔玛都是厄鲁特蒙古族,并且母亲巴依尔玛的父亲与曾祖母策辰花是姑姑与侄子关系,姑舅两代女性都嫁到柯勒塔基尔氏家族。

维权的"猎人妈妈"其母亲也是厄鲁特蒙古族,她作为鄂温克耶拉哈瓦尼氏嫁给柯勒塔基尔氏猎民。

针对这些活生生的案例,与其我们追述何、白两氏族祖先毛考待汗和根特木尔通婚氏族的血缘链条,还不如注重这一群体如何选择和重述

---

① 来源于2017年7月6日和2017年12月18日德力格尔扎布的口述。
② 《鄂温克地名考》,民族出版社2007年版,第175页。

图 3-6

注：图 3-6，2016 年 7 月 27 日本调查组采访德力格尔扎布时，他拿出来前一个月香港理工大学学者赠送的这张照片，指认照片上的这位正是他的曾祖母策辰花，这张照片是 1932 年英国剑桥大学埃塞尔·林格伦在索伦地区拍摄。

"过去"，并以创造一个集体记忆来诠释该群体的现实生活。虽然有学者针对"在中国少数民族当中……延续着索伦鄂温克的血统的厄鲁特，在户籍上没有填写蒙古族，而选择填写鄂温克的实例在增多"现象，预示"或许将来会组成中国鄂温克族第四集团——叫'厄鲁特·鄂温克'的新族群。"[①] 但是犹如德力格尔扎布为首的猎民一样，他们这一代人"遗忘"其"厄鲁特集团经常与索伦鄂温克之间缔结婚姻关系"，在他们心目中"延续着索伦鄂温克血统的厄鲁特"早已构成"我们的索伦""我们的鄂温克"的家庭组员。

"一夜之间"能改变其人体特征的通婚功能带来的文化亲亲性，以及产生的情感、认同边界，与有无文字保留族谱没有绝对的关系。世系通婚

---

① ［日］赤坂恒明：『エベンキとオロチョン——民族自治旗を持つ二つの小数民族』、载于ボルジギン・ブレンサイン编著、赤坂恒明编集协力：『内モンゴルを知るための60章』，明石书店 2015 年 7 月 31 日。

的何、白两氏族到18世纪中叶后,把通婚对象让位于厄鲁特蒙古族的时候,家族主要是赖其成员对于彼此血缘关系的集体记忆来凝聚的亲属聚合。而亲属聚合的范围,以及成员间社会距离远近主要是由社会文化所释的"血缘"来决定,① 再生产那些生产婚姻的社会关系。

三 汉族——鄂温克族婚姻

受"道兴嘎事件"的影响以及1938年日本伪政的胁迫,原乌勒额德勒格屯的何、白两氏族人往北迁至达格森乌里棱。据说当时何、白两氏猎民把猎枪藏到熟悉的山脉之下,给日本人交出破旧的猎枪来充数。日本溃败之后,猎民再次拿出这些隐藏的枪支,直到1981年复建"乌勒额德勒格屯"——猎民队为止,历经44年跌宕起伏的岁月。为清晰地了解"猎民队"猎枪的分配、人员的重组,以中华人民共和国成立至1981年建立"猎民队"独立行政村作为时间分界点,承接猎枪情况如下。

(1) 中华人民共和国成立至1970年拥有祖辈留下的猎枪共13杆,也可视作"猎民队"刚成立时的第一批猎民,详细记录如下:

①柯勒塔基尔氏·泰孙的儿子兴凯。
②柯勒塔基尔氏·奥格桑的儿子敖恩包岱。
③柯勒塔基尔氏·索米桑的儿子钢盖。
④柯勒塔基尔氏·索巴的儿子丹巴。
⑤柯勒塔基尔氏·包敖弥的大儿子明颤。
⑥柯勒塔基尔氏·包敖弥的二儿子高木苏荣。
⑦柯勒塔基尔氏·呼热依的儿子呼热耶图。
⑧柯勒塔基尔氏·晶桑的大儿子金宝。
⑨柯勒塔基尔氏·晶桑的二儿子新宝。
⑩巴雅基尔氏·桑凯的儿子巴图玛。
⑪巴雅基尔氏·曾列的大儿子宝。
⑫巴雅基尔氏·曾列的二儿子宝德。

---

① 王明珂:《华夏边缘——历史记忆与族群认同》,允晨文化1997年版,第53—54页。

⑬巴雅基尔氏·（大）桑布桑等 13 名。①

（2）1970—1980 年重组猎民队之前猎民承接猎枪情况（第二代第一批）：

①柯勒塔基尔氏·奥格桑的猎枪其儿子敖恩包岱承接（1979 年去世）。

②巴雅基尔氏·曾列的二儿子宝德的猎枪其子巴图敖其尔承接。

③巴雅基尔氏·海宝的猎枪其儿子巴图吉日嘎拉承接。

④鄂伦春柯勒塔基尔氏·（小）桑布桑获得猎枪。

⑤贺音氏·诺尔特格获得猎枪。

⑥柯勒塔基尔氏·泰孙的枪支转给杜拉尔氏·巴图德力格尔。

⑦杜拉尔氏·斯仁布的枪支其儿子纳日苏承接。

⑧杜拉尔氏·水星的猎枪其儿子特格希巴雅尔承接。

⑨杜拉尔氏·诺尔布的枪支其儿子嘎玛苏荣承接。

⑩杜拉尔氏·额尔德尼的猎枪其儿子乌尔根布和承接。

⑪杜拉尔氏·宝金苏荣的枪支其儿子额尔德尼宝力格承接。

中华人民共和国成立至 1980 年，如柯勒塔基尔氏猎民后裔德力格尔扎布所言，柯勒塔基尔、巴雅基尔氏族后裔拿着祖辈留下的猎枪"复建"乌勒额德勒格村，即猎民队。没有这些枪支，所谓的"猎民队"也不复存在。

（3）1983—1984 年政府在原有的枪支上全部改良成五六式半自动步枪。虽说此时猎枪是由按上级指示以"户"形式分给猎民，但即使拿到猎枪没有打猎经验，也很难说依靠打猎能生存。因此截至 1980 年的 11 名猎民，再加以下 6 名猎民（第二代第二批）：

①柯勒塔基尔氏·浩特勒。

②柯勒塔基尔氏·孟和巴图。

③巴雅基尔氏·曾列的大儿子宝的枪——巴图格日勒承接。

④哈赫尔氏·道尔吉苏荣。

⑤哈赫尔氏·格日勒巴图。

---

① 来源于 2017 年 7 月 5 日德力格尔扎布的口述。

⑥哈瓦尼氏·苏荣毕力格。①

1981年第二批第一代和第二代猎民共17名人员（17杆枪）组成的猎民队正式成立。围绕17杆猎枪直至1998年上交猎枪为止，猎枪及人员变动如下：

①老猎民巴雅基尔氏·曾列的二儿子宝德——宝德之子巴图敖其尔（妻子是俄罗斯血统）承接猎枪——巴图敖其尔再传给儿子巴德拉。

②鄂伦春柯勒塔基尔氏·（小）桑布桑——猎枪传给女婿。

③柯勒塔基尔氏·泰孙——枪支转给杜拉尔氏·巴图德力格尔——巴图德力格尔再转给儿子苏雅拉图。

④柯勒塔基尔氏·孟和巴图，枪支转给杜拉尔氏·斯仁。

⑤贺音氏·诺尔特格——枪支传给弟弟沙格都尔苏荣（当选第一任嘎查达［村主任］）。

从以上人员变动中发现，老猎民巴雅基尔氏·曾列的孙子娶了俄罗斯血统的妻子，妻子的弟弟与杜拉氏结婚也在此安家。猎民队成立时自治旗派来代理书记，这位代理书记的妹夫哈瓦尼氏的姐姐嫁给这个村子的哈赫尔氏。于是，哈瓦尼氏带着老父亲跟随他的姐姐也来此村，后成为17名猎民之一。

受"道兴嘎事件"影响，原乌勒额德勒格屯的一部分猎民迁至达格森乌里棱，再从达格森乌里棱（后演变红花尔基巴嘎）分离出猎民队，直到现今的吉登嘎查猎民在其拥有祖辈的遗产——猎枪及交接流程上，最初专属于柯勒塔基尔氏、巴雅基尔氏的猎枪分散到贺音、杜拉尔、哈赫尔以及带有俄罗斯血统的人员当中，而相当于"遗产"的猎枪，落户于不同氏族或异族家庭的主要通道便是婚姻。（图3-7）

具有代表性的是柯勒塔基尔氏家族通婚案例，不仅显示一个猎户的演变也可视作猎民队变迁缩影。此案例中柯勒塔基尔氏家中大儿子迎娶鄂伦春女子之后，这位女子其弟弟也迁来红花尔基嘎查（达格森乌里棱）生活。后这位弟弟与杜拉尔氏女子结婚并在组建猎民队过程中获得猎枪，成为猎民队最初的17名猎民成员之一。猎民队成立，旗政府派来的挂职书记不久便把权力移交给猎民队，当时猎民队唯一的党员诺尔布（化

---

① 来源于2017年7月1日调查组对吉登嘎查三位猎民的采访记录。

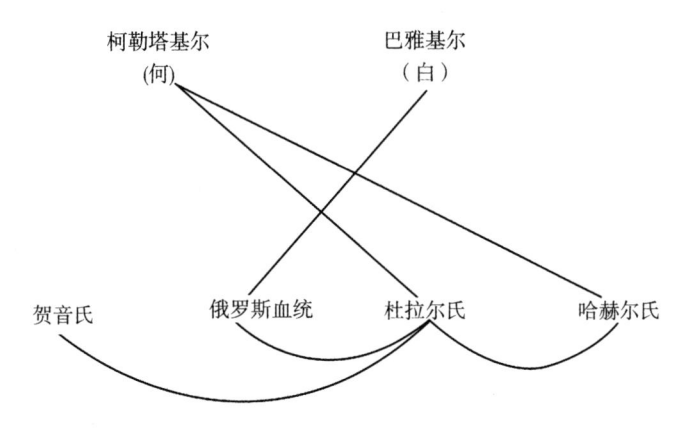

```
        柯勒塔基尔          巴雅基尔
          （何）            （白）


   贺音氏      俄罗斯血统    杜拉尔氏      哈赫尔氏
```

图 3-7

注：图 3-7 是吉登嘎查 40 户的通婚图景。来源于调查组从 2014 年 7 月至 2017 年 7 月的访谈资料。

名）推选为第一任村党支部书记。这位党支部书记的内弟之妻作为党员后继嘎查书记，目前为止唯一的女书记，且任职时间最长。

在位近 15 年的这位女书记，历经与三届猎民队队长合作，1994 年女书记的外甥女婿当选村主任。这个时间段正是猎民放下猎枪转产牧业前夕，也是"麦地"老板（农场主）闻讯市场开发，争先恐后与嘎查领导谈判土地转让之时。婚姻关系也强烈地整合在集体草场与猎民、市场经济与开发相互交错的复杂情境中，就像人类学家所言，因为对土地的竞争，分裂组织就会在氏族层面造成裂变，并刺激利己主义的创业精神。[①] 当一位异族男子娶了猎民的女儿，作为当时猎民村通往外界的桥梁，实质说明入赘的男子以另一种形式还礼物，即对女方家、岳父母尽其入赘义务。

与此同时，村庄的形势也在发生变化。随着杜拉尔氏后裔僧格（化名）、呼格吉乐图（化名）等当选猎民村转型时期的带头人——村主任，后续也发展成为数不多的猎民村大户；而柯勒塔基尔氏和巴雅基尔氏后裔，在猎枪承接和移交过程中逐渐与中心位置疏远，最终站到追究集体土地流向的行列当中。

此变革中亲属关系虽调节着婚姻实践和土地的分配，但是从中也显露

---

① ［挪威］托马斯·许兰德·埃里克森：《什么是人类学》，周云水、吴攀龙、陈靖云译，北京出版社 2013 年版，第 115 页。

了家庭、亲属关系、个人利益之间的紧张关系。看似琐碎和平淡无奇的亲属关系，引来个人利益与策略层面上的复杂议题。

异族女婿谈及猎民村变迁，其代表异族家庭直接表态："我最早来这个村子，作为多民族家庭中的一员，我给他们（猎民）没少出力了，给他们修手扶（拖拉机）、修设备啥地，修小四轮、修打草机。我在鄂温克旗的时候，在这沟里开着拖拉机来的。在他们家（指老岳父家，当时老岳父是村支部书记）住久了（时间长了）老岳父就看上了（把女儿许配给我）。"

老猎民则认为，这些后迁来的人们只关注眼前利益而不爱惜祖辈留下的土地，并把过去一起打猎的老账也翻出来。此时"自治旗"的无形资源以及"成为鄂温克族"文化资本吸引着外界，本村姑娘也陆续领来外来女婿分享农场租金、草场等实质性利益。伴随草场范围缩小而人口增多趋势，异族通婚已然变成吉登嘎查现代化的魅力特色。

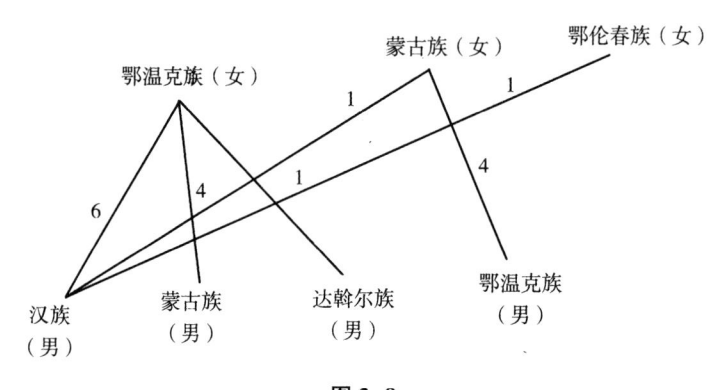

图 3-8

图 3-8 是调查组从 2014—2017 年对 17 户异族婚姻归纳的示意图。图中显示异族婚姻中鄂温克族女性与异族男性通婚状况：与汉族男性结婚的鄂温克族女性有 6 对；与蒙古族结婚的 4 对；与达斡尔族结婚的 1 对。鄂温克族男性与蒙古族女性结婚占首位，异族女婿带来的影响无可非议地成为主流。这种情况导致亲属关系和家庭关系的另一种差异，即子女姓氏仍随男方，如徐、包或陈，亲属关系也可是单系（父系或母系）或双系的，但是族称上父母哪一方是鄂温克族，户籍上填写孩子的族称必定是鄂温克族。针对"为什么？"的疑问，一位鄂温克族母亲轻松地说出理由：因为

第三章 猎民与现代社会

是鄂温克地区鄂温克族补助多,哪里方便或哪里的教学质量好,就把孩子送到那个学校学习。

亲属关系以母亲是鄂温克族、父亲是异族或入赘模式延续和拓展时,此时的继嗣制度并不以对具体财产的控制为条件,而是取决于认同的准则,奠定即涵盖鄂温克族传统社会的理念又基于"后亲属关系的"[①] 另一种文化上的"父系制度"的确立。

时过境迁,再回顾本章开头所描述的猎民社会情景,其蕴含着追求一种感情价值和道德准则的送礼和回馈理念。在这样的理念中,礼物作为社会凝聚的动力,它的特点如前所述:必须要回赠的。正是回赠的礼物的大小的不同,会导致人与人之间地位的变化。对此,马歇尔·萨林斯解释:"世界上最原始的人们拥有极少的财产,但他们一点都不贫穷。贫穷不是东西少,也不仅是无法实现目标;首先这是人与人的一种关系。贫穷是一种社会地位。"[②] 如不回馈使得接受它的人处于卑下的地位,尤其是当他接受它却不想回馈的时候。这里我们从事实里看到古老传统根基的踪迹。[③] 但是这种古老传统根基,并不是马林诺夫斯基观察特罗布里恩群岛上的人的交易之后将夫妻之间的礼物视作"纯粹的礼物"那样,莫斯借助马林诺夫斯基的议题反而将纯粹的礼物,即男人对他妻子的"经常"报偿与一种对回报的性服务的报酬联系起来,[④] 揭示人类婚姻,事实上也像这些礼物一样,不是没有约束力,它们实际上不是没有利害关系的。

最初的柯勒塔基尔氏和巴雅基尔氏世系通婚,带着一种既神秘又实在的力量,使得两氏族团结起来维护了世系的延续。移居呼伦贝尔后再与厄鲁特部产生几个世纪的联姻,特别是厄鲁特以输送女性的方式与鄂温克结盟,造就了列维·斯特劳斯所宣称的互惠性联盟基础的亲属结构。

随着改革开放、国有企业的转型、现代市场经济的发展,鄂温克猎民

[①] [挪威] 托马斯·许兰德·埃里克森:《什么是人类学》,周云水、吴攀龙、陈靖云译,北京出版社2013年版,第128页。

[②] [美] 马歇尔·萨林斯:《石器时代经济学》,张经伟、郑少雄、张帆译,北京:生活·读书·新知三联书店2009年版,第45页。

[③] [法] 马塞尔·莫斯:《社会学与人类学》,佘碧平译,上海译文出版社2014年版,第290页。

[④] [法] 马塞尔·莫斯:《社会学与人类学》,佘碧平译,上海译文出版社2014年版,第299—300页。

放下猎枪，拥有自治权的鄂温克族自治旗有形和无形的资源吸引外界。20世纪80年代初猎民村也迎来第一位外来女婿，改变了之前输入女性的通婚模式，异族男性成为输入对象。"输进来"的异族女婿通过婚姻融入猎民社会，不仅给猎民村带来现代化技术，成为"猎民"，担任猎民村村主任，与旗里人接触、为村子版图奔波、与林场交涉、为猎民村组建多民族家庭做出了榜样。异族女婿历经入赘当猎民、村主任、放下猎枪、转型到牧民等，如今对外宣称自己为猎民村"没少出力"时，如同时任旗长对当年的猎民村村主任说出的"你们（猎民）应该感谢林场"的意蕴一样，异族女婿希望猎民要感谢他，感谢他为猎民村所做的一切。异族女婿谈及的贡献就是礼物，感谢即回赠之意。折射出现代社会礼物在其回赠过程中，猎民给予异族女婿是过去式的"猎民"身份，而异族女婿带给猎民村的是现代化技术及理念。这里很显然，族群"嵌入式"婚姻在情感和象征意义上，通过"礼物"造就了多维的社会空间，并驱使他们超越个体参与不同向度的社会活动中。

第四章　精神文化与生活空间的变迁

自19世纪初何、白两个氏族在清朝索伦右翼镶蓝旗辖地最初建立乌勒额德勒格屯开始，日本侵略时期乌勒额德勒格屯猎民再整合到达格森乌里棱（屯），中华人民共和国成立时改称红花尔基巴嘎，1981年从红花尔基巴嘎（生产队）再分出25户组建"猎民队"。1998年"天保工程"实施收回猎枪，20世纪末生产生活的转型致使他们与之前的狩猎生产、山林生活发生断裂，随之而来他们对于自然的感知、感受及精神生活的追求也发生了变迁。

第一节　教　育

教育既是社会发展的推动力，也是一个民族步入现代社会的标志之一。以往猎民在深山密林追逐猎物，过着"原初丰裕"[1]的游猎生活的同时接受了方方面面的实践教育，但与现代正规（学堂）教育接轨是在中华人民共和国成立之后。

据吉登嘎查猎民后裔回忆，清朝时期祖辈是否进过学堂不太清楚，但他们的父辈有掌握满语、蒙古语和日语的人。例如"猎民旅店"老板的父亲就是一位能流利讲满、蒙、日三种语言的才子，在红花尔基嘎查担任一辈子的党支部书记。1981年"猎民队"第一任嘎查达（村主任）宝音（化名），幼年时期被父母过继给本村刘姓蒙古族医生。这位医生有精湛的把脉医术，但膝下无子女。宝音父母赏识刘医生的蒙医技术，把儿子过继给他。当时红花尔基嘎查四五十年代出生的猎牧民也有在伊敏学校就读

---

[1] 见［美］马歇尔·萨林斯《石器时代经济学》，张经纬、郑少雄、张帆译，生活·读书·新知三联书店2009年版，第1页。

的经验。

1998年吉登嘎查猎民从上缴猎枪开始便从游猎转型到牧业生产行列。此时猎民村也卷入市场经济：生产队解散，集体主义、平均主义被瓦解，成为头道桥林场扶贫单位并出现"适龄入学儿童辍学较多"[①]现象。如果说五六十年代出生的猎民辍学的原因主要在于"文化大革命"和"挖肃"等政治运动的影响，那么放下猎枪的吉登嘎查"70后"和"80后"猎民后裔辍学，主要源于经济困难和交通闭塞。调查时他们也道出："那个时代伊敏苏木中心校离家远，为了就近读书，'70后''80后'的人差不多都选择红花尔基林场学校（读汉文），到了初二、初三时实在太艰苦，不愿再读下去，于是回到家从事猎业生产。"有些家庭把孩子送到伊敏苏木中心校，但仍未读完高中辍学的案例较多。这样的情况可以从以下抽样调查数据中了解到。

吉登嘎查40人的受教育情况（2014—2017年）：

出生年代	姓名	性别	文化程度	语种
1. 40后——	德格勒玛	女	不识字	
2. 50后——				
	其其格	女	高中	蒙古文
	阿拉坦高娃	女	不识字	
	乌云其其格	女	小学	蒙古文
	萨仁其其格	女	高中	蒙古文
	格日尔巴图	男	小学	蒙古文
	札木苏荣	男	小学	蒙古文
	巴图达莱	男	小学	蒙古文
	巴图吉日嘎拉	男	小学	蒙古文
	斯仁	男	小学	蒙古文
3. 60后——				
	敖敦格日乐	女	小学	汉文
	娜仁其其格	女	初中	蒙古文

---

① 见本书"第一章 第四节'猎民村现代化进程'"中有关"大牛圈农牧场"开发内容。

第四章　精神文化与生活空间的变迁

	特格希巴雅尔	男	小学	蒙古文
	道尔吉苏荣	男	小学	蒙古文
	嘎玛苏荣	男	初中	蒙古文
	刚布和	男	小学	蒙古文
	德力格尔扎布	男	小学	蒙古文
	苏荣毕力格	男	小学	蒙古文
	额尔德尼宝力格	男	小学	蒙古文
	苏雅拉图	男	小学	蒙古文
	庆国	男	初中	汉文
4. 70后——				
	敖日古木乐	女	初中	汉文
	佳梅	女	中专	汉文
	娜玛	女	初中	汉文
	红叶	女	小学	蒙古文
	巴德拉	男	初中	蒙古文
	特木勒	男	小学	汉文
	智勇	男	高中	汉文
5. 80后——				
	萨日娜	女	初中	汉文
	桑丹	男	初中	汉文
	莫日根	男	初中	汉文
	莫德	男	小学	蒙古文
	森布尔	男	初中	汉文
	浩尔德	男	小学	汉文
	李辉	男	小学	汉文
	呼木吉乐	男	初中	汉文
	呼格吉乐	男	小学	蒙古文
	明明	男	专科	蒙古文
6. 90后——				
	诺敏	女	专科	蒙古文
	小霞	女	本科	汉文

以上数据说明，20世纪40年代和50年代出生的10人中有2人未接受学校教育，其余就读于伊敏苏木中心校，并且只有两位女性是高中毕业，男性小学毕业之后回猎民村子承父业，参加猎业生产劳动。

虽然20世纪60年代出生的11人中一男一女用汉文就读，但这位男性的祖籍是山东，20世纪70年代跟随其父来到鄂温克自治旗林业局，1983年作为入赘女婿入户吉登嘎查。因此"60后"90%的人接受蒙古语教育，并且多数停留在小学文化水准。

"70后"和"80后"17人中接受蒙古文教育人数明显下降，只占29%，这与20世纪80年代红花尔基林场学校的建立密不可分。比起伊敏苏木中心校，红花尔基林场学校离猎民村近，为了照顾在校子女的日常生活，多数家长选择红花尔基林场学校。就像哈赫尔氏所言："我毕业于红花尔基林场学校，那时猎民村'80后'（子女）都在红花尔基林场学校就读汉文。"在《森林之子——吉登嘎查志》中也有记述："由于嘎查人口较少、户数较少，适龄上学儿童较少，没有达到建设校舍的标准。吉登嘎查离红花尔基镇较近，大多数儿童都就近在红花尔基镇上学，还有部分学生在巴彦托海镇和海拉尔上学……"① 依据嘎查志中的统计数据，吉登嘎查近10年间中专、大专、本科生入学及毕业状况如下：

表4-1　　　　吉登嘎查本科生、专科生、中专生名单②

序号	姓名	学校	学历	所学专业	时间
1	卡丽娜	内蒙古机电职业技术学院	本科	会计与统计核算	2015—2018
2	都荣	包头职业技术学院	专科	计算机与信息工程	2014—2017
3	朝乐门	呼伦贝尔职业技术学院	专科	服装设计	2011—2014
4	额尔和木	内蒙古化工职业技术学院	专科	矿油化工生产技术	2012—2015
5	哈那嘎日	呼和浩特民族学院	本科	数学与应用数学方向	2015—2019
6	亚娜	通辽职业学院	专科	护理	2011—2013
7	乌尼尔	内蒙古河套大学 北京科技大学	专科 本科	计算机技术及应用专业 商务策划管理	2003.9入学 2010.9入学

---

① 戴曙光编著：《森林之子——吉登嘎查志》，内蒙古文化出版社2018年版，第61页。
② 戴曙光编著：《森林之子——吉登嘎查志》，内蒙古文化出版社2018年版，第62—63页。

续表

序号	姓名	学校	学历	所学专业	时间
8	朝格吉勒	内蒙古科技大学包头师范学院	本科	体育教育	2008—2012
9	乌日吉乐	扎兰屯农牧学校	中专	畜牧	2012—2014
10	嘎毕热	内蒙古民族大学	本科	蒙药学专业	2009—2013
11	伊拉古玛	内蒙古民族大学	本科	计算机科学与技术	2009—2013
12	杜雪梅	呼和浩特市民族学院	专科	会计	2015—2018
13	杜文学	长春工业学校	专科	建筑工程技术	2011—2013
14	韩丽红	长春工业学校	专科	建筑工程技术	2011—2013
15	思思	内蒙古化工学院	专科	药品生产监督管理	2017—2020
16	杜明明	中国人民解放军海军职工大学	专科	船舶工程技术	2013—2015
17	乌伊汗	巴彦淖尔市河套学院	专科	护理	2011—2014
18	伊日贵	赤峰学院	专科	现代教育技术	2005—2008
19	吴秀	大连民族大学	专科	自动化	2016年入学
20	杜荣	包头科技大学	专科		2017年毕业
21	黄旭	鄂温克旗职业高中	专科	会计	2017年毕业
22	斯琴	内蒙古民族大学	专科	护理	2008—2010
23	苏诺尔	呼伦贝尔学院	专科	农村牧区经济管理	2001—2003
24	其勒木格	集宁师范学院	大学	2年	2009—2010
		退学后留学日本2010年入尼崎国际日本语学校（一年半制）。2012年4月入大阪观光大学，四年制。	—	—	2010—2012

以上24名本、专科（一名中专生）生中，本科生有7人（包括留日大学生），占总数的近30%，专科生（一名中专生）17人，占总数的70%。占30%比例的本科生中没有被国内知名大学，如985、211或双一流等大学招录的学生，所选的专业以会计、计算机、建筑工程技术为主。随着教育资源往旗（县）、市级集中，吉登嘎查人在海拉尔市或在鄂温克自治旗巴彦托海镇购买楼房或租房子陪读子孙现象的增多，可以预期"牧民们越来越重视教育，……在未来他们必将对吉登嘎查乃至鄂温克旗

的发展做出贡献"。①

第二节　宗教信仰与习俗的变迁

鄂温克先人从事狩猎生产活动中对自然界的日月星辰、草木、动植物等有了独特的认识及思想。他们认为这些宇宙生物体不仅有其自身的生命，作为生命体的人类本身即自然界的一名成员。人和自然融为一体的宇宙生态观致使他们通往了解自我的进程中对自然界的万物产生了神秘感，并赋予万物有灵的文化内涵。如今，在吉登嘎查人生活中虽然以自然崇拜、祖先崇拜为基调的萨满教明显式微，但调查中针对"您家举行祭祀活动时祭拜什么神灵？"的提问，嘎查40户家庭中27%的异族家庭不祭祀神灵，70%的家庭成员毫不犹豫地给出"当然啦，我们祭拜'白那查'神和'敖教勒'神"的答复。

一　山神——"白那查"

山神，鄂温克、鄂伦春语都称"白那查"。研究鄂温克、鄂伦春学者对"白那查"神有如出一辙的记述，即以狩猎为生的猎人来说，没有山林就没有他们的一切，他们认为山林里的一切飞禽走兽都由"白那查"掌管②，猎人心目中的"白那查"形象为白胡子老人，因此他们一般是在山林中找一棵高大的老树，将树干下部的一块树皮剥去，用斧头砍出人头像雏形，再用木炭画一个老汉的脸形，绘制成白胡子老人敬其为山神之像，然后用"阿查"烟熏一熏，驱除污秽，再敬烟敬酒，跪拜祈祷。所有猎人经过这棵树旁，都要下马祭拜。猎人遇到悬崖峭壁、参天大树、深洞怪石等都要屏息静气，不敢喧哗，以为这是山神"白那查"栖身之处，怕惊扰山神而对狩猎不利。

有关"白那查"山神，曾经的猎民③给我们讲述打猎时的禁忌，比如

---

① 戴曙光编著：《森林之子——吉登嘎查志》，内蒙古文化出版社2018年版，第61页。
② 吴雅芝：《最后的传说：鄂伦春文化研究》，中央民族大学出版社2006年版，第158—159页。
③ 来源于2014年8月11日调查组对苏荣毕力格的采访记录。

他们最忌讳"我们打猎去""上山打围去"这类的话,丰获猎物也只能说"山神赋予的恩赐"。尤其任何人绝对不许说是鄂温克人打死了熊或熊被打死,而只能说"睡觉了""熊睡了"等。特别强调打猎时不能唱歌、不能大声说话,猎民打猎前一定要祭祀山神,即白那查神。

直到现在柯勒塔基尔氏子孙后代秉承着对山神、祖先的敬仰之心,在每年阴历 5 月 5 日祭祀 300 多年前被祖先赋予神性的这座 Goiholjin 敖包,即白那查山神。

图 4-1

注:图 4-1 是 Goiholjin 敖包远景,2017 年 7 月 5 日由柯勒塔基尔氏·德力格尔扎布提供。

出于山神的敬仰,哈赫尔氏也曾对调查人员坦言一件事:吉登嘎查前任书记在辉腾河那边有自己的麦地,当时称之为"学校扶贫麦地"。这个麦地上有一座桌子那么高的石佛(后来有人拉走了)。那时(指打猎时)猎民队有个老猎民站在石佛顶上做出不礼貌的灌酒行为,回家后没多久就去世了。去世之前疼痛难忍时来到我家,(那时我小,妈妈跟我说过)妈妈当时看到他脖子上有鱼钩似的东西。哈赫尔氏接着讲述,我打猎时从来不敢碰山顶的石头。连人影都看不到的荒山遍野谁会垒起石头啊,而且那个是晃晃荡荡看似掉下来的石头,谁会在石头顶上垒石头,我特别奇怪。那个地方又高又犹如人们用石头围起来的牛圈、羊圈,所以人们命名为"Horgan",只要进一个东西跟落网的鱼似的,都跑不出去的,全是石头。

图 4-2

注：图 4-2 是 2019 年阴历 5 月 5 日（阳历 6 月 7 日）柯勒塔基尔氏族祭拜的 Goiholjin 敖包。

图 4-3

注：图 4-3 是 2019 年阴历 5 月 5 日（阳历 6 月 7 日）柯勒塔基尔氏族人员祭拜 Goiholjin 敖包之后合影；由柯勒塔基尔氏·德力格尔扎布 2019 年 6 月 9 日提供。

猎民后裔依然用现代人的情怀守护着山神等狩猎文化的敬仰之情，并身体力行祭祀"白那查"山神。

二 萨满神灵

柯勒塔基尔氏族人员每年祭祀 Goiholjin 敖包之后，阴历 5 月 6 日再祭祀萨满（Shiendeng Onggon）神灵，即柯勒塔基尔氏族最后的萨满——莫吉格萨满的（onggon）神灵。

萨满作为人与神交往的特使、神灵的代言人，在世时为凡人消灾祈福，去世后子孙后代敬仰萨满神灵并对其举行祭祀仪式。

有关莫吉格萨满，汪立珍[①]引述中国社会科学院民族研究所满都尔图[②]的采访，介绍鄂温克族著名的三位萨满：奥云华尔萨满（杜拉尔氏）、纽拉萨满（柯尔特依尔氏）和莫德格萨满（柯尔特依尔氏）。其中，纽拉萨满"女，1907年生，鄂温克柯尔特依尔氏族人，住额尔古纳左旗（现在的根河市）敖鲁古雅鄂温克民族乡。据其本人自述，她的哥哥格列西克在17岁时当萨满，不久病故。从此，纽拉神经失常，久病不愈，最后请布利托天氏族有名的女萨满敖力坎（敖力坎的师傅是鄂伦春萨满，名为敏其汉）为师成为萨满。由于年老，纽拉萨满很早就已停止宗教活动，将萨满礼服收藏山林中。'文化大革命'中黑龙江省博物馆将纽拉的神服征去，后由内蒙古自治区呼伦贝尔市民族宗教事务处索回收藏，除个别零件外仍完整无损"。莫德格萨满"女，1934年生，鄂温克柯尔特依尔氏族人，10多岁时因病许愿后成为萨满，已有40多年历史，自'文化大革命'后已停止进行宗教活动。据其亲属介绍，莫德格萨满有12个神灵，是一位虔诚的萨满。1991年8月27日当我们（即满都尔图调查组）采访时，经其在苏木（乡）工作的内弟再三说服下才答应唱述其祷词。但仪式必须在夜间进行，请神必须见血，必须有香火和神灯等。当上述要求一一准备妥当后，祭神仪式于当夜10时开始至次日晨2时，共唱述了6首神歌。每唱一首，间歇片刻。由于室内已经挤满围观者，声音嘈杂，只有前3首录音尚可翻译其片段"。

《吉登嘎查志》[③]记述，贺勒德给仁（柯勒塔基尔氏）·莫吉格（1909—1994），鄂温克族，著名的伊都甘。过世后把她的遗体挂在光秃山的神树上，她的族人每年去祭祀。她的神祇来了以后，敬佛驱鬼，让病人喝坦米茶开始治病祛邪。她主要用四种法术：阿尔希拉那、乌米亚仁、

[①] 汪立珍：《鄂温克族宗教信仰与文化》，中央民族大学出版社2002年版，第55—56页。
[②] 满都尔图：《达斡尔、鄂温克、蒙古（陈巴尔虎）、鄂伦春萨满教调查》，中国社会科学院民族研究所印刷，1992年版，第47—48页。
[③] 戴曙光编著：《森林之子——吉登嘎查志》，内蒙古文化出版社2018年版，第32页。

伊德格希仁、陶高如陶高仁。

为了更具体了解柯勒塔基尔氏萨满身世，笔者于2019年6月12日采访了柯勒塔基尔氏·德力格尔扎布。通过他的口述证实以上文献记述的"莫德格"和"莫吉格"萨满同属一人，是伊敏河畔柯勒塔基尔氏族第七代，也是最后一位萨满（从此，猎民村再没有萨满了）。每年阴历5月6日吉登嘎查柯勒塔基尔氏族人祭祀的即莫吉格萨满神灵。

德力格尔扎布讲述莫吉格萨满的生平时，以他父亲的属相及辈分来澄清"年龄比我父亲都小的莫吉格姑姑，怎能出生在1909年呢？根本不可能的事，那是错误的记录。我的莫吉格姑姑（父亲的堂妹）是有名的大萨满，1935年出生，20世纪90年代去世的（忘了确切时间）。80年代拍摄的那张照片上的人物就是我莫吉格姑姑（图4-4）。据老人们讲，在'文化大革命'之前莫吉格姑姑头戴铜制的7只鹿角神帽，用鄂温克语叫'Yiglegur'，圆形的，我（德力格尔扎布）小时候也做过这样的帽子（图4-5）。莫吉格姑姑是柯勒塔基尔氏族第七代萨满，去世后柯勒塔基尔氏再没有出现萨满"。

图4-4

注：图4-4是莫吉格萨满在20世纪80年代跳神的照片。据德力格尔扎布的口述，莫吉格萨满是德力格尔扎布二曾祖父杜Jinggi额勒格松的孙女。照片中左侧蹲着录像者是当年来呼伦贝尔调查的日本学者，2017年7月18日由德力格尔扎布提供。

德力格尔扎布介绍：萨满是以鹿角叉的数目来划分辈分和资历。如一代萨满戴1叉，两代萨满是2叉，三代萨满3叉，四代萨满4叉，五代萨满5叉，六代萨满6叉，七代萨满戴7叉鹿角帽等。

第四章　精神文化与生活空间的变迁　　　　143

图 4-5

注：图 4-5 是 2019 年 6 月 12 日德力格尔扎布随手画的"Yiglegur"样板。

　　对鹿角神帽，汪立珍认为："鄂温克萨满初学禅法时不穿神衣，只戴神帽。神帽上的鹿角是萨满的力量所在。据说如果没有鹿角，萨满穿上百十斤重的神衣站都站不起来。鹿角上的数目因萨满资历的深浅不同而多少不等。一开始是 3 叉，过了 3 年举行'奥米那楞'仪式后，神帽上的鹿角可增到 7 叉、8 叉。经过 4 次奥米那楞仪式后，神帽上的鹿角可增到 9 叉。萨满 8 帽的形状近似瓜皮帽，表示萨满拥有的世界。在其上面顺着瓜皮帽的外形用铁条做了一个圆圈表示宇宙。在圈上又架了两条弧形的……帽架，表示宇宙万物神灵的轨程。在左右形的弧线上端饰有一对相向的小鹿角，鹿角在这里表示萨满神灵的落脚地。"[1]

　　随着柯勒塔基尔氏第七代萨满的离世，如今吉登嘎查人或请布里亚特萨满或请杜拉尔氏萨满进行祭祀神灵仪式事例说明，猎民氏族萨满已退出历史舞台。

　　然而，如文中深描的"精神分裂者"哈赫尔氏，每次受访时强调"我不愿意让别人研究我"，但是话题转移到萨满，他就意味深长地道出自己萨满家族之事，印象深刻的是萨满神力的两个案例。第一，当年日本人给鄂温克孩子传播病毒后把这些孩子放到勒勒车上，鄂温克人心疼就抱起这些孩子，结果很多人都染上瘟疫，我（哈赫尔氏）爷爷用萨满神力救活了不少人；第二，那一年日本人在海拉尔进行焚烧萨满行动，用柴油烧焦绑在车轮胶皮（就是大轱辘）里的萨满，如果是普通人早就被烧成

---

[1]　汪立珍：《鄂温克族宗教信仰与文化》，中央民族大学出版社 2002 年版，第 71—72 页。

图 4-6

注：图4-6是吉登嘎查一户人家（猎民后裔）在2015年7月30日请布里亚特萨满进行祭祀祖先神仪式；调查组于2015年7月30日拍摄。

图 4-7

注：图4-7是吉登嘎查柯勒塔基尔氏族后裔在2019年6月8日（阴历5月6日）祭祀莫吉格萨满神灵之后拍摄的全体照。2019年6月9日由德力格尔扎布提供。

灰了，但是萨满被烧一宿（哈赫尔氏强调：这是真事），11个萨满一个都没死，第二天胶皮里带干干净净而11个萨满拿着鼓跳神（哈赫尔氏说明，如果自己说的是假话，你们可以查资料证实），最后日本人给萨满磕头,再也不敢伤害萨满了。我的姥姥也碰到过日本人磕头之事。[1] 哈赫尔氏还重申:自己的祖辈不是打猎的,而是萨满,到我这儿已经是七代萨满了。或许萨满神灵已附体,每一次的交流使笔者都赶不上哈赫尔氏的思路,产生空灵缥缈的无力感。他还充满自信地对笔者讲:萨满的个性你们永远不会懂得,生与死的那种感觉你们知道吗?你永远都不知道,我可是知道呢,因为我是猎人……猎民世界里每一个"精神分裂者"都是萨满的后代。

如果说曾经对萨满的传承是以老萨满去世其神灵附在某人身上,通过众人验证他是否能讲清那个萨满身世,如今超越时间与空间,萨满神灵却在吉登嘎查人的认知中以传统"魔幻的"与现代"理性的"面相并驾齐驱,影响着当地人的日常生活。

三 祖先神——"敖教勒"

祖先神——"敖教勒",在吴雅芝[2]和汪立珍[3]著作中各称作的"敖教勒"是鄂伦春语和鄂温克语,实则都指"根子"之意,即一个祖先之人。无论鄂温克人还是鄂伦春人,他们的灵魂观念最先趋于对氏族祖先的崇拜。相信人死后灵魂不死,其灵魂仍然可以干预人事,左右人们的吉凶祸福。但并不是说每一个人死后他的灵魂都能成为神,而是在氏族中影响极大、威望极高的人死后成了后人的祖先神。如柯勒塔基尔氏族祖先毛考待汗,担任氏族首领时,不仅把氏族治理得井井有条,而且还是一位能骑善射的骁勇战将,多次率领氏族成员抵御和击退外部势力的侵扰,在氏族中影响极大、威望极高。他死后,柯勒塔基尔氏族的人就把他奉为本氏族的保护神。还有一些人,生前曾有过什么不平凡的经历,死后人们根据其特征制成偶像供奉起来,成了后人的祖先神。这样的祖先神不一定具有氏族性,所供奉的可能只是氏族中的一部分人,或仅仅是一个家庭。

基于此,可以理解"敖教勒"神是保护本氏族全体成员的安全与财

---

[1] 来源于2018年10月5日哈赫尔氏的口述。

[2] 吴雅芝:《最后的传说:鄂伦春文化研究》,中央民族大学出版社2006年版,第166—167页。

[3] 汪立珍:《鄂温克族宗教信仰与文化》,中央民族大学出版社2002年版,第44—45页。

产，是氏族保护神，氏族成员对它非常敬重。"敖教勒"有喜怒哀乐等多种性格，谁若是惹它生气，"敖教勒"便会让谁生病。因此，鄂温克人形成祭祀"敖教勒"的传统习俗，表示对"敖教勒"的敬重。每年阴历5月5日和8月15日这两天，鄂温克人给"敖教勒"献祭食物，点上蜡烛。① 有关"敖卓勒"神的来历，鄂温克人认为"敖卓勒"是祖先在外出途中被雷电击亡者的灵魂变成的。据说其上半身变成了"保勒索浩勒合鲁勒"神；中身留在地上变成了"谢考达热勒"神；下半身变成了9个"道尔保如"神。萨满和一般人家都供这些神，有偶像，悬供在"斜仁柱"内的柱顶圆木上，位置最高。萨满跳神时先讲"霍卓热"（敖教勒），说他是萨满的主神，是"祖先"，氏族的保护神，得罪了他要生病。② 鄂温克萨满神灵当中，氏族祖先神是最基本、最重要的神灵。在萨满诞生之前，首要条件是氏族祖先神附着在他的身上，对她（他）进行各种考验与磨炼。③

对于"敖教勒"神，吉登嘎查多数人知道那是祖先神，但对祖先神的来历及祭祀议程上略显模糊。2015年7月30日（阴历6月15日）调查组有幸参加一户人家祭拜祖先神的仪式。据村民讲，这一户人家近两年诸事不顺，所以请萨满祭祀祖先，祈求祖先神灵降福除灾，保佑全族人吉祥平安。具体过程是，首先在自家的客厅摆放一桌，把酒、奶茶、糕点等供品敬放于前，墙上挂风马，供品桌两旁立放木质的马头，顺着墙壁放好系上红、绿、黄、白、蓝各色布条（禁用黑色布条）的柳条子，把萨满请到家，萨满先烧一种"刚嘎"草（蒿草），然后把神鼓用烟火烤过，接着穿神衣，胸前挂上小铜镜，左手执神鼓，右手拿鼓槌，开始祭祀祖先（图4-8）。其次，家族人员在萨满面前跪拜祖先神灵之后把一只羊牵到祖先供品前，请萨满亲手把一杯鲜奶灌入羊耳，一碗奶放在羊后尾上（图4-9），等羊把耳朵摇三次时将羊的主动脉割断（羊的头必须朝西南方向），把割断的羊主动脉放在供品前。后将煮熟的羊尾、前胸及羊的内脏（舌头、心脏、肝、肺）用来祭祀祖先（图4-10）。祭祀仪式中萨满

---

① 汪立珍：《鄂温克族宗教信仰与文化》，中央民族大学出版社2002年版，第45页。
② 杜柳山、涂布信：《鄂温克族宗教诸神初探》，载于《鄂温克族研究文集》第二辑（下），内蒙古自治区鄂温克族研究会1991年版，第296页。
③ 汪立珍：《鄂温克族宗教信仰与文化》，中央民族大学出版社2002年版，第65页。

说明祭祀祖先的缘由，讲本家族的事之后开始跳神。萨满双目紧闭，鼓声逐渐加快，萨满开始与本家族的祖先通话，把祖先的嘱托转告其家族人。再次，萨满点某属相的人，本家族中的属此相的人（当时这家男主人）出来给萨满一碗奶，萨满咬住碗转三圈，把碗扔地下，碗口朝上旁边人齐喊"托热"（平安无事）后，萨满再把事由告知本家族人员。最后给马封神，将封神的马，称之为"Onggon Mori"（神灵马），萨满将"Onggon Mori"当作祖先的坐骑，献给祖先（放回大自然）。（图4-11）仪式结束后把供品分享给全族人。

图 4-8

注：图4-8是吉登嘎查一户人家请来布里亚特萨满进行祈福祖先神灵仪式；2015年7月30日调查组拍摄。

图 4-9

注：图4-9，一只羊被牵到祖先供品前，萨满将一杯鲜奶灌入羊耳，羊尾上放一碗奶。

图 4-10

注：图 4-10 是将煮熟的羊尾、前胸及羊的内脏（舌头、心脏、肝、肺）用来祭祀祖先。

图 4-11

注：图 4-11 是萨满将"Onggon Mori"当作祖先的坐骑，放回大自然。

参加此仪式的人员共 20 多人，外来人员也未受到限制，调查组全体成员近距离"体验"了本家族祭祀祖先神灵仪式。

2016 年 7 月 30 日调查组再次来到吉登嘎查，在柯勒塔基尔氏家族人的带领下准备祭拜在嘎查北面小葱山脚下重建的柯勒塔基尔氏族水神（龙王）敖包（图 4-12），正顺着太阳方向绕三圈时，被女主人呵止，原因是女性经期不能祭拜敖包，于是，怀揣敬畏之心去祭拜敖包的笔者才意识到"传统的再现"仪式中性别隔离仍然存在，并且本家族女主人恪守着这一传统禁忌。

但无可否认，从传统家庭教育、私塾到现代学校教育，山神、萨满神灵的祭祀及对祖先"敖教勒"神、水神敖包仪式，都吸纳其现代仪式元素，再融入鄂温克猎民"原本的传统"，现代文明交界处显现了精神文化

第四章　精神文化与生活空间的变迁　　149

图 4-12

注：图4-12是吉登嘎查柯勒塔基尔氏族请萨满复建的"小葱山下的氏族龙王神"敖包，于2016年7月30日由调查组拍摄。

的重组及变迁。

如此的情境让笔者不由想起2003年8月参与云南大学与内蒙古大学蒙古学中心合作进行的鄂温克族村寨调查[①]中，辉苏木乌兰宝力格嘎查巴图吉日嘎拉萨满的预言，即"有一天，我的先世萨满托梦给我说，将来你们的子孙将生活在达兰和蜘蛛网之中"。巴图吉日嘎拉萨满说自己琢磨了好久，终于明白这句话的寓意，即"达兰"是鄂温克话，意为沼泽地中的旱地，这意味着我们的子孙要生活在一个比较干旱的区域，而不是像过去那样的水草丰美的草原上，如今的生态环境已经退化，草原经常出现干旱、大风。而蜘蛛网则意味着我们的子孙将生活在网络里，各种联网、通讯之中，可能在蒙古包里就可以与世界各地联系，足不出户就遍知天下事。

---

① 调查成果见李·吉尔格勒、罗淳、谭昕主编：《鄂温克族——内蒙古鄂温克族自治旗乌兰宝力格嘎查调查》，云南大学出版社2004年版，第318页。

第三节 生活空间的变迁

有学者指出，自从英国的 E. E. 埃文思—普里查德（1940）的《努尔人》(*The Nuer*) 一书问世后，人类学者便借由时空结构的观点来了解原住民的生活。在努尔人一样的传统社会当中，亲属关系实质上决定了人们的日常生活准则，像是具体的居住范围与空间和时间的关系。[①] 例如，近亲住得比远亲近，离家越远，亲属系谱关系也就越行拉远。然而，萨林斯提出，亲属关系是早已超出血缘关系的一种文化符号，即便是生育关系亦与"更大的母体"——社会勾连在一起，生产出"相信有血缘关系"的社会人群。这样的建构论从纵向的社会变迁（广义）和横向的个体生活（狭义），描绘出传统与现代社会在不同时期交融的面向，作为吉登嘎查"母体"的猎民生活，也从氏族社会的裂变、生产生活的转型开始早已被架构到新的（纵向）的组织及生活节奏当中，具体的（个体）居住范围与生活空间发生了翻天覆地的变化。

从1998年收枪至今，虽然历经20多年的转产，猎业已渐行渐远，但调查组入户采访时猎民后裔依然清晰地画出了曾经的狩猎生产活动空间（图4-13）。

图 4-13

注：图4-13是猎民打猎时所走过的路线图；2018年9月6日猎民后裔德力格尔扎布画。

[①] 刘绍华：《我的凉山兄弟——毒品、艾滋与流动青年》，台湾群学出版社2013年版，第32页。

图 4-13，以吉登嘎查为坐标，最南端与蒙古国临界的 IIHE GVDDA 山（像锅一样形状的山）到北面的达格森山，东面的李济山到西面的新巴尔虎左旗，整个地图展现的是高山、森林、河流密集的广阔的空间，很难用现代人的"公里"数来衡量计算。

老猎民回忆：那时大部分猎民都居住在地窨子（图 4-14、图 4-15）中，少数几个官员才能住上木头房。地窨子用辉河方言叫 Sangaalju，即先往地面挖 1 米深的洞，上面再铺上木头当作房梁，屋檐下方朝南方向开口便是窗户和屋门。这样的地窨子虽然简易，但冬暖夏凉。

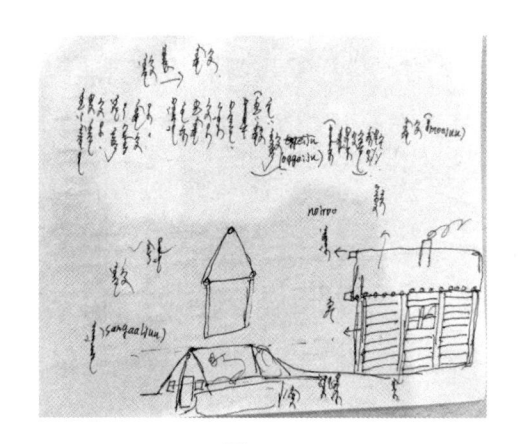

图 4-14

注：图 4-14 是 2016 年 7 月 29 日由德力格尔扎布画的地窨子和木头房子。

图 4-15

注：图 4-15 是在《吉登嘎查成立 30 周年图片展》中出现的地窨子图片，2015 年 8 月 15 日由吉登嘎查萨仁其其格提供。

到 20 世纪 30 年代，猎民开始冬季住木头房（图 4-16），夏季住柳条包（图 4-17）。据德力格尔扎布讲，木头房用鄂温克语叫 moo ju，柳条包为 egge ju。

图 4-16

注：图 4-16 是 moo ju（木头房）；2017 年 7 月 4 日调查组在吉登嘎查拍摄。

图 4-17

注：图 4-17 是 egge ju（柳条包）；2017 年 7 月 4 日调查组在吉登嘎查拍摄。

egge ju（柳条包）呈圆形尖顶，开有天窗，上面盖着柳条，并用柳条做围栏，之后用马鬃或羊毛拧成的绳子捆绑而成。打猎时在山上搭建简易的"撮罗子"（图4-18），用于临时居住。

图 4-18

注：图4-18是在《吉登嘎查成立30周年图片展》中出现的"撮罗子"图片；2015年8月15日由吉登嘎查萨仁其其格提供。

继冬天住木头房、夏天住柳条包之后，猎民又住进土房（图4-19）。1981年"猎民队"成立。1995年通过"大牛圈扶贫农牧场"开发初建10间砖房。1996年续建22间砖房（图4-20），也是吉登嘎查人现住的砖房原型。

图 4-19

注：图4-19是猎民从木头房住进的土房；2014年8月16日调查组在吉登嘎查拍摄。

图 4-20

注：图 4-20 是 1995 年通过"大牛圈扶贫农牧场"开发初建的砖房；2014 年 8 月 10 日调查组拍摄。

2011 年为实施国家项目每户出资 15000 元，国家补贴剩余款项，32 户盖了与第一批砖房一样风格的近 78 平方米的砖房（图 4-21）。2015 年

图 4-21

注：图 4-21 是国家实施的第一批项目砖房；2014 年 8 月 10 日调查组在吉登嘎查拍摄。

第四章　精神文化与生活空间的变迁　　155

随着内蒙古自治区"十个全覆盖"工程的推行，将原来的砖房重新刷漆，并把木板栅栏换成整齐划一的铁栅栏。这与国家保护森林资源意识密不可分，也考虑外观的整洁。

图 4-22

注：图 4-22 是 2015 年内蒙古自治区实施"十个全覆盖"工程之前的吉登嘎查面貌；2015 年 7 月 31 日调查组拍摄。

图 4-23

调查组第一年（2014）、第二年（2015）在"猎民旅店"住宿时用人工压井来满足每天的日用水（图 4-25 和图 4-26），第二年"猎民旅店"杂草丛生的院子铺成水泥地。

图 4-24

注：图 4-23、图 4-24 是实施"十个全覆盖"工程之后的吉登嘎查面貌；2016 年 7 月 27 日调查组拍摄。

图 4-25

注：图 4-25 是 2014 年 8 月 17 日调查组拍摄的吉登嘎查"猎民旅店"及压井。

2016 年调查时每家每户改用自来水，生产生活中也用电泵抽水。调查期间每到一户人家，就看到离这一家东北或西北近 50 米处有茅厕（图 4-29），2016 年这样的茅厕不多见了，而用简易的铝片铺顶，挡住了刮风下雨。

打猎时从广阔的自然空间到如今的人文居住模式的改变，可以洞察吉登嘎查生活空间的变迁所带来的人与人之间的关系变化。

图 4-26

注：图 4-26 是 2015 年 7 月 31 日调查组拍摄的"猎民旅店"侧房及水泥地上的压井。

图 4-27

注：图 4-27 是 2016 年 7 月 27 日调查组拍摄的"猎民旅店"全景。去掉压井，在旅游季节增设 egge ju 和侧房接待室。

首先，如果早前的地窨子、木头房和柳条包不需要特意锁门，亲属之外的客人也可以拉开房门直接进屋并一览无余，这样的情境显然在现代人

图 4-28

注：图 4-28 是用电泵抽水的一户人家，2017 年 6 月 29 日调查组拍摄。

图 4-29

注：图 4-29 是 2015 年 8 月 4 日调查组在吉登嘎查拍摄的茅厕。

眼里没有多少隐私或个人空间。但如今的居住结构使得外人需通过院子栅栏门才能接近宅门，进院子之前也必须敲门，主人允许才可以往里走。

其次，户与户之间的独立性，使调查组要与受访者预约，如果没有预约唐突走进哪一户或不被接受或吃闭门羹。即使接受采访，也听从受访者的意见，不能随意踏进哪个房间。

第一年（2014）调查组在"猎民旅店"观察到村民、亲友之间"串门子"现象，特别是中、老年人之间或在小侧房内或（临时搭建的）柳条包内围着炉子漫无目的地聊天，家庭内的有限空间也因此得到最大限度的利用。有学者也分析这种"串门子""闲聊"现象因"室内活动空间的缺乏反而促进了社会交往,特别是同村亲友之间的'串门子'。……串门子多半发生在同性同龄人之间,而家庭内的有限空间也因此得到最大限度的利用。换言之,无论是在自己家里还是别人家里,村民们通过串门子的方式在同性同龄朋友中找到自己的空间"。①

2015年之后,随着调查的深入,发现嘎查人不愿过多接受采访,并且邻里之间的互动也日渐减少。特别是打草季节,有些家庭较早迁至冬营地,在嘎查通道上偶尔响起摩托车或轿车声,邻近住户也觉得太吵闹而显出抱怨情绪。虽然户与户之间存在姻亲关系,但从这一家问起那一家的情况时,不仅不知,连邻居家的孩子叫什么名字都说不出,甚至家庭成员间也发生了微妙的变化。家庭成员有了各自独立的空间,除了吃饭时到客厅,平常都在各自的卧室享受自由空间。例如有一户人家父母住在侧房,未成家的小儿子住在五间大房里。(图4-30)两位老人坦言:"我们老两口平常就住这个小屋,儿子住大屋并自己收拾房子,我们都不进他的房间。"

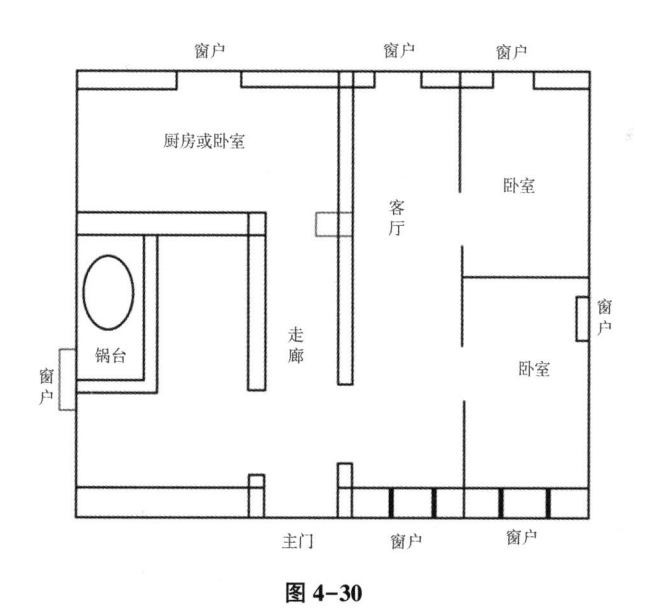

图 4-30

注:图4-30是吉登嘎查人现住的砖房平面格局。

---

① 阎云翔:《私人生活的变革:一个中国村庄里的爱情、家庭与亲密关系1949—1999》,龚小夏译,上海书店出版社2006年版,第133页。

嘎查每一户几乎在主房东侧盖了侧房，侧房中间隔开，如家有老人，老人就住西侧这一间（近15平方米）的小屋，东侧一间当仓库。小屋内部分两间，推门进来的房间被用作厨房，里屋搭建了火炕，外屋的锅台和里屋的火炕隔着墙挨在一起。用锅台烧火时，烟经过火炕通道的烟囱排出屋外（图4-31）。孩子或年轻夫妇居住的主房，以现代化样式装修，现代化设备，如电视、冰箱（冰柜）、电脑等俱全，铺设木床或铁床，冬天用自家烧煤暖气来供暖。

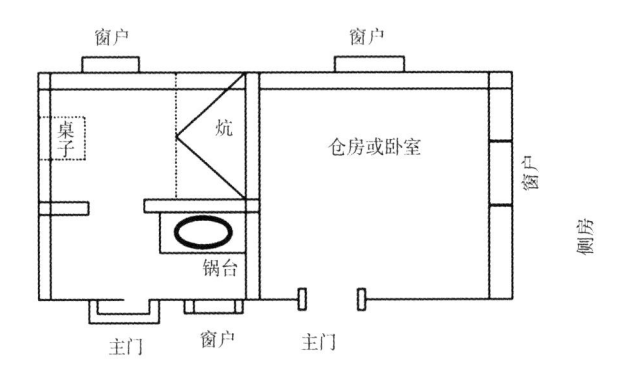

图 4-31

注：图4-31是吉登嘎查人的侧房格局。

调查期间无论在侧房还是在主房与受访者交流，因客厅、卧室分开，人们可以将家庭生活中的重要部分与外界的公共生活分隔，形成相对独立的私人空间。

从以上特点分析，现代化脚步的加深带来猎民原本的"集体生活"空间逐渐向注重"个体"转型，已显露新的空间创建新的社会关系及新秩序的端倪。

研究中国未来家庭和社会走向的学者阎云翔在早期著作中分析，现代化会对个人未来的发展带来更广阔的自由空间。不过，在近期的研究中又补充解释："在全球化的时代，个体认同并未走出传统的模式；我们仍然要依靠最亲密的人来界定自己在社会中的位置。当失去了过去的制度保护和公共服务之后，这种一体化的认同关系反而加剧了人际之间的紧张关系。"[①]

[①] 阎云翔：《中国家庭结构的脚本是什么》，"社会学吧"微信公众平台，2019年7月23日。

要让鄂温克猎民在现代化大家庭中与时俱进,改善其居住环境是实现现代化的重点和要点。但也不能忽略其背后的一系列文化符号链条的重新调整问题。如同有学者提出:"如果我们把西方式的现代化看作是第一种类型的现代化,广大非西方国家的现代化努力就属于第二种类型。在那些非西方国家存在大量的'少数民族',他们一方面追赶本国的发达族群,一方面要走向国际。他们的现代化努力既不同于第一种类型的现代化,也不同于第二种类型的现代化;它属于第三种类型的现代化。"[1]作为中华民族共同体一员的鄂温克"猎民",他们的现代化理应属于第三种类型的现代化。而调查中老猎民认为,"我们现在不是牧民,也不是农民,也没有种过树。只是靠山吃山、靠河吃鱼,保护纯天然环境,守护边疆而延续下来的特色民族"[2]并发出"我种地种不过汉族老大哥,我放牧放不过蒙古族兄弟"[3]的声音,足以说明鄂温克猎民的现代化呈现出与以上任何类型不同的特性。

实践已证明,只要有足够的资金支撑,短期内国家能够实现重建家园或修缮房屋的愿望,并提供更好的公共设施及医疗、教育环境。与此同时,鄂温克猎民社会息息相关的生活习俗、道德准则、行为规范等一系列文化符号如何在新的空间中重新调整,得到保留及传承,也是现代化各项改革行动中不可忽视的一面。

---

[1] 纳日碧力戈:《现代背景下的族群建构》,云南教育出版社2000年版,第271页。
[2] 来源于2015年7月30日吉登嘎查时任嘎查达的口述。
[3] 在2018年3月10日召开的中国人民政治协商会议——小组会议上由鄂温克族政协委员杜明燕代表发言。

第五章 "猎民"：先做现代人

第一节 "我们不是猎民了"

笔者从2003年与猎民一面之交到2006年在吉登嘎查短暂停留两个小时，直至2014年真正进入人类学田野调查，历经11年与猎民村的人们循序渐进地接触，目睹他们生产生活的转型，感受"从祖辈以来守护边疆、保护环境"延续下来的猎民，迈入现代民族行列过程，一并承载着中华民族共同体使命。然而，现代社会往往保留对他们的——"猎民"刻板印象，使他们陷入现代社会认同困境。

一 "猎民"——文化上的刻板印象

对于曾经的猎民在生产、生活变迁中的角色转换，首先应从"原始"通古斯的融合形态、通古斯诸部族的变化等入手[1]，洞察其通古斯系诸族群、索伦部落以及猎民的演变脉络。

继史禄国、埃塞尔·林格伦之后，拉铁摩尔记述：17世纪末叶，满族在政治上尚未出现国民形态之前，已占据了满洲族群核心地位。而嫩江和呼兰河之间的大平原成为蒙古系诸部族和通古斯系部族争斗的舞台。蒙古人与满洲系诸部族在此相遇，他们的后裔据守在松花江上游的城市，历经汉化的旧满族，直到纳入山林中的"原始"通古斯，造就出复合通古

---

[1] オウェン・ラティモア (Owen・Lattimore)：『満州に於ける蒙古民族』，後藤富男訳，财团法人善隣协会发行，昭和十一年六月三十日第四版发行，第150—151页。

斯族要素的满洲国民。①

　　各族群分解、整合的过程实则从 17 世纪初开始的。当时满族在政治势力上与汉人抗衡，以蒙古人作为旗的族群单位，让其处于自己的指挥之下，蒙古人也依此保障获得社会政治地位。两者在族群、语言关系中有了更明确的认同。满族往往把蒙古人直接纳入旗军制中，② 以旗制来统治遥远的北方通古斯，执行起来非常适当。随着旗组织的扩大，旗自体得以加强，行政中心的都市便是各八旗守备队的驻屯地，以诸旗士兵及家族组成所谓的新满族。与被编入满洲诸旗的新满族相比，住在特定行政区域之外的人以及他们的家族、亲戚得不到任何的优待。③ 因此，虽然在你推我拉的新关系调整中初步形成旗制，但尚未达到诸族群明确的边界和安定的环境，中心与边缘还在游离状态之中。

　　值得一提的是，满族还未完成对内部的行政支配权时，已与阿穆尔河的俄罗斯人发生冲突。因此诸多族群只是形式上被统一在旗军制，"族群"间的差异绝不是固定的，富有极强的流动性。上至农耕部落民，下至森林狩猎者、游牧民等极其错杂的，具有社会、文化之差异的诸多族群聚合在满族新政体。如果追其此时为何编制军队之事，是为了抗衡外敌，而非为内部的整顿。直到 1689 年俄罗斯国境问题解决，俄罗斯人的势力仍波及此处，族群的去留问题仍未明确。据说土著民中出现一部分人跟随俄罗斯人，有些对满人感兴趣的情形。④

　　拉铁摩尔分析，此时在满洲诸族群中达古尔成为最重要的成员。天命（1616—1626）年间努尔哈赤完成初期的征服，自称皇帝之时，与其说达古尔是在嫩江河谷，不如说是多聚居在阿穆尔河沿岸，达古尔一位首领主动与满族结交，彼时威力还没有波及阿穆尔河沿岸的满族，给予达古尔很高的地位和优待。之后，因俄罗斯人的压力迫使达古尔的一部离开满人服

---

① オウェン・ラティモア（Owen・Lattimore）：『満州に於ける蒙古民族』，後藤富男訳，財団法人善隣協会発行，昭和十一年六月三十日第四版発行，第 149 頁。
② オウェン・ラティモア（Owen・Lattimore）：『満州に於ける蒙古民族』，後藤富男訳，財団法人善隣協会発行，昭和十一年六月三十日第四版発行，第 149 頁。
③ オウェン・ラティモア（Owen・Lattimore）：『満州に於ける蒙古民族』，後藤富男訳，財団法人善隣協会発行，昭和十一年六月三十日第四版発行，第 150 頁。
④ オウェン・ラティモア（Owen・Lattimore）：『満州に於ける蒙古民族』，後藤富男訳，財団法人善隣協会発行，昭和十一年六月三十日第四版発行，第 153 頁。

从于俄罗斯人，满人对达古尔发起讨伐。依据记载，满人的讨伐是以成功告终，但事实上一部分达古尔仍服从了俄罗斯人。1689年《尼布楚条约》之后达古尔主要部分回归嫩江溪谷，直到今日分布和居住在此地域。虽然达古尔自身也是蒙古人，据说这个称谓是"发展"到归入满族指挥之下时的叫法。达古尔名称来源于蒙古语动词"dagomoi"，俗称dagona（"跟随""服从"意义上，能想到所表达的"封建"关系），汉人通常叫达呼里（Ta-hu-li）或达呼尔（Ta-hu-erh），英语受俄罗斯人的发音影响，说Daur的多。① 因此达古尔（达斡尔）原本指涉归服于满族的那一部分蒙古人。

就是这一部分达古尔，犹如打进驯鹿地带的楔子（骑兵队）一样，从北方的嫩江及阿穆尔河溪谷出入，影响其通古斯驯鹿族群。虽然一部分通古斯经济上未像达古尔一样过渡，但固有的驯鹿经济已被打破，出现人种上附加的族群纽带上颇弱的众多达古尔。他们已失去驯鹿，得到的马也极少，养马也仅仅用在运输上，而不是为了厮守牧场。况且此地森林、山岳多，没有经营游牧经济的余地。各达古尔大体分布在沿兴安岭分水线到流入嫩江西岸诸河谷一带，主要以狩猎作为生活手段。②

拉铁摩尔借助蒙古国学者Baddeley的说法，根据当时阿穆尔河附近的达古尔村落和城堡中的俄罗斯人活动轨迹，说明当时已被俄罗斯引渡的称之为达古尔（归服者）的一位首领——钢铁木尔及其子孙之一在旅顺住居的事迹。③ 其实，埃塞尔·林格伦在其文中④结合历史背景表述："清世祖顺治元年（1644）满族初入中国时，有波雅尔克夫者，偕可（哥）萨克人，由雅库次克越入雅布诺威山，出现于阿穆尔河上。俄人急剧伸张其势力于此地。顺治十一年（1654）建涅尔琴斯克（尼布楚），更以外交手腕，使达瑚尔酋（长）罕帖木尔宣布受俄人统辖，而叛中国

---

① オウェン・ラティモア（Owen・Lattimore）：『満州に於ける蒙古民族』，後藤富男訳，財団法人善隣協会発行，昭和十一年六月三十日第四版発行，第159—160頁。

② オウェン・ラティモア（Owen・Lattimore）：『満州に於ける蒙古民族』，後藤富男訳，財団法人善隣協会発行，昭和十一年六月三十日第四版発行，第160—161頁。

③ オウェン・ラティモア（Owen・Lattimore）：『満州に於ける蒙古民族』，後藤富男訳，財団法人善隣協会発行，昭和十一年六月三十日第四版発行，第153頁。

④ 埃塞尔·林格伦的译作中写罕帖木尔，拉铁摩尔译著中写钢铁木尔，中文资料中写根特木尔。

(其领地由外贝加尔湖省之陶利亚至嫩江流域），俄人因之，于1675年（清圣祖康熙十四年）东向扩展，直抵兴安（岭）。"① 无论是蒙古国学者，还是埃塞尔·林格伦文中谈及的达古尔（归服者）首领钢铁木尔，实则就是巴雅基尔氏族首领根特木尔。

以上事例证明，先归服于满族的巴雅基尔氏族首领根特木尔在1654年之后再归俄人统辖，致使"归服"群体的裂变、分解。此时所称的达古尔（大体分布在沿兴安岭分水线到流入嫩江西岸诸河谷一带），仅指失去驯鹿，未经营游牧经济并较早归入布特哈打牲部的一部分达古尔（归服者）混合集团，不能指任何一个部族。

针对"布特哈"名称，拉铁摩尔解释："原本不是种族名，刚开始运用于指涉集团内的氏族和族群，逐渐通用于种族（族群）名称。因此原有意义上的布特哈是指从嫩江西岸到兴安分水岭一带'狩猎未开化族群'的总称。这个地方的诸氏族、族群与东西两旗的诸旗同样被编入布特哈八旗，其任务就是为王室进献'狩猎品'。"蒙古国学者 Baddeley 记述，这些"狩猎未开化族群"定期与政府官吏会面，亲手交给其黑貂贡品，接受皇帝赏赐。文明国的商人与"未开化人"交易其酒和劣等货物之外，平常"未开化人"分散各地，他们居住在何处，中央一概不知。如果家族一员当守备队员（他们的射击手），被称作"勇敢的未开化人"，享受丰厚的待遇，他们居住于偏远地方，虽然被称作"旗人"或"新满族"，他们不受任何影响，依然处于之前（原始）状态。②

因此，布特哈逐步形成吸纳经济上狩猎为主，人种上附加的族群纽带上颇弱的"狩猎未开化族群"——各达古尔、通古斯系诸族群重组场所。1689年与俄罗斯签订《尼布楚条约》解决国境问题之后，满族"安外"策略转向"攘内"政策，对其归服的布特哈打牲部加强规范性管理。这样的变化，与其说是满族的行政统一，不如说是"狩猎未开化族群"分解的结果，分解后他们被重组到满洲诸旗中。最终，起源不同的各个集团在同一名称下合并，然而拥有同一起源集团，经过分解在同一个地方已分

---

① ［美］林德润（埃塞尔·林格伦）：《满洲西北及使鹿通古斯族》，李城九译，载于《鄂温克族历史资料集》（第三辑），巴彦托海1998年版，第18页。

② オウェン・ラティモア（Owen・Lattimore）：『満洲に於ける蒙古民族』，後藤富男訳，財団法人善隣協会発行，昭和十一年六月三十日第四版発行，第161—162頁。

成两部分，一部分保留旧有的名称及生活方式之外，其余已放弃最初的狩猎经济转向游牧经济，特别是经营农业的过程中逐渐变更其名称和"族群"立场。这样的过程使得最初"归服"满族的"达古尔"分解，随着环境的变化，一部分达古尔开始经营农业，也就逐步迈进被社会所公认的"先进"行列。至此，从阿穆尔河流域、嫩江溪谷开始编入满族旗制的蒙古系达古尔、通古斯系诸集团走向分化。

最有影响的分化，莫过于毕拉尔、索伦、鄂伦春等通古斯系诸氏族、族群不断进行整合，在新的领土形成一个新型社会。

毕拉尔最初指称阿穆尔河流域广阔地分散的满语的 bira "小流"，后流变为通古斯集团相互指称他者时多用此称谓，毕拉尔——较早从通古集团脱离。史禄国证实，毕拉尔"它来源于他们的行政单位。当这一集团（毕拉尔）居住在布列亚河（通古斯语称之为别列佳或牛满）和黑龙江沿岸时，满族将他们的行政单位称为毕拉尔衙门。据毕拉尔千称：因为毕拉、别拉等等的意思是'河'，毕拉尔就是指'河边的居民'或'某一河旁的居民'。这是十分自然的，因为在17、18世纪，毕拉尔千曾经居住在布列亚河流域，其中有一部分流动到黑龙江以南，进入满洲。据他们说，毕拉尔或毕拉尔千这个名称可以用于任何居住在一条大河旁的民族，所以库玛尔千（来自呼玛河）、吉千（来自结雅河或吉河）、汤旺千（来自汤旺河）也都可以称作毕拉尔千，以示与住在山里的通古斯和驯鹿通古斯人相互区别。在他们的头脑里，这个名称并没有民族含义。在满族统治下，它被无端地用于满洲八旗军事组织毕拉尔衙门管辖下的所有集团"。[①] 于是，满洲时期的那文、巴彦、莫力达瓦、阿荣以及喜札嘎尔（Hizhagar）等等，都是近几年从属于布特哈未开化族群毕拉尔、鄂伦春以及森林索伦的诸部分化出来的[②]行政新集团。

特别是索伦主体移动到巴尔虎（驻防呼伦贝尔）之后，作为新满族成员的布特哈组织内部开始分化。嫩江和巴尔虎的索伦，虽然在人种上相

---

① ［俄］史禄国：《北方通古斯的社会组织》，吴有刚、赵复兴、孟克译，内蒙古人民出版社1985年版，第77页。

② オウェン・ラティモア（Owen・Lattimore）：『満州に於ける蒙古民族』，後藤富男訳，財団法人善隣協会発行，昭和十一年六月三十日第四版発行，第163—164頁。

同，但此时两者已保持了相互分歧、隔离状态。"巴尔虎地方的索伦，如今被蒙古人同化并纳入冠以通古斯系之蒙古人的族群组织当中。解构了最初从嫩江溪谷开始编入满洲旗制的新满族意义，"① 留下的一部分索伦也分散在齐齐哈尔、墨尔根、瑷珲以及布特哈（狩猎）诸旗。随着新族体索伦的分离，原本留在布特哈旗的布特哈索伦被孤立。他们因处于布特哈森林地区，与移动到巴尔虎受蒙古人影响的索伦相比，被冠上"未开化"族群名称，并在"未开化"族群中占最重要的位置。进而布特哈索伦之名涵盖了所有未开化民，直至今日，成为分布在嫩江溪谷的森林中的部落集团总称。②

而此时的鄂伦春以入军队和拥有军籍，赢得了与达古尔匹敌的社会地位。③ 其中，在布特哈荒地以狩猎黑貂为业的"徒步"鄂伦春（满语 yafahan）与编入旗军的"骑马"（满语 moringga）鄂伦春之间存在经济、社会的差异，导致"徒步"鄂伦春受其准族群的歧视待遇，④ 被冠上"原始"鄂伦春之名并与索伦合并（整合）在一起，产生了鄂伦春新族体。

综上所述，在满族新政体创建、巩固过程中，最初归服满洲的蒙古系达古尔在满蒙关系中得到政治上的优待，特别是经营农业的过程中其独立族群立场得到认可，相对于索伦较早列入"先进"族群行列。通古斯系分化出来的被布特哈守备队吸纳的那一部分索伦，驻屯新行政地域的中心，而对狩猎采集和游牧了如指掌的那一半群体仍留驻于那片土地。归入中心和散居在边缘的索伦，后续在国民政府的十年间，因"移民群渡过嫩江肃清布特哈未开化民，加之蒙人开始驱逐洮河上游最南部的索伦，……在数次战斗后……索伦人数也减少，且商人的到来让他们侵染饮酒恶习，其大部分生活在旧布特哈未开化族群地域的南边，在地图上标为

---

① オウェン・ラティモア（Owen・Lattimore）:『満州に於ける蒙古民族』，後藤富男訳，財団法人善隣協会発行，昭和十一年六月三十日第四版発行，第 164 頁。
② オウェン・ラティモア（Owen・Lattimore）:『満州に於ける蒙古民族』，後藤富男訳，財団法人善隣協会発行，昭和十一年六月三十日第四版発行，第 165 頁。
③ オウェン・ラティモア（Owen・Lattimore）:『満州に於ける蒙古民族』，後藤富男訳，財団法人善隣協会発行，昭和十一年六月三十日第四版発行，第 166 頁。
④ オウェン・ラティモア（Owen・Lattimore）:『満州に於ける蒙古民族』，後藤富男訳，財団法人善隣協会発行，昭和十一年六月三十日第四版発行，第 166 頁。

Hizhagar（边缘、边疆）的地方"。① 以勇猛果敢而获得世人赏识的索伦，此时，迁至巴尔虎驻防呼伦贝尔的蒙古化索伦或未蒙古化的兴安岭混合通古斯索伦，逐渐在地缘政治、经济上推到"边缘"。② 在二元思维驱使下，与政治上获得优待、经济上占优势的农耕（代表先进的）达斡尔相比，游猎索伦在人们的意识中"自然"代表了劣势、落后一方。在这样现代社会重组中，"原始""落后"的标签也自然而然地落在被整合到索伦群体中的猎民身上，时至今日，依然折射在"猎民"文化形象上。

二 先做现代人

反思"猎民"——一种生产生活方式的经验，如何从自然经济形态，演化成文化上的"原始""落后"标签背后的根源，不排除其受19世纪进化论思想的影响。进化论设想"所有社会都会经历一种持续不断的线性进化过程，它的特征即'狩猎—游牧—农耕—城镇'"③，（从低到高）的"发展"路线。事实上我们的现代化也是从这一假设开始的，最终它以引进的与跟上时代的来替代本土的与过时的。④ 在这样的文化序列中——进化论的二元思维：高或低、好与坏——往往将狩猎生活方式置于所谓的"简单"或"落后"文化来审视，忽略了其背后隐藏的独特思维模式以及动态景象，特别是世纪之交猎民积极投入现代社会各项改革行动中，发出的"我们不猎民了"声音以及展现的事实。

2011年吉登嘎查成立30周年之际，嘎查实现三通——通路、通电、通邮。2002年开始运营吉登嘎查至伊敏苏木客运巴士的外来女婿回忆："刚开始是小车，2007年改为中客（巴士），前几年（2014年之前）跑车纯收入十来万元，旅游季节最能赚钱。不仅冬天出车，没（客）人时也跑车，跑的是最偏远的线，当时还没有公路。现在（2014年）修建的公

---

① オウェン・ラティモア（Owen・Lattimore）:『満州に於ける蒙古民族』，後藤富男訳，財団法人善隣協会発行，昭和十一年六月三十日第四版発行，第165頁。

② [日]上牧瀬三郎:『ホロン・バイルの原始民族：ソロン族の社会』，生活社、昭和十五年二月二十五日印刷，第15頁。

③ 拉铁摩尔:《历史中的边疆》，袁剑译，《河西学院学报》2015年第6期。

④ [美]克利福德・格尔茨:《文化的解释》，韩莉译，译林出版社2014年版，第378页。

路有 7 米宽，24 公里长，全是水泥路。"① 这位曾经当过猎民，担任过两届猎民队队长（村主任），后成为生意人的老队长的经历，见证了猎民队走向现代化的轨迹。虽然猎民村内部已产生"外来户富裕"而"曾经的猎民贫穷"的矛盾，但面对外界，这位异族老队长极力反对外界持有"猎民天天喝酒"的刻板印象并试图从内观视角以及行动来证明曾经的猎民具备与时俱进的能力。

2015 年刚上任的新一届村主任也不停地摸索吉登嘎查转产之后的走向。他认为，"我们现在不是牧民，也不是农民，也没有种过树。只是靠山吃山靠河吃鱼、保护纯天然环境、守护边疆而延续下来的特色民族"并努力寻求"特色民族"之出路。2014 年 6 月他申请到经营"安沁（猎民）传统工艺有限公司"营业执照。经营范围是：皮草、木制品制作；动物、植物标本制作；根雕，民族服饰；民族传统工艺品制作、销售等。2014 年 8 月 13 日调查组采访这位队长并参观了他在嘎查建立的民族传统工艺工作坊（图 5-1）。

图 5-1

注：图 5-1 是 2014 年临时搭建的"民族传统工艺工作坊"内的电动锯子和工作台；2014 年 8 月 16 日调查组拍摄。

然而在禁猎、禁伐的政策下，他预想经营的皮草、木制品、动物植物标本及根雕等材料源都成问题，民族传统工艺品制作、销售公司的出路只依靠民族服饰——仅一项经营。随着 2015 年他被村民推举为新一轮的村主任，这项尝试销售民族传统工艺品的实践转入暂停状态。

---

① 来源于 2014 年 8 月 12 日对吉登嘎查老队长的采访记录。

图 5-2

注：图 5-2 是手工制作的奶桶；2014 年 8 月 16 日调查组拍摄。

这里需要特别记述的是作为猎民遗孀——"猎人妈妈"所做的努力，极具代表性。她宣讲猎民并非外界所认为的"地窖烂菜"，并积极打开让外界了解吉登嘎查猎民生活状况的渠道，鼓励子孙后代掌握一技之长，在现代化激烈竞争中拥有自己的位置。"猎人妈妈"让大女儿经营"吉登嘎查塔坦达旅行营地"，为旅游开发做准备；两个儿子一边经营牧业一边接待游客、商人及学者。在当地政府的支持与帮助下，最小的儿子成为自治区级非物质文化遗产继承者。

猎民后裔积极寻求和开创不同经营之路：最初营业小范围的"安亲商店"到"便民超市"再扩展到餐饮、旅店一体的经营模式；开设为村民服务的机电、器械修理部；嘎查"马协会"主要成员经营 300 多匹马群为嘎查的各项活动服务等变化，足以证明猎民后裔自我认同的"我们不是猎民了"[①] 的事实。因为：

第一，转产之后生产生活方式上不是猎民了。村民主要经营牧业，并以饲养牛羊、马群为主。

第二，文化认同上"不是猎民了"。他们对于信息、技术掌握的渴望，从运用智能手机、电视、电脑以及每家每户至少有一辆皮卡车，开着（重型）拖拉机、割草机，修理机电、器械等事例证明，曾经的猎民以技能、技术和知识来取代过去的注重体力模式，并为现代生活服务。

---

① 这句话由猎民后裔所言。

有学者也提倡"先做现代人,后做鄂伦春人(或猎民)"的理念,① 但是现代社会往往忽略他们转产之后的变化,忽略他们对现代化的渴望(经济及道德上的)以及积极参与现代化建设的实践效应。随之而来的旅游热潮,在文化建构上——虽然现实生活中他们早已经营牧业,但是为了开发旅游市场,社会各方极其热忱地期待让他们回归传统——力求展现其曾经的猎民形象。特别是资本涌动的后十年让猎民"回归传统"的文化宣传屡见不鲜,如呼伦贝尔市委宣传部、市"十个全覆盖"领导小组办公室和市互联网信息办公室开展的呼伦贝尔"美丽乡村"网上评选活动②中,吉登嘎查在呼伦贝尔市各旗市区参选中脱颖而出。参赛的亮点即吉登嘎查是"鄂温克旗鄂温克族唯一的猎民嘎查",并且每当举办喜迎新春的鄂温克族特色文艺晚会时,被推选的吉登嘎查以"森林深处的猎民"作为文化标榜,尽显"狩猎文化特色"。(图5-3)

图 5-3

注:图5-3来源于内蒙古《呼伦贝尔日报》"蒙古语新闻"微信平台(2017年1月22日)发布的《[新牧区]吉登嘎查举办鄂温克族狩猎文化特色文艺晚会喜迎新春》报道(蒙古语版)。

---

① 这是内蒙古社会科学院民族研究所原所长白兰的话。来源于2014年9月7日,在"剑桥大学赠送内蒙古大学内蒙古少数民族历史影像资料仪式暨内蒙古大学'三少'民族社会变迁与非物质文化遗产传承学术研讨会"上的发言。

② 见"鄂温克宣传"微信平台2016年8月18日发布的内容。

调查组连续三年的调研中也目睹了嘎查通往外界的主干道规范性建设的变化。2014年、2015年没有设标牌的主干道，2016年则出现了整齐划一的"标牌景观"，其中明显特色就是"社会主义新牧区"下方展示的"撮罗子""驯鹿"和"鄂温克包"的图案（图5-4）。

图 5-4

注：图5-4是2016年7月27日调查组拍摄的吉登嘎主干道标牌。

后续发布的"伊敏苏木吉登嘎查猎民生活新面貌"（微信公众平台，2016年7月6日）的文章，以"蓝天下的嘎查新貌""嘎查街巷规划整齐划一""猎民新居"等内容，展现了"伊敏苏木吉登嘎查通过'十个全覆盖'工程，猎民的生活发生翻天覆地的变化"景象（图5-5，图5-6）。

从图文展示（图5-5，图5-6）中可以了解，基础建设中除了卫生室、校舍未能建成之外，2015年嘎查通往外界的公路已开通，住房条件也得到改善，安装铁艺栅栏、照明灯等一系列规范性建设基本完成，吉登嘎查已步入现代化"新牧区"行列。然而此两张图下方出现的"撮罗子"和"驯鹿"图案，映射吉登嘎查现代化与"再创的传统"之间交错、重构的生活面貌。

毫无疑问，这些图像是为今后旅游开发服务而宣传的"猎民文化"景象，但也跟现代人接受了一系列与"猎民有关"的刻板印象和价值观

图 5-5

图 5-6

念不无关系。于是,悬浮在过去的狩猎文化与喧嚣的现代化浪潮中的吉登嘎查人常常陷入"外界不了解他们"的困境。造成这样的困境是与西方文化总是占主导地位,被视为东方文化的"导师",[①] 而中国社会自身的

---

① 关凯:《文化秩序中的国家与族群》,转引自彭秀祝《从边缘参与主流:滇南孔姓彝族姓名符号研究》,《北方民族大学学报》2018 年第 2 期。

诉求与能动性被忽略①的逻辑一脉相承。"先进"与"落后"的二分法（思维脉络），后续吉登嘎查原生态旅游开发——挖掘"猎民"文化资源中发挥其主导性作用。

借鉴人类学界经过三个世纪对"野蛮人""原始人""未开化人"的争论，虽说"仍然一无所知"，但可以引介人类学家对野蛮人所做的解释。列维—斯特劳斯认为：所谓的"野蛮人"的思维并不是诸如"原始—现代""前逻辑心智—逻辑心智"这种等级不同的思维，而是人类历史上始终存在的两种各司其职而又相互补充的思维方式。针对这样的评述，格尔茨在其《文化的解释》中，以"智慧的野蛮人"来回应列维—斯特劳斯如此的二分法："这位人类学家（指列维—斯特劳斯）似乎否定了在那些他能够清楚理解的人群中间旅行，因为他已经用他自己的文化污染了他们，用'污秽之物，扔向人类的我们的污秽之物'遮蔽了他们；或在其他人中，虽没有严重污染，但他基本上不能理解他们，因此他也否定了在他们中间的经历。"② 也就是说，因为不了解与他所处社会不同的社会，而极力用这些"被西方文明发展彻底毁灭"③ 的半残废的人，提出许多关于不同民族的人与事物的问题，实则陷入了二元对立的折磨与困境之中。其实"他们（野蛮人）是高尚的还是残忍的，或者甚至就如同你和我；他们是否和我们一样思考，陷入疯狂的神秘主义之中，或是掌握了由于我们的贪婪而失去的真理的更高形式；他们的习俗，从食人肉到母系制，不过是与我们自己的习俗不同的选择，无所谓好坏，或者是我们自己现在已经废弃了的粗陋习俗的前身，或者仅仅是从奇特的、难以理解而引人注目的外来东西中收集来的；他们是否受到约束而我们是自由的，或者我们是否受到约束而他们是自由的"④ 等阐释方法试图打破"非此即彼"的二元框架。

格尔茨最终以列维—斯特劳斯在热带雨林中寻找理想中的野蛮人的绝

---

① 彭秀祝：《从边缘参与主流：滇南孔姓彝族姓名符号研究》，《北方民族大学学报》2018年第2期。

② [美] 克利福德·格尔茨：《文化的解释》，韩莉译，译林出版社2014年版，第411页。

③ 格尔茨的说法。见 [美] 克利福德·格尔茨《文化的解释》（韩莉译，译林出版社2014年版），第412页。

④ [美] 克利福德·格尔茨：《文化的解释》，韩莉译，译林出版社2014年版，第405页。

望与困境为实例,指出这些人类学的所有初学者普遍持有的"理想而天真的观点"是来源于给定的概念世界,而接受了这样一个概念元素的"每个人都有权利为他自己的目标而创造他自己的野蛮人"。① 于是,基于这样的价值判断驱使下,人们勾勒出与世界上任何一个地方的"野蛮人"完全是另一回事的"想象的野蛮人",也许所有的人都这样做了。其实,"野蛮人"或"原始人"与我们的社会表面上的陌生性,在更深的层面上、在心理层面上,他们与我们没有根本上的不同。人的心智,归根结底在各处都是相同的。"野蛮的""原始的""落后的""未开化的"思维方式是我们所有人共有的。反而现代社会所认可的科学与文明的思维模式却是——被驯服的、驯化的或是人为去做的——社会的特殊产物而已。

第二节 "猎民文化"的兴起

> 高高的兴安岭一片大森林
> 森林里面住着勇敢的鄂伦春
> 一呀一匹猎马一呀一杆枪
> 翻山越岭打猎巡逻护呀护山林
> …………

2015年8月1日,调查组再次造访"猎民旅店"老板。早已把我们当成"自家人"的老板在宴席间让外孙女清唱了以上的小曲。

这首歌叫《鄂伦春小唱》,对于这首小调的功能,有学者在20世纪90年代已记述:"她曾把无数的异乡人带进了北方的森林,鄂伦春人的强悍、刚直、淳朴使人们感受到了大自然之子远离尘世的纯净。"② 但是把猎人的"淳朴"与大自然的"纯净"凝和为相辅相成的情境,不是始于市场经济刚刚崭露的90年代,早在日本侵略东北时期,伪满洲国的政策当中已形成一种战略模式。比如,从伪满洲国时期发行的《旅行满洲》

---

① [美]克利福德·格尔茨:《文化的解释》,韩莉译,译林出版社2014年版,第405—407页。

② 刘晓春等编著:《鄂伦春族风情录》,四川民族出版社1999年版,序言。

《观光东亚》等观光杂志中观察到,1938 年左右开始,为了招揽和吸引旅客,把狩猎鄂伦春(猎民)在内的大兴安岭自然风光当作观光旅游的资源来开发。此时发行的杂志对鄂伦春(猎民)的宣传有两种模式:首先,在一定程度上,学术性介绍鄂伦春文化,让读者产生其知识上的好奇心。其次,如果"能与鄂伦春(猎民)友好接触,会获得丰厚的皮毛"等经济诱惑来激发日本人对未知民族及土地的憧憬及旅游之兴趣。还特别报道"1935 年在"满洲国"首都新京举办的大东亚建设博览会上,陈设满洲栖林族(对当时鄂伦春[猎民]的别称)产品的展示销售场所,鄂伦春自身作为售货员,销售亲手制作的刺绣布之事"[1] 场景。笔者暂且不谈日本的殖民掠夺之野心,而是关注其经济与文化这一对孪生子,穿越时空,在"经济一体"与"文化多元"、市场经济与旅游开发中如何被运用到吉登嘎查"猎民文化"的塑造以及符号资本当中。

一 旅游开发与"猎民文化"的塑造

笔者在 2003 年与猎民的一面之交到 2006 年短暂停留期间,吉登嘎查正处于由猎转牧的实践期,那时没有通电、通路(柏油路),没有电视,号称"最偏远的猎民队"。除了少数学者,比如:20 世纪 80 年代末有日本学者——黑田信一郎[2]、井上纮一[3]短期调查当时的"猎民队",后续有国内学者结合国家社科基金项目对吉登嘎查略有谈及[4]之外,几乎看不

---

[1] [日] 佐々木亨:『オロチョン―満州国時代から中国成立以後の文化変容』、绫部恒雄监修、末成道男、曾士才编:『東アジア』、明士书店、2005.1,第 38—39 页。

[2] 黑田信一郎当时是日本北海道大学文学部助教授,为完成日本文部省科研经费海外学术研究课题《中国·内蒙古鄂温克族的语言文化的实地研究》(『中国·内蒙古エヴェンキ族の言語文化の実地研究』)项目,1986 年对吉登嘎查进行调查基础上,作为研究代表者与津曲敏郎合著:『ツングース言語文化論集』、平成 3 年(1991 年)12 月。

[3] 井上纮一是当年得到日本丰田集团海外学术调查经费资助,于 1987 年夏天对内蒙古鄂温克族自治旗、陈巴尔虎旗进行两个月的实地调查,此基础上著:『草刈る呼倫貝爾序説——中国東北のエヴェンキ調査より』、国际研究、No.5 1988.6。此成果一小节谈及吉登嘎查猎民生活、习俗。

[4] 是指内蒙古大学金海教授主持的 2003 年度国家社科基金一般项目《鄂温克族现代游牧社会文化研究》。

到外来游客，吉登嘎查处在与外界隔离的"自然状态"之中。那时猎民与子女们之间用鄂温克语交流，对狩猎经验记忆犹新。当时村中除了一位汉族女婿往苏木跑车之外，没有其他异族在这个村子生活。对市场经济没什么概念的他们，并无经商的习惯，自然也没什么商业意识。虽然经济上拮据，但打猎时的平均主义思想贯穿于他们的生活世界。2007年中央民族大学法学院选定吉登作为今后的调查点，并进行了挂牌仪式，但2014年截至笔者走进吉登嘎查，村民对外来人员还是感到新奇并极其期盼外界能够了解他们转产后的生活状况。2015年8月随着中央民族大学、香港理工大学的学者陆续来到吉登嘎查，逐渐改变了吉登嘎查与外界互动的局面。特别是2016年5月香港理工大学的师生共50余人对嘎查开展的"当代中国少数民族文化遗产保护服务学习课程"举动，让吉登嘎查人和事物全方位地展露在世人面前。

香港理工大学为何选择把吉登嘎查作为服务、学习的对象，是因为当年（指1931—1932年）英国剑桥大学埃塞尔·林格伦来到内蒙古东北部——呼伦贝尔进行人类学实地调查。她调查时拍摄的这些影像图片和民族志资料时隔80年，通过剑桥大学赠送香港理工大学学术交流，展现在香港高校教学、科研当中。于是，香港理工大学设计出沿着埃塞尔·林格伦当年所走过的路线，不仅全程体验其田野感受，并且把人类学、语言学的基本课程带到田野中，通过讲授及考察访谈，提升学生的学科知识、职业技能和社会文化的责任等方面的能力。具体目标是：

（1）能够将学科基础知识概念与为少数民族服务的田野访谈结合起来。

（2）学会欣赏少数民族的文化，提高文化遗产保护传承的必要性认识和责任；学会与当地人合作，这是文化资源保护和口述史访谈成功的保障。

（3）获得批判意识，保持对现代化及商品经济可能破坏文化的警觉，认清政治、经济和亲属关系三种权力对文化保护的影响。

（4）观察鄂伦春人的日常生活（在贫困中依然顽强地歌唱），从老人的传统智慧和生存斗争中理解生命的尊严，提升对弱势民族的同情和尊重，建立公民信念与社会服务伦理。

（5）反思我们的人文教育缺失和大城市生活方式与自然的割裂，向鄂伦春人学习 21 世纪所需的生态智慧。

（6）在采访计划设计、组建主题工作组和服务后的展览、出版编辑中，提高各自的思考能力、团队精神和艺术创造力。最终达成"少数民族地区的服务学习对来自香港的大学生（包括部分大陆、台湾学生及东南亚留学生）是一种挑战和考验，时间被压缩，节奏被改变，课程内容广泛抽象，田野访谈及整理的体力支出巨大，但学生们通过努力工作能够实现预期的目的，得到人格锻炼和精神提升"。[①]

这样的理念与当下推进生态旅游与民族旅游作为一种具有特别价值的项目而开发其潜在的资源理念不谋而合。地方政府对转型后的吉登嘎查在今后的发展建设上也定位为"根据吉登嘎查旅游资源丰富，马文化发达，又具有猎民文化的特点，重点发展原生态旅游业及野生动物养殖业，并积极将吉登嘎查打造成作为鄂温克民族狩猎特色嘎查"。[②] 理由是：（1）民族文化底蕴深厚，是鄂温克族自治旗唯一纯鄂温克族居住的以狩猎为生的猎民嘎查。猎民仍然保持着自己古老的语言、独特的服饰、生活习俗等并有着丰富的狩猎经验。（2）地理特征符合特色旅游业的开发建设。吉登（猎民）嘎查地处原始森林边缘，有极为丰富的森林资源、野生动物、名贵药材等。山林间有新发现的矿泉水可与吉林省五大连池矿泉水相媲美，是高档的天然保健饮料。境内河流湖泊众多，是难得的原始自然景观带。特别是嘎查猎民们有着传统的饲养驯鹿、狍子和野猪等野生动物的习惯，为发展猎民文化旅游奠定了良好的基础。[③]

不难发现，如此的定位及理由，与生产方式已转型到"牧业社区"一员的吉登现实生活有一定的距离。如果说猎民仍保留着"丰富的狩猎经验"，但是随着放下猎枪，打猎环境已不复存在，他们的"经验"只是与环境脱离的"记忆中遗存"的孤立的经验而已，没有实用价值可言。从"地理特征符合特色旅游业的开发建设"来说，"地处原始森林边缘"

---

① 来源于 2015 年 8 月 5 日笔者与香港理工大学项目负责人在吉登嘎查邂逅交流以及《香港与内地高等学校深化交流与合作项目申请书》的部分内容。

② 资料来源于"庆祝伊敏苏木成立 66 周年（1948—2014）的中共伊敏苏木委员会，伊敏苏木人民政府宣传的册子"伊敏苏木"新牧区建设"内容。

③ 资料来源于"庆祝伊敏苏木成立 66 周年（1948—2014）的中共伊敏苏木委员会，伊敏苏木人民政府宣传的册子"伊敏苏木"新牧区建设"内容。

的吉登（猎民）嘎查，对于国家出台确权的森林资源、野生动物、名贵药材等"自然景观"，留其"只能看不能用"的空间，饲养其驯鹿、狍子和野猪等野生动物也需要资金的支撑。从而，旅游开发中的"猎民"实体的生计、收入、经营等问题，均出现了"没有着陆的'空聚场'"，[①]为旅游开发而打造的"猎民形象"实则成为"传统"象征符号和挖掘资源。因为旅游开发中"民族特色是资本的象征，其价值不仅因为它本身能够令当地的人们所欣赏，也因为人们用它招揽外面的游客"。[②]从苏木政府申请到"以狩猎文化为主题的少数民族特色村寨保护与发展项目"中也看到了这样的预期，即"猎民文化"的塑造是为旅游开发服务的，是以"文化为借口，经济为目的"的一种策略。

2015年之前，通过媒体展现在众人面前的吉登嘎查是"纯净、纯洁、纯朴……是当今喧嚣环境下的一片净土，它的天空是纯净，它的大地纯洁，它的人们纯朴"，"在山林环绕的低平地带，散布着人家，宁静而祥和，世外桃源一般的飘逸"[③]的景象，符合现代旅游当中人们所追求的"乡村"的想象。这种想象出来的"乡村"是传统文化的发生地，有其与环境建立起来的自然、和谐关系的"面对面的社群"，同时也是通过对其特殊"遗产"的吸引使人们获得"怀旧"的感受。有学者指出这样的"乡村"作为后旅游时代的现代指喻，有了非同寻常的价值；或者说，它对现代游客产生了某种特殊的吸引，……它经常被人们建构成为一个单一性的"过去"。"乡村"的这种形象特别适合游客作怀旧旅游，或为逃避现代都市的喧嚣而进行一种旅游选择。[④]

正是这样的背景下，香港理工大学实施的"少数民族服务与文化资源保护"项目，为当地政府、媒体和学者、知识分子搭建了一个相当大的空间去塑造和发展曾经的猎民文化的平台。2016年5月中旬，吉登嘎查迎来第一批香港理工大学师生共50余人的田野访学客人。5月28日开

[①] 彭兆荣：《旅游人类学》，民族出版社2004年版，第265页。
[②] ［美］斯蒂文·郝瑞：《田野中的族群关系与民族认同——中国西南彝族社区考察研究》，巴莫阿依、曲木铁西译，广西人民出版社2000年版，第50—51页。
[③] 鄂温克族自治旗自媒体人程朝贵对吉登嘎查的系列报道之（一）："我带着你，你带着心灵，走近吉登"中的表述内容，见"奥若恩传媒"微信平台，2017年6月5日报道。
[④] 彭兆荣：《旅游人类学》，民族出版社2004年版，第76页。

展了"首届吉港青年那达慕",拉开了"两地青年文化交流"的序幕。特别是2016年6月18日,鄂温克族瑟宾节之际,在香港理工大学的主导下,在呼伦贝尔市鄂温克族自治旗鄂温克博物馆进行了"使过去记忆重现在当下"——《英国剑桥大学与鄂温克大地——穿越世纪的回归:20世纪30年代埃塞尔·林格伦在索伦旗考察》影展,不仅给予"猎民"隔空重温历史,更是增强地方自豪感、增加经济收入、提高区内外知名度以及开发原生态旅游业,打造"狩猎特色"嘎查等铺垫了通道。

东道主——鄂温克族一方,呼伦贝尔市民俗摄影家协会2017年网上报道①有关2016年吉登嘎查与香港理工大学成功举办首届主题为《吉港守望 青春共扬》的鄂温克猎民青年那达慕盛况。报道称:此次那达慕,不仅向外宣传了索伦鄂温克狩猎游牧文化,还为当地的牧民实现了经济创收,并拉开了两地青年文化交流的序幕。

2017年笔者再次走进吉登嘎查,在"猎人妈妈"的带领下参观了她儿子经营的"塔坦达旅行营地"(图5-7)。对"塔坦达旅行营地",自媒体人程朝贵围绕2017年香港理工大学与吉登嘎查文化交流场景来评述:这两个(尽显猎民文化特色的)撮罗子,是莫德妈妈亲自设计的文稿,请人定制的(图5-8)。深林、驯鹿、骏马、猎狗和雄鹰,全面体现了鄂温克狩猎文化的精髓。随后(2017年6月1日)举办的那达慕中展现其传统民歌、古老的竞技比赛抢枢,现代马术(绕桶)比赛,乌兰牧骑表演《头熊舞》,紧接着学术界又举办"鄂温克族文化保护与传承研讨会"等等,程朝贵及时捕捉这些信息,撰写了系列报道。②他又采访中央民族大学在读博士生、香港理工大学研究助理乌日特,让大家明白香港大学生与吉登嘎查互动交流事件"是国家的一项计划,旨在让港澳的学生走进内地,了解丰富的民族文化,同时把民族文化带出去,让更多的人热爱中华民族,热爱我们的祖国。他们要帮助偏远民族发掘整理文化,以民族文化为载体,发展旅游业。旅游业产生的经济效益再反哺民族文化的保护和传承,形成一个良性循环的体系。旅游业要考虑长远发展,不要消费式旅

---

① 呼伦贝尔市民俗摄影家协会在2017年6月3日网上发布《吉港守望 青春共扬》的文章(文稿:其乐木格),报道了2016年吉登嘎查鄂温克猎民青年那达慕。
② 见程朝贵对吉登嘎查(一)至(五)的系列报道,"奥若恩传媒"微信平台,2017年6月5日、9日、11日、15和16日发布。

游，要体验式旅游，也就是要体验民族文化的魅力"。①

图 5-7

注：图 5-7 是"塔坦达旅行营地"；图片来源于自媒体人程朝贵对吉登嘎查的系列报道（一）："我带着你，你带上心灵，走近吉登"，"奥若恩传媒"微信平台，2017 年 6 月 5 日。

图 5-8

注：图 5-8 是莫德的妈妈亲自设计的文稿，请人定制的两个撮罗子；图片来源于程朝贵对于吉登嘎查的系列报道（一）："我带着你，你带上心灵，走近吉登"，"奥若恩传媒"微信平台，2017 年 6 月 5 日。

呼应以民族文化为载体，其旅游带动经济，再用经济效益反哺文化保护与传承的主旋律，民族志调查单位——香港理工大学的田野访学的师生于 2017 年 6 月 8 日开展"内蒙古吉登嘎查生态旅游服务学习项目成果分享大会"。分享会中"行程组"总结：基于对吉登嘎查和周边嘎查资源的

---

① 参考程朝贵对吉登嘎查系列报道之（二）："我带着你，你带着真诚来交流"的内容。"奥若恩传媒"微信平台，2017 年 6 月 9 日。

分析，制定了教育旅游和亲子自驾游两条生态旅游线路，以便给到达吉登嘎查的游客提供生态旅游线路产品。

"民宿组"：基于对吉登嘎查民宿硬件及软件服务的调查分析，提出民宿硬件改善建议，并制订对当地居民进行民宿设备、接待技巧、待客礼仪和注意事项等内容的培训方案。

"导游组"：通过对当地居民进行生态旅游基本知识普及、急救知识演示、导游讲解技巧、解说原则及特殊情况处理等，使吉登嘎查的居民具备生态旅游的基本素养及对危机情况处理的能力。

"活动组"：基于吉登嘎查青年那达慕赛事的问卷调查与分析，提出了青年那达慕大会优化建议，并制定了未来的活动框架。

"宣传组"：为吉登嘎查生态之旅做了基于"微信平台""微博"等自媒体的宣传推广，也包括吉登嘎查生态之旅官方网站。除此之外，也为吉登嘎查青年那达慕大会作宣传推广。

带队的张老师总结，生态旅游服务学习项目是香港理工大学一个非常好的课程项目，参与的学生除了将自己所学的理论知识运用到实践中并给当地做出贡献以外，他们也可以深入当地，了解当地的文化及生活特色，同时也引发学生对社会、人生的思考。张老师也表达自己对这个项目的两点期望：一是希望通过生态旅游服务学习项目这条纽带，连接内地和香港的友谊；二是希望在吉登嘎查的生态旅游服务学习项目能以某种方式持续下去，让其具有可持续性。石老师对这次同学们生态旅游服务学习取得成果给予了肯定。她认为此次生态旅游服务学习项目是一个极其接地气的项目，所有参与的学生和老师在短期的时间内都能与当地的居民深入交流，并建立深厚的情谊。希望生态旅游服务学习项目能像生态旅游本身一样具有可持续性。黄老师给予肯定，此次活动的圆满结束离不开内地与香港大学生的密切合作和交流，两地学生优势互补，共同为吉登嘎查生态旅游发展贡献自己的力量。"授之以鱼不如授之以渔"，让当地生态旅游可持续发展是此次项目开展的大前提，尽可能将生态旅游中的一些典型案例及做法教授给当地居民。[①]可见，通过"行程组、民宿组、导游组、活动组、

---

① 见内蒙古吉登嘎查生态旅游服务学习项目圆满结束之后在"北林旅游"微信平台报道的内容，"北林旅游"微信平台，2017年6月9日。

宣传组"等精心设计、通力合作，达到"将自己所学的理论知识运用到实践中并给当地做出贡献"之外不能忽略其探索生态旅游可持续发展之道的社会影响及意义。

然而，在不同文化历史背景下，以"猎民文化"为底色的生态旅游，其游客与东道主之间的交流很容易失去协调或平等。首先，外地游客——内地和香港大学生不由自主地趋附于现代媒体造就的广告宣传，把吉登嘎查生活描绘成神话般"美丽"，使深深积淀于"现代人"对"原始的"某种情结得以在现实中体现。比如，在2017年6月11日在"北林旅游"微信公众平台发表的一篇《走进吉登：最具"人情味"的民宿》文章中描述："作为生态旅游服务学习项目中的一位北林研究生，有幸同香港理工大学的师生一起走进吉登嘎查，草原、森林、蓝天、白云的自然风光，成群的牛、羊、马，整齐漂亮的村舍……'人与自然'共生是我对少数民族聚居的村落的最初印象。而抵达吉登之后，……或许是做了最坏的心理准备，所以打开（队长安排的家）房门的那一刹那，每个人都像是中了大奖般兴奋。温馨舒适的房间、整洁干净的床铺……"无不表明是现代人的"怀旧"情愫的一种想象与投射。外来者殊不知，为了设计如此"优美的风景画、别致的风俗及异族风情画"形象，嘎查掀起的波澜之事。据"猎民旅店"老板回忆，有几位游客提前讲条件说：要求把旧有的床上用品都要换成新的，重新准备整洁的床垫、床单、床褥等，而且房屋的单间和双人间等安排上也有讲究。终究因其旅店老板娘无法接受他们的要求而不欢而散。或许形式上这件事只是日常生活的一种歧见，但是以文化为借口、经济为目的旅游业，往往把追逐经济利益作为主要动机，塑造其想象的"猎民传统文化"时，刚刚步入市场经济而内部动力正在削弱的吉登嘎查人们，有可能经受不住这样的冲击。有关这方面的议题，有学者已提出警惕："这个时候，他们在还没来得及弄清楚原因何在时，便匆忙地将自己的全部文化'资本'拿出来做交换。至于在这种不平等的交换中他们最终能够得到什么，剩下什么，已经来不及思考了。民族文化的资源通常无法再生，也不能完全复制，仿佛自然生态中的生物种类那样，丧失了就无法再找回来。大家知道，一个民族文化认同的根本属性来自于那个特定族群内部具有的一种对自己文化和传统的'意识'，那些外在的东西，服装、居式、歌舞等都是这种民族意识的外在表现，一般而言，某一部分民族意识的丧失会导致其外在形式的改变。但是如果因为某种外来因素的强力作用而导致某一方面民族意识的丧失或衰弱，外在表现形式反而会加强，这就会发生'文化畸形'的后果。"① 比如在吉登嘎查猎民记忆里没有遗存的"撮罗子"，在旅游活动中突然"复苏"（图5-9），暂不谈其潜在的"象征价值"如何，而如此再创的民族符号对于自认为已步入现代社会的猎民后裔来说，很难判断在这样有形的物体面前"认同意识"再次提升或降低，但可以肯定，游客到来之后，为了仍然可以保持其"文化的形貌"而加强民族符号，长此以往这些民族符号会慢慢地成为"没有灵魂的外壳"。在这里"文化形貌"既包括那些看得见、摸得着的物质形态，如房屋建筑、服装样式、生产活动、生活方式、风俗习惯、民间艺术等，也包括那些看不见却存在着的社会观念、伦理道德、认知系统、宗教信仰等。②

图 5-9

注：图 5-9 是 2017 年 5 月在吉登嘎查居民中心广场建造的"撮罗子"；调查组于 2018 年 7 月 28 日在吉登嘎查拍摄。

当然，民族旅游的开发及过程并不总是悲观的，任何一个民族的闭关自守都成为不可能。人类学家也共识，文化变迁是人类学研究的核心与主题。重要的是在民族旅游的开发过程中地方社会和民族获得最大限度的利

---

① 彭兆荣：《旅游人类学》，民族出版社 2004 年版，第 263—264 页。
② 彭兆荣：《旅游人类学》，民族出版社 2004 年版，第 263、266 页。

益的同时，又不至于使传统的民族文化在变迁过程中失去其赖以为本的族性，[1] 并以此作为传统文化自我传承的一种内部动力和能量增长。这与学界提倡的"生态旅游与共享发展"的理念不谋而合。

二 生态旅游与共享发展

当今许多发展中国家开展旅游活动时都在大力提倡"生态旅游"。1993 年国际生态旅游协会把生态旅游定义为"具有保护自然环境和维系当代人们生活双重责任的旅游活动"。而我国在 1995 年为生态旅游做了这样的定义：生态旅游是在生态学的观点、理论指导下，享受、认识和保护自然和文化遗产，带有生态科教和科普的一种专项旅游活动。（冯庆旭，2003-4：73-74）[2]

对于生态旅游概念的内涵和外延，各方人士已达成共识，即生态旅游是一种新型的、可持续的旅游活动，有利于增强人们生态保护的意识，旅游对东道主社会所形成的负面影响和作用尽可能地降到最小，保留和保存地方传统文化和遗产，充分考虑旅游给东道主社会和民众所带来的好处和利益等。[3] 其中离不开东道主"保护得较好原生形态"的自然环境，也就是说，以"原生态"环境作为旅游开发的基础和条件。吉登嘎查位居于草原、森林不同生态位的临界点，与"原始森林"少至甚少，不能满足广大游客需求的现代景色相比，有其非同寻常的价值。随着香港理工大学"少数民族服务与文化资源保护"项目的启动，使得当地政府组织、媒体和学界对吉登嘎查这份特殊的"遗产"未来的开发呈现出"想象的相似性"，即以旅游带动吉登嘎查的经济、脱贫致富的不二选择。这种声音也通过鄂温克族政协委员在 2018 年 3 月召开的中国人民政治协商会议上的发言传达到全国：边疆民族在艰苦的自然环境中，因地制宜，创造出了璀璨的民族文化，可惜这些文化精神的多、物质的少，无形的多、有形的少，而且随着时代的进步、产业的转型，都在逐步地消亡。现在唯有通过非遗（非物质遗产）保护、旅游打造，将其部分商业化，才会得以传承。

---

[1] 彭兆荣：《旅游人类学》，民族出版社 2004 年版，第 267 页。
[2] 转引自彭兆荣《旅游人类学》，民族出版社 2004 年版，第 253 页。
[3] 彭兆荣：《旅游人类学》，民族出版社 2004 年版，第 354 页。

2000年禁止狩猎后，鄂温克族的生产生活方式由狩猎转向了农耕。这种巨大的转变让鄂温克族的生活感到了压力。这时候鄂温克整个民族的产业压力来了，一方面不适应社会发展的需要；另外一方面，放下猎枪以后，我种地种不过汉族老大哥，我放牧放不过蒙古族兄弟。[①]

香港理工大学最初的方案和实践中，学以致用的思想贯穿始终。特别是要求学生及调查者"学会欣赏少数民族的文化，提高文化遗产保护传承的必要性认识和责任；获得批判意识，保持对现代化及商品经济可能破坏文化的警觉"意识，与当下学界普遍关注的旅游发展中的共享发展理念达成共识。

共享发展，根本上是要解决公平正义的问题。就民族地区旅游发展而言，如何使当地居民真正成为旅游开发过程中的主体，从而保证人人公平享有旅游发展带来的成果，实现共享发展，这些已经成为旅游研究人员和从业者迫切需要解决的难题。[②]有学者以国内泸沽湖落水村旅游开发前景为例，提倡欣赏式探询理论体系和方法可应用于我国民族地区旅游开发实践之中，作为一个有效的工具，以破解旅游、生计和生态与文化保护的复杂关系。[③]

依据提出欣赏式探询方法概念的库珀里德的解释，"欣赏，即认识到他人或我们周围世界蕴藏的闪光点，肯定过去与现在的优势、成功和潜力；探询，即探索与发现的行为，对发现新的潜力与可能性保持开放"。因其理论基础及实践中的适应性，欣赏式探询在国外组织管理、人力资源管理、项目评估中得到了广泛的应用，并自2008年起逐渐运用到了旅游研究和开发中。国内学者也认同欣赏式探询方法"是一种全新的变革方法，是对以问题为基础的管理方法的彻底颠覆，并可以从根本上重塑战略规划、文化变革、组织整合以及考核评价系统等"。具体来讲"欣赏式探询是将人群组织或社区视为一个有机的生命体，通过系统的发现赋予并激

---

① 这是鄂温克族政协委员杜明燕在2018年3月10召开的中国人民政治协商小组会议上的发言内容。
② 尚前浪、陈刚：《民族地区旅游开发中推进共享发展理念路径探索》，《西南民族大学学报》（人文社会科学版）2018年第1期。
③ 尚前浪、陈刚：《民族地区旅游开发中推进共享发展理念路径探索》，《西南民族大学学报》（人文社会科学版）2018年第1期。

活组织中最大的优势,从而谋求个人、组织及其外部世界的美好未来"。基于这样的理念,欣赏式探询假设的有组织与社区都蕴藏着很多未被开发的"积极因素",即指引人们从过去走向现在和未来的能力,也被称为积极的变革核心。①

笔者认为,此种方法可以结合香港理工大学对于吉登嘎查旅游学习的实践基础,发挥其吉登嘎查村民内在的积极因素或潜能。针对香港理工大学田野学习时的"行程组""民宿组""导游组""活动组"和"宣传组"等教学、实践理念,应融合东道主——吉登嘎查村民的潜能,内外的结合使其发挥"各司其职"作用。比如,在组织和设立方面:

1. 交通组:旅游开发中充分发挥其吉登嘎查最初跑车,打开嘎查与外界通道的15年行车经验的老队长的技能,把接送游客的任务交给他。因为无论是"教育旅游"或"亲子自驾游"线路,没有当地人的帮助,在人生地不熟的地方很难达到旅游目的。

图 5-10

注:图 5-10 是调查组于 2014 年 8 月 17 日拍摄的"猎民旅店"。

2. 住宿组:基于吉登嘎查"猎民旅店""安沁(蒙古语,狩猎者之意)饭店旅店""塔坦达(打猎时的首领,指狩猎长)旅行营地"等,进行分工明确的改造。如,"猎民旅店"保持其传统特色,"安沁饭店旅店"则贴近现代化样式,对离嘎查中心地较远的"塔坦达旅行营地",打

---

① 尚前浪、陈刚:《民族地区旅游开发中推进共享发展理念路径探索》,《西南民族大学学报》(人文社会科学版)2018 年第 1 期。

图 5-11

注：图 5-11 是调查组于 2015 年 7 月 30 日拍摄的"猎民旅店"。

造其传统与现代相结合的风格。

图 5-12

注：图 5-12 是调查组于 2016 年 7 月 27 日拍摄的"猎民旅店"。

3. 口述组：吉登嘎查村民普遍认为，如今健在的老猎民只有 5 位[①]，他们平均年龄 70 岁，对他们的采访实质上是在与时间赛跑。如果不让他们讲述狩猎经验，以文字、录音、影像等方式进行记录，不仅留下文献的遗憾，对其文化的保留、传承和发展也会产生消极影响。因此通过对"活生生的猎民"的口述记录，以口述历史作为一种人证，弥补前期文

---

① 吉登嘎查村民认为，如今健在的老猎民是嘎玛苏荣、格日勒巴图、特格希巴雅尔、乌日根布和、道尔基苏荣。

图 5-13

注：图 5-13 是调查组于 2014 年 8 月 15 日在吉登嘎查拍摄的"安亲商店"。

图 5-14

献、器物、图像等物证的不足，能够发挥旁白、诠释作用。另一方面，这种微观的或日常生活史的历史书写方式也让历史变得活泼、生动，这样的研究方式将使每一个人都有可能被写进历史，保留、传承和发展鄂温克民族传统文化。

4. 讲解及向导组：曾经的猎民对于打猎时所走过的山山水水了如指

图 5-15

注：以上图 5-13 是吉登嘎查最初的"安亲商店"，图 5-14、图 5-15 是 2015—2016 年扩建成的"便民连锁超市"和"安亲饭店旅店"分体经营面貌。图 5-14、图 5-15 是调查组于 2016 年 7 月 28 日在吉登嘎查拍摄。

掌。调查组采访猎民后裔柯勒塔基尔氏·德力格尔扎布[①]时，他对从小跟着父辈出猎的山水路线记忆犹新。从维纳河到吉登嘎查，用鄂温克语标注以及到伊敏河的源头——四个旗的交界处 YIHE GUUGDE 山（大锅形的山），给调查组详细地解答，画出了猎民"心中的地图"，并在后续的采访中道出了鹿血治愈女性不孕不育症等地方性知识。曾经的猎民及其后裔掌握着丰富的狩猎知识，使他们成为真正意义上的"地方知识"专家。鼓励他们用母语讲解自己的故事，挖掘其生态文化保护和居民生计改善中的积极力量。

5. "马协会"组：如果用"一家一匹马、一人一杆枪及一条猎狗"的景象来概括曾经的猎民生活，那么猎业转产之后，猎民打猎经验留存于记忆之中。调查组造访当地居民时不难发现，老人们特别是曾经的猎民，仍然视"猎枪、马匹、猎狗是他们最亲密的朋友"，他们对年轻人灌输："即便放下猎枪，也不要舍弃马"的观念。于是，吉登嘎查村民自主成立"马协会"，推举巴德拉为会长。巴德拉（图 5-16、图 5-17）是巴雅基尔氏后裔，1995 年至收枪有过短暂的打猎经验。如今他饲养 300 多匹马，其周围已出现掌握和饲养、经营、手工做马具等技术的莫日根（图 5-19、

---

① 调查组于 2015 年 8 月 1 日采访德力格尔扎布。

图 5-20、图 5-21)、莫德(图 5-22)等年轻人。在旅游开发中与外界交流经验及展示精湛的马技做了充足的准备。

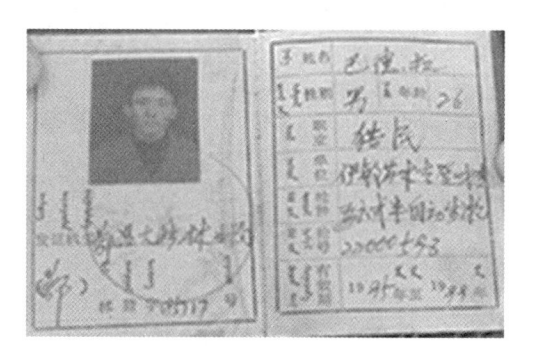

图 5-16

注：图 5-16 是猎民时代的巴德拉；调查组于 2014 年 8 月 12 日在巴德拉家拍摄。

图 5-17

注：图 5-17 是那达慕大会上的巴德拉；2018 年 2 月 24 日巴德拉提供。

以事实为依据，当地主导力量应对本地区规划设计，并与当地居民进行生态保护、文化传承和居民生计改善等方面的对话，积极推进吉登嘎查村民为主体的"交通组、住宿组、口述组、讲解及向导组、'马协会'组"的通力合作，激发他们想象力，运用他们掌握的地方生态文化知识拉动旅游开发，以此来整合利益相关者共享旅游成果，达到共同构建吉登嘎查的未来目标。

图 5-18

注：图 5-18 是巴德拉家的马群；调查组于 2014 年 8 月 12 日在巴德拉放牧地拍摄。

图 5-19

注：图 5-19 是骑马的莫日根；调查组于 2014 年 8 月 15 日在吉登嘎查拍摄。

图 5-20

第五章 "猎民"：先做现代人　　193

图 5-21

注：图 5-20、图 5-21 是 2016 年 5 月 28 日 "吉登嘎查鄂温克猎民青年那达慕"会上，莫日根展示精湛的马技；2016 年 5 月 28 日苏米亚拍摄。

图 5-22

注：图 5-22 是骑马的莫德；调查组于 2014 年 8 月 15 日在吉登嘎查拍摄。

基于此，笔者认为"欣赏式探询"方法值得在吉登嘎查社会实践中运用。首先，发挥"曾经的猎民"及其后裔的潜能——掌握的地方生态文化知识、为现代化建设服务的渴望及努力，又将不同利益相关者聚集起来通过对话和互动实现其社会建构。其次，综合评估旅游发展与生态保护、文化传承和居民生计改善之间的关系，各级组织和社区生活中运用欣赏式探询方法，将评价结果应用于决策和行动，最终建立自上而下和自下而上相结合的旅游开发模式和对话机制。

图 5-23

注：图 5-23 是 2014 年吉登嘎查主干道景象。调查组于 2014 年 8 月 10 日首次进村调研时拍摄。

如果只考虑市场开发，不满足吉登嘎查人的现实追求前提，如何"完美地"设计出经济、旅游发展方案，终会达不到共享发展的社会效应。因为且不说体验民族文化的魅力或民族"传统"如何得以传承，"曾经的猎民"本身及其他们有形无形的文化遗产，都有可能面临被当作商品——"传统"的象征符号和资源——来开发的局面。这毕竟不是现代社会所期望的，也违背中华民族共同体共享发展的初衷。

图 5-24

注：图 5-24 是 2015 年吉登嘎查主干道；调查组 2015 年 7 月 30 日进行第二次调研时拍摄。

第五章 "猎民"：先做现代人　　195

图 5-25

注：图 5-25 是 2016 年吉登嘎查主干道；调查组于 2016 年 7 月 27 日进行第三次调研时拍摄。

参考文献

オウェン・ラティモア（Owen・Lattimore）：『満州に於ける蒙古民族』，[日] 後藤富男訳，財団法人善隣協会発行，昭和十一年六月三十日第四版発行。

阿本千（吴守贵）：《鄂温克历史文化发展史》，中国社会科学出版社2015年版。

[英] 安东尼·吉登斯：《现代性的后果》，田禾译、黄平校，译林出版社2011年版。

[日] 板本龍彦：『されど故郷忘れしがたく』，大日本印刷株式会社1988年版。

[日] ボルジギン・ブレンサイン編著、赤坂恒明編集協力：『内モンゴルを知るための60章』、明石書店2015年版。

戴曙光编著：《森林之子——吉登嘎查志》，内蒙古文化出版社2018年版。

定宜庄、汪润主编：《口述史读本》，北京大学出版社2015年版。

杜·道尔基编著：《鄂汉词典》，内蒙古文化出版社1998年版。

《鄂温克地名考》，民族出版社2007年版。

《鄂温克族历史资料集》（第三辑），巴彦托海，1998年版。

《鄂温克族简史》编写组：《中国少数民族简史丛书·鄂温克族简史》，内蒙古人民出版社1983年版。

《鄂温克族研究文集》（第二辑），内蒙古自治区鄂温克族研究会，199年版。

[挪威] 弗雷德里克·巴斯主编：《族群与边界——文化差异下的社会组织》，商务印书馆2014年版。

[丹麦] 亨宁·哈士纶：《蒙古的人和神》，徐孝祥译，新疆人民出版

社 1999 年版。

［日］井上紘一：『草刈る呼倫貝爾序説——中国東北のエヴェンキ調査より』、国際研究、No. 5 1988.6。

［日］郡司彦：『満州におけるオロチョン族の研究』、昭和 49 年 1 月発行、むつみ印刷株式会社。

［美］克利福德·格尔茨：《地方知识——阐释人类学论文集》，杨德睿译，商务印书馆 2014 年版。

［美国］克利福德·格尔茨：《文化的解释》，韩莉译，译林出版社 2014 年版。

李鹏程主编：《当代西方文化研究新词典》，吉林人民出版社 2003 年版。

刘晓春等编著：《鄂伦春族风情录》，四川民族出版社 1999 年版。

吕光天：《北方民族原始社会形态研究》，宁夏人民出版社 1981 年版。

吕光天：《鄂温克族》，民族出版社 1983 年版。

［法］马塞尔·莫斯：《社会学与人类学》，佘碧平译，上海译文出版社 2014 年版。

［美］马歇尔·萨林斯：《石器时代经济学》，张经伟、郑少雄、张帆译，生活·读书·新知三联书店 2009 年版。

［美］迈克尔·赫兹菲尔德：《文化亲昵》，纳日碧力戈等译，上海译文出版社 2018 年版。

『満州国の現住民族』、満州事情案内所編、満州事情案内所報告（46）改訂版、康徳七年七月（1940）。

满都尔图：《达斡尔、鄂温克、蒙古（陈巴尔虎）、鄂伦春等萨满教调查》，中国社会科学院民族研究所 1992 年版。

纳日碧力戈：《现代背景下的族群建构》云南教育出版社 2000 年版。

内蒙古少数民族社会历史调查组、中国科学院内蒙古分院历史研究所：《达斡尔、鄂温克、鄂伦春、赫哲史料摘抄》（清实录），内蒙古人民出版社 1962 年版。

彭兆荣：《旅游人类学》，民族出版社 2004 年版。

［法］皮埃尔·布迪厄：《实践感》，蒋梓骅译，译林出版社 2012

年版。

［日］浅川四郎：『興安嶺の王者——オロチョンへの理解』，満州事情案内所刊，康徳八年十一月。

秋浦：《鄂伦春社会的发展》，上海人民出版社 1980 年版。

秋浦等：《鄂温克人的原始社会形态》，中华书局出版 1962 年版。

［日］上牧瀬三郎：『ホロン・バイルの原始民族：ソロン族の社会』，生活社，昭和十五年二月二十五日印刷，三月一日発行。

［俄］史禄国：《北方通古斯人的社会组织》，吴有刚、赵复兴、孟克译，内蒙古人民出版社 1985 年版。

［日］末成道男、曽士才编、绫部恒雄监修：『東アジア』、明石书店 2005 年版。

［美］斯蒂文·郝瑞：《田野中的族群关系与民族认同——中国西南彝族社区考察研究》，巴莫阿依、曲木铁西译，广西人民出版社 2000 年版。

涂格敦·林娜、金海选编：《鄂温克族资料选编》，内蒙古人民出版社 1988 年版。

［挪威］托马斯·许兰德·埃里克森：《什么是人类学》，周云水、吴攀龙、陈靖云译，北京出版社 2013 年版。

汪立珍：《鄂温克族宗教信仰与文化》，中央民族大学出版社 2002 年版。

王明珂：《华夏边缘——历史记忆与族群认同》，允晨文化 1997 年版。

维克多·特纳：《仪式过程》，黄剑波、柳赟译，中国人民大学出版社 2006 年版。

乌热尔图编著：《述说鄂温克》，远方出版社 1998 年版。

乌热尔图主编：《鄂温克风情》，内蒙古文化出版社 1993 年版。

吴雅芝：《最后的传说：鄂伦春文化研究》，中央民族大学出版社 2006 年版。

谢元媛：《生态移民政策与地方政府实践》，北京大学出版社 2010 年版。

杨念群、黄兴涛、毛丹主编：《新史学——多学科对话的图景》

(下）中国人民大学出版社 2003 年版。

　　［日］永田珍馨：『満洲二於ける鄂伦春ノ研究』（第一篇）治安部参謀司調査課、事務官：永田珍馨、康徳六年九月十日印刷、十五日発行。印刷所：興亜印刷株式会社。

　　札奇斯钦：《蒙古文化与社会》，商务印书馆 1987 年版。

　　［加］朱爱岚：《中国北方村落的社会性别与权力》，胡玉坤译，江苏人民出版社 2010 年版。

　　项飙：《跨越边界的社区——北京"浙江村"的生活史》，北京：生活·读书·新知三联书店 2018 年版。

后　　记

　　本著作是历经三年调查，两年整理、撰写完成的"内蒙古民族文化建设研究工程"项目成果。面对即将出版的书稿，笔者思绪万千，记忆又被带回田野情境。

　　2003年7月，笔者有幸参与内蒙古大学蒙古学研究中心与云南大学合作的中国北方民族村寨调查课题，成为鄂温克族调查组一员。在鄂温克族自治旗辉苏木调查期间，调查组被邀请参加8月1日在巴彦托海举行的鄂温克族自治旗成立45周年庆典仪式，在巴彦托海镇大街上遇见了"猎民队"成员，给笔者造成的视角冲击，难以忘怀。随后笔者因忙于撰写博士论文，先搁置了这一段经历。

　　再次激发这一情愫的动力来源于2014年"内蒙古民族文化建设研究工程"项目的运行，使笔者有条件进驻吉登嘎查。时任"猎民队"妇联主任萨仁其其格介绍其"猎民旅店"，调查的第一天在猎民村通道偶遇被村民认为的"精神分裂者"哈赫尔氏，后续又接触给调查组主动讲述祖辈历史的猎民后裔德力格尔扎布等，他/她们不仅用超强的记忆力传送吉登嘎查往事，更重要的是调查期间青黄不接的日子里巴图达莱一家、乌日古木勒、莫日根、莫德、特木勒一家、扎木苏荣一家、格日勒巴图、巴德拉、娜玛一家、老队长等等，送来美食以强有力的后勤保障默默支持，并嘱托："笔耕不辍写出吉登嘎查历史！"

　　其后，笔者的工作和生活有了少许变动。2016年获得中国教育部公派留学资格，由中央研究院近代史研究所游鉴明研究员的引荐，收到日本一桥大学大学院社会学研究科洪郁如教授的邀请函，在一桥大学格日乐博士的帮助下，以访问学者身份再次开启了日本一桥大学学习生活。正是这个时间段，笔者接触口述历史研究方法，领悟口述历史作为人们内心的主观意义范畴，提倡记录那些没有被记录的历史，记录那些没有被记入史册的人的主观感受、经历和判断。这样的研究方法并非建立在把握客观事物的规律与结构原则上，而是通过微观的书写方式呈现一个个鲜活的个体与大时代之间的无限张力，探求人与人之间更好的理解方式，丰富已知人类学文化的样式，充实有关生活世界的认知。口述史研究方法在人类学界，特别是对没有本民族文字的人口较少民族的研究中有其广泛运用的价值。

经过这些年的田野之旅，笔者内心深处从未"抽离"吉登嘎查，无论身在何处，吉登嘎查人也总是第一时间传送最新的动态，笔者的学生一走进吉登，总以"包老师的学生"身份得到最温馨的照顾。如此的情愫足以证明，只要平等地交流，相互尊重、包容和理解，自然会产生植根于彼此的生命体。吉登——质朴、执着而又坚韧的人们，已成为笔者生命的一道光。

历经错综复杂的地缘关系、婚姻、宗教信仰与习俗的变迁，转型到现代社会的吉登嘎查人都在努力体现个体生命存在的价值，并寻求自我的新定位。特别是在当前建设中华民族和谐精神家园，铸牢中华民族共同体意识中，吉登嘎查人努力实现传统文化的创造性转化，在乡村振兴，以及非物质文化遗产的传承与保护方面积极探索、创新性发展，使之与现实社会相融相通，肩负着中华民族伟大复兴的时代任务。相信不久的将来，他们的生活越来越如意，同时也企望这本书作成为记录他们生活历程的经典案例。

人类学著作，从来不是单枪匹马能够完成的，在这里特别感谢游鉴明研究员、洪郁如教授及格日乐博士一家给予的理论指导和情感关怀，一桥岁月终生难忘，友谊长存。当年参与调研的学生，如今在各自的生活、工作领域熠熠生辉，作为辛勤劳作的回赠，此书献给你们。

在书稿的准备和校改阶段，得知受访人德力格尔扎布先生去世的消息，笔者悲痛之余，油然而生的是挽留生命之无力感。在相识的 8 年中，他以超强的记忆力，富有耐心地传授地方性知识，促成了本书的问世。凝聚着德力格尔扎布先生智慧结晶的这份遗产，将勉励笔者继续前行，相信鄂温克族社会文化变迁的记录、研究工作定会向纵深进一步发展。

最后，感谢中国社会科学出版社各位老师的无私帮助与支持，特别是宫京蕾编辑给予的热忱和理解，使笔者倍感鼓舞，她的严谨、高效、敬业精神令人难忘。在此笔者致以最诚挚的谢意和深深的敬意。

包英华

2022 年 3 月 8 日，呼和浩特